Rathausmord

Marion Griffiths-Karger verbrachte ihre Kindheit auf einem Bauernhof in Ostwestfalen. Nach Kaufmannslehre und Studium der Sprach- und Literaturwissenschaft wurde sie Werbetexterin in München, später Teilzeitlehrerin und Autorin. Die Deutsch-Britin ist Mutter von zwei erwachsenen Töchtern, lebt mit ihrem Mann bei Hannover und schreibt und liest mit Leidenschaft Kriminalromane.

Dieses Buch ist ein Roman. Handlungen und Personen sind frei erfunden. Ähnlichkeiten mit lebenden oder toten Personen sind nicht gewollt und rein zufällig.

MARION GRIFFITHS-KARGER

Rathausmord

NIEDERSACHSEN KRIMI

emons:

Bibliografische Information der Deutschen Nationalbibliothek
Die Deutsche Nationalbibliothek verzeichnet diese Publikation
in der Deutschen Nationalbibliografie; detaillierte bibliografische
Daten sind im Internet über http://dnb.d-nb.de abrufbar.

© Emons Verlag GmbH
Alle Rechte vorbehalten
Umschlagmotiv: Joachim Karger
Umschlaggestaltung: Tobias Doetsch
Gestaltung Innenteil: César Satz & Grafik GmbH, Köln
Lektorat: Dr. Marion Heister
Druck und Bindung: CPI – Clausen & Bosse, Leck
Printed in Germany 2015
ISBN 978-3-95451-683-4
Niedersachsen Krimi
Originalausgabe

Unser Newsletter informiert Sie
regelmäßig über Neues von emons:
Kostenlos bestellen unter
www.emons-verlag.de

Prolog

Die Herbstsonne hatte die Stadt bereits in ein warmes Licht getaucht, als der Schrei die Zeit anhielt. Er wehte von der Kuppel des Neuen Rathauses herüber, wälzte sich in klagendem Falsett über den spiegelglatten Maschteich, ließ die langen Blätter der Trauerweiden erzittern und erstarb dann langsam und quälend im Nichts.

Passanten, die den Park durchquerten, blieben stehen und warfen einander ungläubige Blicke zu. Erholungssuchende, die die warmen Tage dieses goldenen Oktobers auf einer Bank am Teich genießen wollten, saßen sekundenlang starr vor Schreck. Nur der Autoverkehr rollte weiter, unbeeindruckt von der Tragödie, die sich ganz in der Nähe abgespielt haben musste, und die Enten zogen ungerührt ihre Bahnen, suchten kopfunter nach Futter und säuberten ihr Gefieder, als wäre nichts geschehen.

Langsam nahm die Zeit wieder Fahrt auf. Menschen liefen zusammen, stellten Fragen und wiesen mit den Fingern zur Rathauskuppel. Wenige Minuten später näherte sich Sirenengeheul.

EINS

Die Neue war eine Herausforderung. Das hatte Charlotte gleich bemerkt. Sie stand da, in ihrem schwarzen Kostüm mit der hellroten Bluse, die Füße in schwarzen Pumps mit akzeptablen Absätzen. Akzeptabel hieß, dass sie wahrscheinlich noch in der Lage sein würde, die Flucht zu ergreifen und davonzulaufen, falls das nötig sein sollte.

Aber das war ja Quatsch, von Flucht konnte keine Rede sein. Auch wenn Charlotte es sich noch so sehr wünschte, sie und ihr Team hatten diese Frau am Hals, und sie würden sich mit ihr arrangieren müssen. Dabei hatten sie alle frohlockt, als ihr vormaliger Chef, Kriminalrat Ostermann, sich endlich widerstrebend in den Ruhestand begeben hatte. Ein leises Bedauern schlich sich in Charlottes Gedanken, während sie die Frau beobachtete, die mit ihrer weizenblonden, praktischen Kurzhaarfrisur vor Dynamik nur so strotzte.

Hatte sie das gerade richtig verstanden? Kinderkrippe im Zentralen Kriminaldienst? Sie warf Rüdiger Bergheim, ihrem Lebensgefährten und Kollegen, einen ungläubigen Blick zu. Aber der bemerkte sie gar nicht, war offensichtlich völlig hingerissen von der Chefin.

Und den anderen im Team schien es genauso zu gehen. Schliemann saß da, die Arme vor der Brust verschränkt, die Mundwinkel leicht nach oben verzogen. Er nahm wohl schon Anlauf für die nächste Eroberung. Immerhin, das versprach amüsant zu werden. Charlotte hatte nicht den Eindruck, dass die Kriminalrätin Gesine Meyer-Bast eine leichte Beute sein würde, aber Schliemann neigte dazu, sich in dieser Beziehung zu überschätzen. Der Grund dafür war seine für Charlotte unverständliche Anziehungskraft auf Frauen. Glücklicherweise nicht auf alle, das ließ hoffen.

Charlotte blickte sich verstohlen um, während Meyer-Bast unverdrossen über Neustrukturierung und effizientes Arbeiten dozierte. Thorsten Bremer nickte beifällig, während Martin Hohstedt mit seiner Armbanduhr spielte. Na, wenigstens der schien immun zu sein gegen die strahlende, eloquente neue Vorgesetzte.

Wahrscheinlich war er in Gedanken wieder bei seinem Hobby. Er war neuerdings unter die Segler gegangen und hatte im Sommer – zu Charlottes Leidwesen – viel Zeit mit Rüdiger auf dem Maschsee auf einem Segelboot verbracht.

Applaus brandete auf, und die Mitglieder des Zentralen Kriminaldienstes der Kripo Hannover erhoben sich von den Stühlen, um sich endlich am Büfett zu bedienen.

Charlotte ließ Lachskanapees und Käsehäppchen links liegen und holte sich Kaffee. Rüdiger und Hohstedt luden sich die Teller voll, während Maren Vogt sich zu Charlotte gesellte.

»Wie findest du sie?«, fragte sie leise und schob sich einen Kräcker mit Avocado-Dip in den Mund.

Charlotte zuckte die Achseln und gab einen undefinierbaren Laut von sich. Was sollte sie auch sagen? Dass sie die neue Chefin nicht leiden konnte? Wenn sie wenigstens einen Grund dafür liefern könnte. Aber das konnte sie nicht, denn sie hatte bisher noch kein persönliches Wort mit der Kriminalrätin gewechselt und auch sonst keinen Grund, sie nicht zu mögen. Im Gegenteil, sie wirkte durchaus sympathisch.

»Also, ich find sie ganz nett. Bis jetzt«, sagte Maren.

»Na, warten wir's ab.« Charlotte runzelte die Stirn. Meyer-Bast hatte sich zu Rüdiger und Hohstedt gesellt, der aus allen Knopflöchern strahlte. Die drei schienen sich blendend zu unterhalten. Charlotte trank ihren Kaffee aus. »Ich geh in mein Büro, hab noch was zu tun.«

»Ah ja?« Maren strich sich die roten, halblangen Haare zurück. »Was denn? Ist doch im Moment ziemlich ruhig.«

»Sag doch so was nicht. Es ist nie ruhig. Wir kriegen den Lärm bloß nicht immer mit.«

Charlotte wollte sich gerade aus dem Staub machen, als Gesine Meyer-Bast ihren Namen rief. »Frau Wiegand, mit Ihnen wollte ich sprechen.« Die neue Chefin kam lächelnd auf sie zu und reichte ihr die Hand. »Wir haben uns noch gar nicht kennengelernt.«

Mist, dachte Charlotte, lächelte aber und ergriff die dargebotene Hand.

»Ihnen eilt ja ein beeindruckender Ruf voraus.«

»Wirklich?«

Charlotte wusste sehr genau, welcher Ruf ihr vorauseilte. Genau genommen waren es zwei. Der eine betraf ihren beruflichen Erfolg, der beachtlich war. Sie hatte bisher alle Mordfälle gelöst – bis auf einen, den sie als ihr ganz persönliches Desaster bezeichnete und den sie keinesfalls als abgeschlossen betrachtete, obwohl die Ermittlungsakte geschlossen war. Den anderen Ruf hatte sie ihrem Ex-Chef Ostermann zu verdanken. Er betraf ihren Charakter. Der hatte sie mal als renitent, ungeduldig und respektlos bezeichnet. Charlotte ahnte zwar, dass außer Ostermann auch einige Mitglieder des Teams ihr diese Attribute zuschrieben – zu ihnen gehörte mit Sicherheit auch Hohstedt –, aber im Grunde kam sie mit ihren Leuten gut zurecht. Das galt auch im umgekehrten Fall. Und das war ihr wichtig, denn ohne ihr Team würde ihre Erfolgsbilanz anders aussehen. Das wusste Charlotte, und sie machte auch kein Geheimnis aus diesem Wissen.

Jetzt stand ihr die neue Chefin lächelnd gegenüber, und wahrscheinlich war sie von Ostermann einseitig informiert worden. Das war euphemistisch ausgedrückt, aber die Wahrheit. Wie auch immer, Charlotte hatte keine Ahnung, von welchem ihrer beiden Leumunde Meyer-Bast gerade sprach, und hüllte sich vorsichtshalber in Schweigen.

»Natürlich«, sagte Meyer-Bast. »Ihre Aufklärungsquote ist legendär, aber das wissen Sie sicher.«

Aha, dachte Charlotte und lächelte auch, vielleicht ist sie ja doch ganz nett.

»Ich glaube jedenfalls, dass wir uns gut vertragen werden.«

»Das hoffe ich auch«, antwortete Charlotte und hätte diese Antwort am liebsten gleich wieder zurückgenommen. Warum konnte sie bloß nie nett sein, wenn es darauf ankam? Die Frau hatte ihr ja noch gar nichts getan. »Vielmehr«, fügte sie dann versöhnlich hinzu, »bin ich mir sicher, dass wir gut zusammenarbeiten werden.«

Meyer-Bast nickte ihr zu und wandte sich dann an Thorsten Bremer, der schon in den Startlöchern stand, um sich bei der Chefin lieb Kind zu machen.

Schleimer, dachte Charlotte und ging in ihr Büro. Ihr Schreibtisch war aufgeräumt, und eigentlich war außer einer Recherche über eine Schülerin, die im Internet zu einem Massenselbstmord aufgerufen hatte – Gott sei Dank ohne große Resonanz –, nichts

Dringendes zu erledigen. Charlotte konnte sich im Moment selbst nicht leiden. Wenn sie ehrlich war, machte Gesine Meyer-Bast einen ganz netten Eindruck. Wenn sie nur nicht so attraktiv wäre! Glücklicherweise klingelte das Telefon. Charlotte nahm ab. Es war Velber von der Anmeldung. Eine Frau wolle unbedingt mit Kommissarin Wiegand sprechen, sagte er, und sie ließe sich nicht abwimmeln. Charlotte legte auf und machte sich auf den Weg ins Erdgeschoss, wo an der Anmeldung eine Frau in den Dreißigern saß und auf sie wartete. Als sie Charlotte sah, sprang sie auf und ging schüchtern auf sie zu.

»Frau Wiegand, ich bin so froh, dass Sie Zeit haben«, sagte sie und hielt ihr die Hand hin.

»Äh, worum geht es denn?«

»Also, Hildebrandt heiße ich, Kathrin Hildebrandt. Ich würde gern mit Ihnen sprechen. Es geht um meine Freundin.«

»Aha.« Charlotte war jetzt zwar kein bisschen schlauer, ging aber mit der Frau in eines der Befragungszimmer, wo sie Platz nahmen.

Kathrin Hildebrandt blickte sich zunächst unsicher um, rutschte dann nach vorn auf die Sitzfläche ihres Stuhls und stellte ihre Handtasche vor sich auf den Tisch.

»Wissen Sie«, begann sie und kramte dabei in ihrer Tasche herum, »meine Freundin ist ... war die, die von der Rathauskuppel gefallen ist.«

»Ach, der Selbstmord vom letzten Freitag.«

Charlotte wusste natürlich von dem spektakulären Sturz vom Rathaus, und soweit sie informiert war, war die Frau von einer der vier Aussichtsplattformen gesprungen und die fast fünfzig Meter bis zum Fuß der Kuppel auf das Flachdach des dritten Stockwerks hinabgestürzt. Das zumindest hatte Schliemann erzählt, nachdem er am Freitag die Zeugen, die zur selben Zeit auf der Kuppelspitze gewesen waren, befragt hatte.

Hildebrandt hörte auf zu kramen und blickte Charlotte mit großen vorwurfsvollen Augen an.

»Sehen Sie, darum geht es. Ich will Ihnen ja keine Arbeit machen, aber ich glaube nicht, dass Franzi ... Franziska sich umgebracht hat. Nie und nimmer!«

»Tatsächlich?« Charlotte horchte auf.

Sie hatte sich natürlich auch gefragt, wieso sich jemand ausgerechnet vom Rathausturm stürzen sollte, aber die Alternativen waren ebenso unwahrscheinlich. Die Aussichtsplattformen waren gut gesichert, sodass ein Unfall eigentlich ausgeschlossen war. Und Mord? Das konnte Charlotte sich ebenso wenig vorstellen. Wenn man jemanden umbringen wollte, dann gab es doch weniger spektakuläre Möglichkeiten. Und außerdem war die Zahl der Verdächtigen dadurch äußerst begrenzt. Es kamen ja nur die als Täter in Frage, die zur selben Zeit oben waren, und man musste doch befürchten, gesehen zu werden. Also, da war ein Selbstmord doch wahrscheinlicher.

Hildebrandt zog einen Zettel aus ihrer Handtasche, faltete ihn auseinander und reichte ihn Charlotte.

»Diese E-Mail hat mir Franzi am Donnerstag geschickt. Ich hab sie ausgedruckt. Leider guck ich nicht oft in meine Mails, und außerdem war ich so geschockt über ihren Tod, dass ich den Brief erst gestern gefunden habe. Da, schauen Sie selbst.«

Charlotte nahm den Zettel in Empfang und las: *Liebe Kathrin, hast du am Samstagabend Zeit? Wir könnten uns um sieben Uhr im »Bavarium« treffen. Ich hab dir was zu erzählen. Melde dich bald, es ist wichtig. Lieben Gruß, Franzi.*

»Na, was sagen Sie? Da stimmt doch was nicht. Und außerdem hätte ich das gemerkt, wenn Franzi unglücklich gewesen wäre. Wir haben doch vor zwei Wochen noch ihren Geburtstag gefeiert. Da war sie wie immer.«

Charlotte faltete das Blatt langsam zusammen. »Sagen Sie, Frau Hildebrandt, wieso kommen Sie denn damit zu mir? Ich meine …«

»Sie erinnern sich nicht mehr an mich, oder? Na ja, Sie haben ja auch eine Menge um die Ohren, und es ist schon ein paar Jahre her, und ich heiße jetzt auch anders. Aber Sie haben mir mal das Leben gerettet.«

»Tatsächlich?«

»Ja, Ralf Zölly, mein damaliger Mann, er hätte mich fast umgebracht, wenn Sie nicht gekommen wären.«

Charlotte dämmerte es. Natürlich, Kathrin Zölly, die sich mehrmals von ihrem betrunkenen Mann hatte windelweich schlagen lassen. Als er sie zum Schluss beinahe erwürgt hätte, war Charlotte gerade noch rechtzeitig dazwischengegangen und hatte einige blaue Flecken davongetragen, bevor Bremer den Kerl endlich hatte überwältigen können. Aber ohne die Blessuren im Gesicht hatte Charlotte die Frau nicht erkannt.

»Wie geht's Ihrem Ex-Mann?«

»Nicht gut.« Kathrin Hildebrandt lächelte. »Er ist krank, kann sich kaum noch rühren, hatte einen Schlaganfall.«

»Na wunderbar«, murmelte Charlotte, und Hildebrandts Lächeln wurde noch etwas breiter.

»Um auf Ihre Freundin zurückzukommen, könnte es nicht auch ein Unfall gewesen sein?«

Hildebrandt schüttelte heftig den Kopf. »Franzi war immer total vorsichtig. Sie war ein bisschen empfindlich, was Höhen anbelangte, konnte nicht gut an steilen Abgründen stehen. Das weiß ich, weil wir mal auf einem Leuchtturm auf Amrum waren, da hat sie auch nur in die Ferne geguckt und nicht direkt nach unten. Außerdem, wie soll denn das vor sich gehen? Man fällt doch nicht aus Versehen von der Rathauskuppel. Da muss man sich ja total bescheuert anstellen.«

Charlotte musste der Frau recht geben. Das war in der Tat merkwürdig, obwohl ein Unfall nie ausgeschlossen war. Aber laut Schliemann hatte niemand gesehen, was genau passiert war. Alle Zeugen hatten unter Schock gestanden. Natürlich stand die Obduktion noch aus. Charlotte nahm an, dass Dr. Wedel das heute oder morgen in Angriff nehmen würde. Sie stand auf.

»Vielen Dank, dass Sie gekommen sind. Wir gehen jetzt zu einem Kollegen und werden Ihre Aussage aufnehmen. Wenn die Leiche obduziert ist, werden wir weitersehen. Auf jeden Fall kümmere ich mich um die Sache.«

Kathrin Hildebrandt ergriff Charlottes Hand. »Ich danke Ihnen. Es ... es war doch richtig zu kommen, nicht wahr? Sie halten mich nicht für hysterisch oder so?«

»Sie haben alles richtig gemacht«, beruhigte Charlotte die Frau. »Sie erzählen das jetzt alles noch mal genau meinem Kollegen, und falls sich neue Hinweise ergeben, hören Sie von mir.«

Auf dem Weg in ihr Büro stellte Charlotte fest, dass die Party im großen Besprechungsraum wohl vorbei war, denn die Kollegen saßen wieder an ihren Schreibtischen oder standen schwatzend beieinander. Charlotte seufzte still. Eigentlich sollte sie froh sein, dass sie Ostermann los war. Sie waren zwar in der KFI die letzten Wochen auch ohne Chef ganz gut zurechtgekommen, fand Charlotte, aber der Polizeipräsident war wohl anderer Ansicht. Na ja, vielleicht hatte er auch recht. Irgendwer musste wohl den Überblick behalten, wenn die Teams sich um die Verbrechensbekämpfung vor Ort kümmerten.

Sie ging zu Schliemann, der mit Maren flirtete. Charlotte fand ihn schrecklich selbstverliebt und hätte ihm am liebsten die Nase umgedreht.

»Kann ich dich mal kurz sprechen? Es geht um die Frau, die vom Rathausturm gestürzt ist. Gerade war eine Frau Hildebrandt da, sie hat Zweifel an der Selbstmordtheorie.«

Schliemann verdrehte die Augen. »Woher will sie das wissen, sie war ja wohl nicht mit oben.«

Charlotte reichte Schliemann den Zettel. »Diese E-Mail hat die Frau einen Tag vor ihrem Tod geschrieben. Vielleicht wirfst du erst mal einen Blick drauf, bevor du irgendwelche Schlüsse ziehst.«

»Entschuldige, Maren«, sagte Schliemann betont höflich, »wir reden nachher weiter, wie du siehst, ruft die Pflicht.« Er faltete gelangweilt das Blatt auseinander und las.

»Ja und, was heißt das schon? Vielleicht war sie ja todunglücklich und wollte deshalb mit ihrer Freundin reden. Und dann hat sie auf dem Rathaus kurzen Prozess gemacht. Und außerdem war es ja nicht die Tote, die geschrien hat, sondern die Rathausangestellte, die sie gefunden hat. Frauen, die irgendwo runterfallen, schreien doch. Es hat aber niemand was von zwei Schreien gesagt, alle haben nur einen gehört.«

»Vielleicht war sie bewusstlos, als sie fiel. Durch einen Schlag auf den Kopf zum Beispiel.«

»Hör mal, ich hab mit den Leuten gesprochen, die oben waren. Die waren alle fix und fertig, und gesehen hat keiner was.«

»Ja, findest du das nicht seltsam?« Charlotte lehnte sich an Schliemanns Schreibtisch, während er sich auf seinen Stuhl fallen ließ und den Computer anwarf.

»Warst du schon mal da oben?«, fragte er und ruckte mit der Maus herum.

»Ja, ist aber lange her.«

»Dann solltest du noch mal hochfahren. Erstens wegen der Aussicht und zweitens kannst du dir dann die Örtlichkeiten genau ansehen. Die Kuppelspitze hat vier Etagen, die du von der Wendeltreppe im Innern erreichen kannst. Jedenfalls hatten sich die zehn Leute auf die vier Etagen verteilt, beziehungsweise sind die Wendeltreppe rauf- oder runtergestiegen, je nachdem. Und dann haben sie den Schrei gehört. Keiner wusste, was passiert war. Alle sind rumgelaufen wie gestochen ... hier.« Schliemann drehte ihr den Bildschirm zu, wohl um seinen Worten Gewicht zu verleihen, Charlotte hatte allerdings nicht die Absicht, sich jetzt jede einzelne Zeugenaussage durchzulesen.

»Wer hat den Sturz gemeldet?«

»Jemand hat angerufen, dass am Rathaus irgendwas passiert sein muss. War gerade in der Culemannstraße unterwegs.« Schliemann scrollte den Bildschirm hinunter. »Gisbert Winkenbach heißt er, arbeitet in der Sparkasse. Jedenfalls hat er einen Notruf abgesetzt. Und nicht nur er, insgesamt haben acht Leute angerufen. Alle, weil sie den Schrei dieser Frau gehört haben, die die Leiche gefunden hat. Gesehen hat keiner was. Wussten selber nicht, was los war. Ich hab von allen säuberlich die Personalien aufgelistet. Kannst dich gern selbst überzeugen.«

»Was ist mit der Frau, die die Leiche entdeckt hat?«

»Oh Mann.« Schliemann seufzte. »Gisela Brink heißt sie, war völlig von der Rolle. Sie war zur fraglichen Zeit im Materialienraum im dritten Stock, und auf dem Flachdach des dritten Stocks ist die Leiche gelandet, ist der Brink also quasi aufs Dach gefallen. Die hat den Aufprall gehört und ist auf das Flachdach gegangen, um nachzusehen. Na ja, sie hat die Tote gefunden und losgeplärrt. Das war alles, was ich aus ihr herausbekommen habe.«

»Sonst hat niemand was bemerkt?«

»Nein, die Brink war zur fraglichen Zeit allein in dem Raum.«

Charlotte beobachtete versonnen eine Spinne, die langsam über Schliemanns Stuhllehne krabbelte. Es war eine recht kleine Spinne, klein genug, um ihre Gegenwart zu ignorieren.

»Ist doch merkwürdig, dass keiner gesehen hat, wie die Frau runtergestürzt ist«, überlegte sie.

»Finde ich nicht. So ein Sturz geht schnell.« Schliemann kicherte, schob die Maus beiseite und lehnte sich zurück. »Die, die oben waren, haben nichts mitgekriegt, und von unten? Was soll man da sehen? Wie jemand einen anderen runterschubst? Das ist viel zu weit weg. Da muss man schon genau hingucken, und selbst dann ...«

»Was waren das für Leute, die oben waren?«

»Die gehörten alle zu einer Werbeagentur. Bis auf die letzte Fahrstuhl-Fuhre, die kam aber erst oben an, als die Leiche bereits gefunden worden war. Also Salzmann & Sporck, so heißt die Werbeagentur, hat ihr Büro an der Podbi. Und die haben vom Stadtmarketing den Auftrag, eine Image-Broschüre für Hannover zu entwerfen, und da haben die beiden Chefs sich gedacht, wir schicken die ganze Bagage erst mal auf die Rathauskuppel, zur Inspiration. Na, und dass die Texterin sich dann ausgerechnet zu diesem Anlass in den Tod stürzen will, das hat ja keiner ahnen können.« Schliemann verschränkte die Arme vor seiner breiten Brust. »Die waren alle total fertig, um nicht zu sagen hysterisch. Der Chef hat gesagt, dass sie den Auftrag wohl abgeben werden. Keiner kann sich vorstellen, den jetzt noch auszuführen.«

Charlotte rieb sich über die Augen. »Das ist doch komisch. Wenn die sich umbringen wollte, warum dann auf diese Weise und warum der Brief an ihre Freundin?«

»War bestimmt eine Kurzschlusshandlung. Und manche Leute verabschieden sich eben gern mit einem Paukenschlag.«

Charlotte schüttelte langsam den Kopf. »Ich finde das äußerst merkwürdig. Man springt nicht einfach kurzerhand aus einer solchen Höhe in den Tod, vor allem nicht, wenn man wie das Opfer eine leichte Höhenangst hat.«

»Wenn man sich umbringen will, kommt's auf die Höhenangst ja wohl auch nicht mehr an«, murmelte Schliemann.

»Oh doch«, widersprach Charlotte. »Wenn ich mich von dieser Welt verabschieden will und eine Wasserphobie habe, dann mache ich's mir doch nicht noch unnötig schwer und gehe ins Wasser, oder? Ich werd mich da oben mal umsehen. Weißt du, wann Wedel die Obduktion angesetzt hat?«

»Soweit ich weiß, heute Nachmittag. Ist auch nicht mehr so schnell wie früher, der alte Wedel. Aber ist das ein Wunder?« Schliemann gluckste. »Wenn ich so viel Gewicht mit mir rumschleppen würde, wär ich auch keine Rakete.«

Charlotte betrachtete Schliemann unwillig. »Können nicht alle so schön sein wie du. Hatte die Tote Verwandte? Haben die sich zu dem Selbstmord geäußert?«

Schliemann wand sich ein wenig. »Also, das ist so eine Sache. Ich hab zwar den Namen ihrer Mutter, aber die liegt im Henriettenstift, ist gerade frisch operiert. Hat Krebs und lag am Samstag noch auf der Intensivstation.«

»Und gestern?«

»Gestern ... auch noch.«

»Was soll das heißen? Dass die Frau noch nichts vom Tod ihrer Tochter weiß?«

»Ähm, ich hab der Schwester und dem Arzt Bescheid gegeben, dass sie mich anrufen sollen, wenn sie wieder ansprechbar ist. Bis jetzt haben die sich noch nicht gemeldet.«

Charlotte war für einen Moment sprachlos, sie fand, dass Schliemann es sich verdammt einfach machte. Sie würde die Frau aufsuchen müssen. Aber sie nahm sich vor, es Schliemann bei der nächsten Gelegenheit heimzuzahlen.

»Was war mit ihrer Wohnung? Ist dir da was aufgefallen?«

»Nee, alles normal, bisschen unordentlich vielleicht. Jedenfalls würde ich nicht so mit meinen CDs umgehen.«

»Hast du ihr Handy und den Computer beschlagnahmt?«

Schliemann guckte verdutzt. »Äh ... nein.«

»Wie, nein?«

»Also, jetzt wo du's sagst ... wir haben weder ein Handy noch einen Computer in der Wohnung gefunden.«

»Und sie hatte kein Handy bei sich?«

»Nein. Jedenfalls hab ich in ihrer Tasche keins gefunden, und rausgefallen ist es bestimmt nicht. Die Umhängetasche lag ganz in ihrer Nähe, und der Reißverschluss war zu. Außerdem haben wir ja das Dach abgesucht. Da war nichts.«

»Na klasse, du gehst jetzt sofort in die Agentur und beschaffst mir ihren Firmencomputer. Und dann lass ihr Handy orten.«

Damit ließ sie Schliemann sitzen, um sich mit ihrer Chefin über das weitere Vorgehen zu einigen. Innerlich wappnete sie sich für eine Auseinandersetzung. Einfach, weil sie es so gewohnt war. Mit Ostermann hatte es ständig Auseinandersetzungen gegeben. Sie musste sich bemühen, unvoreingenommen zu sein. Mit diesem Vorsatz klopfte sie an die Tür ihrer neuen Vorgesetzten.

Nachdem sie das Büro der Kriminalrätin betreten hatte, stutzte sie zunächst. Was war das für ein Geruch? Sie kräuselte unweigerlich die Nase und schnüffelte. Sie kam nicht drauf, was es war, sie wusste nur, dass sie den Geruch nicht ausstehen konnte. Dann warf sie einen Blick zur Fensterbank, und es war alles klar. Jasmin. Ihre Chefin liebte Jasmin. Dass die drei Topfpflanzen immer noch blühten – es war ja schon Oktober –, sprach dafür, dass Meyer-Bast sich bestens mit diesen Pflanzen auskannte. Aber die Hauptursache für den Gestank – Charlotte weigerte sich, diesen Geruch als Duft zu bezeichnen – war ein Seifenstück, das neben den Pflanzentöpfen auf der Fensterbank lag. Charlotte widerstand der Versuchung, sich die Nase zuzuhalten, und bemerkte erst jetzt, dass die Chefin nicht allein war. Rüdiger saß vor ihrem Schreibtisch und grinste wissend.

»Oh«, sagte Charlotte verdattert. »Ich kann später wiederkommen, wenn es gerade nicht passt.«

»Nein, nein, kommen Sie rein. Wir waren gerade fertig.« Meyer-Bast nickte Rüdiger, der aufgestanden war, zu, und er verließ immer noch mit diesem frechen Grinsen im Gesicht das Büro. Wenigstens fand Charlotte es frech. Was die beiden wohl zu bereden gehabt hatten?

»Setzen Sie sich doch. Worum geht's denn?«

»Danke.« Charlotte setzte sich. »Es geht um die Frau, die am Freitag von der Rathauskuppel gestürzt ist. Bisher sind wir von Selbstmord ausgegangen, aber die Obduktion steht noch aus, und es haben sich Hinweise ergeben, die einen Selbstmord fragwürdig erscheinen lassen.«

»Was für Hinweise?«

Charlotte legte der Kriminalrätin den Brief vor. »Das hier hat die Frau einen Tag vor ihrem Tod an eine Freundin geschickt. Aah!« Charlotte sprang auf. Irgendetwas Feuchtes hatte ihre Fessel berührt. Im ersten Moment dachte sie an eine Maus oder eine Ratte.

Zu ihrem Erstaunen verschwand die Kriminalrätin lachend hinter ihrem Schreibtisch und hielt Charlotte wenig später etwas kleines Braungraues, das sich bewegte, vor die Nase.

»Ich hab ganz vergessen, Ihnen Julius vorzustellen.«

Doch eine Ratte, dachte Charlotte zuerst, eine knurrende Ratte, wurde dann aber belehrt, dass es sich um einen Yorkshireterrier handelte. Was war das denn hier? Ein zoologischer Garten?

»Ach«, sagte sie dann schwach. »Und der wohnt jetzt hier?«

»Ja, vorerst, ich habe noch keinen Hundesitter, aber er stört ja auch nicht weiter.«

Da war sich Charlotte nicht so sicher. Die Ratte schnaufte und strampelte mit den Beinen, die in der Luft hingen, verhielt sich aber sonst ganz manierlich, sodass Charlotte sich eine schnippische Antwort verkniff.

»Niedlich«, sagte sie stattdessen und setzte sich wieder. »Um auf unseren Fall zurückzukommen. Ich möchte mich noch mal persönlich mit den Zeugen, die zur Zeit des Sturzes auf der Kuppel waren, unterhalten.«

»Soweit ich weiß, hat Ihr Kollege Schliemann das doch schon erledigt.«

»Ja, aber da wussten wir noch nichts von dem Brief.«

Meyer-Bast hatte Julius wieder abgesetzt, und das Tier schnüffelte ausgiebig an Charlottes Füßen herum. Egal, dachte sie, immer noch besser als dieser muffige Jasmingeruch. An den würde sie sich nie gewöhnen.

»Gut«, sagte die Kriminalrätin, »dann befragen Sie die Leute noch mal im Hinblick auf die neuen Erkenntnisse und berichten mir dann.«

Charlotte war verblüfft. War das alles? So einfach? Ostermann hätte ihr jetzt mindestens unterstellt, mal wieder Flöhe tanzen zu sehen. Sie stand auf.

»Ich halte Sie auf dem Laufenden«, sagte sie und betrachtete ihre Chefin wohlwollend.

Eigentlich schien sie ganz in Ordnung zu sein, dachte Charlotte, als sie den Flur zu ihrem Büro entlangging. Was sie allerdings von der Ratte und dem stinkenden Fensterschmuck halten sollte, das wusste sie noch nicht. Vielleicht konnten ja jetzt alle Beamten nicht nur ihre Kinder in der inspektionseigenen Krippe abliefern, sondern auch ihre vierbeinigen Hausgenossen mitbringen. Da könnten sich Hund und Katze mal richtig austoben. Der Zentrale Kriminaldienst war schließlich ein Jagdverein, zwar nicht für Wild, aber immerhin für Verbrecher.

Als sie wenig später die Onkologie des Henriettenstifts in der Marienstraße betrat, hatte sie Herzklopfen.

Es war unter normalen Umständen schon schlimm genug, einer Mutter die Nachricht vom Tod der Tochter zu überbringen. Wie sie das bei einem schwerstkranken Menschen bewerkstelligen sollte, wusste sie nicht. Franziska Gerber hatte außer ihrer Mutter in Hannover keine Verwandten. Der Vater hatte die Familie vor vielen Jahren verlassen, und eine Tante, die Schwester des Vaters, die in Wolfsburg gelebt hatte, war erst vor ein paar Monaten verstorben.

Charlotte wurde dem diensthabenden Arzt vorgestellt, Dr. van Ingelen, einem drahtigen Mittvierziger, der sie mit sorgenvollem Gesicht in ein Untersuchungszimmer führte, was Charlotte wenig behagte.

»Frau Gerber geht es nicht gut, wir hätten die Unterstützung der Tochter gut gebrauchen können«, sagte er. »Immerhin konnte sie heute die Intensivstation verlassen. Ich glaube aber, Mutter und Tochter waren nicht gerade ein Herz und eine Seele.« Er bot Charlotte den einzigen Stuhl an, während er selbst sich auf dem Rand der Untersuchungsliege niederließ.

»Woraus schließen Sie das?«

Charlotte setzte sich vorsichtig. Ihr war mulmig zumute. In Krankenhäusern fühlte sie sich einfach nicht wohl, musste ständig an die Myriaden von Bakterien und Pilzen denken, die dort ungehemmt herumschwirrten und nur auf ein gesundes Opfer warteten, das sie befallen konnten. Sie fasste am liebsten gar nichts an, schon gar keine Türklinken. Sie hatte sowieso eine Aversion gegen Türklinken. Öffnete Türen nach Möglichkeit mit dem Ellbogen, und wenn das nicht möglich war, benutzte sie ein Stück Stoff als Puffer. Entweder ihre Jackentasche oder ein Halstuch oder den Ärmel. Das sah zwar manchmal reichlich dämlich aus, aber Charlotte war lieber dämlich als infiziert.

Dr. van Ingelen beobachtete seine Besucherin lächelnd. »Sie brauchen sich nicht zu verkrampfen«, sagte er dann. »Hier wird gründlich gereinigt. Ich verbringe seit Jahren viele Stunden des Tages hier und bin kerngesund.«

»Sie können mir viel erzählen«, murmelte Charlotte und klemmte ihre Hände zwischen die Oberschenkel. »Sie wollten mir gerade sagen, warum sich Mutter und Tochter Gerber nicht verstanden haben.«

»Warum, weiß ich nicht, jedenfalls hat sich die Tochter nicht gerade liebevoll um ihre Mutter gekümmert. Sie war nicht mal hier, als sie am Donnerstag operiert wurde.«

»Wie geht es Frau Gerber jetzt?«

»Tja.« Dr. van Ingelen verschränkte die Arme. »Ich denke, ich kann Ihnen sagen, dass sie die Operation zwar gut überstanden hat, aber die Prognose ist schlecht.«

»Was heißt das?«

Der Arzt machte eine vage Handbewegung, die alles und nichts bedeuten konnte.

»Kann ich mit ihr sprechen?«

»Schwer zu sagen. Sie ist wach, und eine Freundin ist bei ihr. Wie sie reagieren wird, weiß ich nicht. Aber sie hat bis jetzt nicht nach ihrer Tochter gefragt. Erwartet wohl auch nicht, dass sie kommt.«

Charlotte war ratlos, aber im Grunde hatte sie keine Wahl, die Frau musste schließlich irgendwann erfahren, dass ihre Tochter gestorben war.

»Wie auch immer, ich muss mit ihr reden.«

Charlotte stand auf, und Dr. van Ingelen führte sie über den Flur zum Zimmer von Marianne Gerber. Er klopfte, und die beiden betraten einen Raum mit zwei Betten, von denen nur eines belegt war. Eine Frau mit grauem Teint und dunklen Haaren saß an einen Kissenberg gelehnt und blickte den Ankömmlingen mit zusammengekniffenen Lippen entgegen. Auf einem Stuhl neben dem Bett saß eine weißhaarige, gut frisierte Frau, die eine Orange schälte. Sie blickte von Dr. van Ingelen zu Charlotte und stand dann auf.

»Ich geh schon«, sagte sie und legte die halb gepellte Apfelsine auf das Nachtschränkchen.

»Nein, Birgit, bleib.« Marianne Gerber sprach erstaunlich klar und bestimmt und ergriff die Hand ihrer Freundin. »Frau Schrader ist mir eine große Hilfe«, sagte sie mit einem Blick auf die beiden Neuankömmlinge.

»Frau Gerber«, begann der Arzt etwas unsicher, »das hier ist Frau Wiegand von der ... äh, Kripo Hannover. Sie möchte Ihnen etwas sagen.«

Die Augen der Patientin weiteten sich. »Ist irgendwas mit Franziska?«

»Ja.« Charlotte zauderte, aber fasste sich dann ein Herz. »Leider hab ich eine schlechte Nachricht für Sie. Ihre Tochter ist tot.«

Marianne Gerber schloss die Augen. »Ist sie also gestorben.« Diese Reaktion verblüffte Charlotte, aber Frau Schrader mischte sich ein. »Ich habe Marianne bereits gesagt, dass Franzi einen schweren Unfall hatte. Anscheinend fühlt sich ja von den Behörden niemand zuständig.« Charlotte steckte den Vorwurf weg, er war berechtigt.

»Ja, wir müssen uns entschuldigen«, sagte sie, und dann wusste sie nicht, wie sie die nächste Frage formulieren sollte. »... äh, Sie wissen, dass Ihre Tochter von der Rathauskuppel gestürzt ist?«

»Nein«, flüsterte Gerber, »ich dachte, jemand hat sie angefahren, und deshalb konnte sie nicht kommen.« Sie sah ihre Freundin fragend an, aber die zuckte nur mit den Schultern.

»Aber wie kann sie denn von der Rathauskuppel stürzen? Geht das überhaupt?«

»Offensichtlich. Leider.«

»Das verstehe ich nicht«, sagte Gerber. Eine Träne tropfte von ihrer Wange auf das Kissen.

»Es gibt auch einige Unklarheiten bezüglich des Hergangs«, sagte Charlotte sanft. »Können Sie sich vorstellen, dass Ihre Tochter Selbstmord begangen hat?«

Die beiden Frauen sahen Charlotte und den Arzt erschrocken an. Birgit Schrader sprach als Erste. »Selbstmord? Franziska? Im Leben nicht!«

Das klang sehr sicher, fand Charlotte, die sich fragte, wieso Birgit Schrader so gut über die Tochter ihrer Freundin Bescheid wusste.

»Das kann doch nicht wahr sein.« Gerber blickte gedankenverloren an die Zimmerdecke. »Dann müsste sie ja freiwillig da runtergesprungen sein. Nein, das ist ausgeschlossen«, sagte sie dann überzeugt. »Und warum hätte sie das tun sollen?«

»Das frage ich Sie.«

Gerber warf Charlotte einen langen, traurigen Blick zu. »Ich weiß nicht, was in meiner Tochter vorgegangen ist. Wir ... haben uns nicht oft gesehen.«

»Nun ja, wenn es weder ein Selbstmord noch ein Unfall war, dann können wir ein Fremdverschulden nicht ausschließen.«

»Wie meinen Sie das?«

»Dann ist Ihre Tochter möglicherweise ermordet worden.«

»Oh Gott«, stieß Gerber hervor und schluchzte heftig, was ihre Freundin auf den Plan rief. »Marianne, beruhige dich, das ist nicht gut!«

»Als ob's darauf noch ankäme.« Gerber weinte laut.

»Ich kann Ihnen ein Beruhigungsmittel geben«, sagte Dr. van Ingelen.

»Blödsinn«, fuhr Gerber den Arzt an. »Wenn ich jetzt den Löffel abgebe, ist es auch kein Verlust.« Sie seufzte tief und fuhr sich mit dem Handballen über die Augen. »Andererseits«, sie blickte Charlotte an, »ich möchte wissen, was passiert ist.«

»Es könnte sein, dass sie jemand von der unteren Aussichtsplattform über die Brüstung geschoben hat.«

»Wer?«

»Das wissen wir nicht, wir ermitteln noch. Wenn Sie sich in der Lage fühlen, würde ich Ihnen gern ein paar Fragen zu Ihrer Tochter stellen.«

Wieder liefen Tränen, und Birgit Schrader streichelte sanft die Wange ihrer Freundin.

»Franzi, ach, was hab ich mit dem Kind alles mitgemacht.«

»Das kann man wohl sagen«, stimmte Schrader mit einem Raunen zu.

»Erzählen Sie mir von ihr. Wie war sie so?« Charlotte wartete geduldig, bis Marianne Gerber sich ein wenig beruhigt hatte.

»Ich habe mal mit einer Mutter gesprochen, die sechs Kinder hatte. Ich hab sie gefragt, ob sie wirklich alle Kinder gleich gern hat. Wissen Sie, was sie geantwortet hat?«

Charlotte verneinte.

»Sie sagte: ›Ich liebe alle meine Kinder, aber einige mag ich nicht.‹«

»Aha.«

»Haben Sie Kinder?«

»Äh, ja, einen Stiefsohn.«

»Und, mögen Sie ihn?«

Charlotte stutzte. Darüber hatte sie noch nie nachgedacht,

weil sie es als völlig natürlich empfunden hatte, Rüdigers Sohn zu mögen. Aber wenn sie ehrlich war, hatte es Zeiten gegeben – während der Pubertät –, in denen sie Jan unausstehlich gefunden hatte und ihn am liebsten nach Timbuktu oder sonst wohin verfrachtet hätte, nur möglichst weit weg von Hannover. Aber das war lange vorbei.

»Ja«, antwortete sie. »Ich mag ihn sehr.«

Gerber lächelte leicht. »Das ist gut. Seien Sie dankbar.« Sie warf ihrer Freundin einen Blick zu. »Ich habe meine Tochter sehr geliebt, obwohl sie immer das Gegenteil behauptet hat, und vielleicht bin ich ihr wirklich nicht gerecht geworden.«

»Nun mach aber mal 'nen Punkt.« Birgit Schrader sah Charlotte beschwörend an. »Mehr als Marianne kann ein Mensch für einen anderen nicht tun. Franziska hat alles gehabt, also wirklich.«

»Können Sie mir etwas über ihre Freunde sagen? Mit wem war sie gern zusammen? Hatte sie eine feste Beziehung?«

Gerber biss sich auf die Lippen. »Leider hat meine Tochter mich nicht an ihrem Leben teilhaben lassen. Sie war ... sehr verschlossen. Aber vielleicht habe ich auch nicht genügend Interesse für sie aufgebracht.« Sie fing wieder an zu weinen. »Lassen Sie mich allein und finden Sie den, der meiner Tochter das angetan hat. Leider kann ich Ihnen nicht helfen.«

»Ich denke, wir sollten jetzt gehen«, sagte Dr. van Ingelen und nahm Charlottes Arm. Ihr blieb keine Wahl, und sie verabschiedete sich von den beiden Frauen.

Sie war bereits auf dem Weg zum Ausgang, als sie eine weibliche Stimme nach einer Frau Kommissarin rufen hörte. Als Charlotte sich umdrehte, sah sie Birgit Schrader in ihrem eleganten Kostüm leicht gebeugt, aber entschlossen auf sich zukommen.

»Können wir uns einen Moment unterhalten?«, fragte Schrader etwas atemlos.

»Natürlich, gern. Gehen wir in die Cafeteria.«

Zehn Minuten später saßen die beiden Frauen an einem ruhigen Fenstertisch in der Cafeteria, jede einen Cappuccino vor sich.

»Wissen Sie«, begann Schrader, »es ist vielleicht nicht richtig, was ich hier tue, aber ich glaube, wenn Sie einen Mörder suchen, dann sollten Sie die Wahrheit über Franziska kennen. Marianne und ich sind alte Schulfreundinnen. Ich kenne Franziska seit ihrer Geburt.«

»Da haben Sie recht, die Wahrheit wäre hilfreich.« Charlotte rührte in ihrer Tasse und wartete geduldig. Sie wollte die Frau nicht drängen. Menschen, die sich bedrängt fühlten, waren nicht besonders mitteilsam.

»Was soll ich sagen.« Birgit Schrader atmete schwer aus. »Franziska war ein rechtes Scheusal, genau wie ihr Vater, der die Familie schon bald nach Franziskas Geburt verlassen hat. Nun ja, Franziska hat wohl die Macken ihres Vaters geerbt, in einem Ausmaß, da kann man nur staunen.«

»Erzählen Sie.«

»Also, Werner, so hieß er, war der personifizierte Egoist, erwartete alles und war nicht bereit, für Marianne auch nur einen Finger zu rühren. Da ging es um ganz alltägliche Dinge, mal einkaufen oder ihr einen Tee kochen, wenn sie krank war. Nicht dran zu denken. Der hat sich dann lieber aus dem Staub gemacht, um sich nicht anzustecken. Ich habe mich dann um sie gekümmert und auch um Franziska, die genauso fordernd war.«

»Hatte Frau Gerber nicht eine Schwägerin in Wolfsburg?«, unterbrach sie Charlotte.

»Dagmar, die ist auch schon tot«, sagte Schrader und rollte mit den Augen. »Dagmar war Werners Schwester und auch nicht viel besser als er. Aber sie und Franziska haben sich ganz gut verstanden. Ich glaube, Dagmar hat ihre Nichte auch manchmal besucht und ihr das Erbe hinterlassen, obwohl sie noch eine andere Nichte hatte. Franziskas Halbschwester Eva, Werners Tochter aus zweiter Ehe. Waren bestimmt keine Reichtümer, aber immerhin.« Schrader schwieg eine Weile.

»Und nun ist auch Franziska tot, unfassbar. Aber, wenn Sie mich fragen, ich glaube nicht, dass sie gern gelebt hat. Zu einem Selbstmord wäre sie allerdings nicht imstande gewesen, dazu war sie zu egoistisch und zu oberflächlich. Und Selbstmörder sind weder das eine noch das andere. Ich glaube, Selbstmörder sind ziemlich sensible und uneigennützige Menschen, finden Sie nicht auch?«

Charlotte schürzte nachdenklich die Lippen. Sensibel mochte ja stimmen. Aber uneigennützig? Was war mit den Männern, die ihre Kinder mit in den Tod nahmen, nur um die Mutter zu bestrafen? Oder denen, die sich vor Züge warfen, ohne Rücksicht auf die Nöte des Zugführers? Ganz zu schweigen von den vorsätzlichen Geisterfahrern, die mit ihrem eigenen Tod auch den vieler Unschuldiger in Kauf nahmen. Nein, Charlotte fand nicht, dass alle Selbstmörder uneigennützig waren, aber sie hatte keine Lust, darüber mit Birgit Schrader zu diskutieren, und schwieg.

»Wie auch immer«, fuhr Schrader fort, »Franziska war ein notorisch unzufriedener Mensch, und an allem waren natürlich immer die anderen schuld. Ihre Mutter hat sie nicht genug geliebt, die Schulkameraden waren nicht nett zu ihr, die Lehrer waren ungerecht, ihr Chef hat ihre Arbeit nicht gewürdigt, genug bezahlt hat er natürlich auch nicht, und die Kollegen waren intrigant und mobbten sie.«

Schrader trank einen Schluck Cappuccino, den sie bisher nicht angerührt hatte. Charlottes Tasse war längst leer.

»Wissen Sie«, meinte Schrader weiter, »wenn jemand sagt, dass alle ihn mobben, dann frage ich mich doch, wie er das hingekriegt hat.« Sie lachte laut auf, sodass die Gespräche an den anderen Tischen für einen Moment verstummten.

»Wissen Sie Näheres darüber? Ich meine, wer sie gemobbt hat?«

»Nein, ich war nur Zeuge eines Gesprächs, ... ist schon ein paar Monate her. Da haben wir Franziska zufällig«, Schrader hob den Zeigefinger, um das »zufällig« zu untermauern, »im ›Mövenpick‹ getroffen, und da musste sie sich ja gezwungenermaßen zu ihrer Mutter und mir an den Tisch setzen. Gern hat sie's nicht gemacht, das war offensichtlich.« Schrader seufzte. »Jedenfalls war sie ziemlich verärgert und hat sich darüber beschwert, dass irgendjemand ihre Idee geklaut hätte.«

Charlotte wurde hellhörig. »Hat sie einen Namen genannt? War es ein Mann oder eine Frau?«

Birgit Schrader überlegte. »Also, so genau weiß ich das nicht mehr, aber ich glaube, sie hat in der Mehrzahl gesprochen, von ihren Kollegen.«

»Warum war sie an dem Tag im ›Mövenpick‹? War sie verabredet?«

»Keine Ahnung, jedenfalls war sie allein, und gesagt hat sie nichts. Wir sind dann auch bald gegangen, weil es für Marianne immer schmerzvoll ist ... war, ihrer Tochter zu begegnen. Es artete meistens in Streit aus, weil Franziska es nicht lassen konnte, ihrer Mutter den Vorwurf zu machen, ihren Vater ›rausgeekelt‹ zu haben.«

Schrader stand auf. »Nun wissen Sie, was für ein Mensch Franziska war. Sie hat sich einen Dreck um ihre Mutter gekümmert, und ich glaube, die beiden haben sich im vergangenen Jahr nur das eine Mal im Café gesehen, dabei wohnen beide in Hannover.« Sie spielte einen Moment versonnen mit einem Brillantring, den sie am Mittelfinger trug. »Vielleicht hätte ich das alles nicht sagen sollen, aber …«, sie beugte sich zu Charlotte hinab und flüsterte in ihr Ohr, »… ich kann mir schon vorstellen, dass jemand Gründe hatte, sie aus dem Fenster zu werfen oder in diesem Fall … Na ja, ich will nichts gesagt haben.« Sie reichte Charlotte die Hand und verabschiedete sich.

Charlotte sah der Frau tief in Gedanken nach. Es gab selten Menschen, die gegenüber der Polizei so bereitwillig negativ über ein Mordopfer sprachen. Eines war jedenfalls sonnenklar, Birgit Schrader hatte die Tochter ihrer Freundin nicht ausstehen können.

Konnte es sein, dass es noch andere Gründe gab, warum die Frau Franziska Gerber so herzlich verabscheute? So tief greifende Gründe, dass sie ihr den Tod wünschte? Nein, dann hätte sie sich nicht so offen geäußert, oder? Charlotte nahm sich vor, mehr über Birgit Schrader herauszufinden.

Zwanzig Minuten später parkte Charlotte an der Markuskirche und ging dann über die Hohenzollernstraße an der Eilenriede entlang. Der Oktober entschädigte sie ein wenig für den unzuverlässigen Sommer, denn die Sonne schien ungewöhnlich warm, auch wenn der Herbst sich mit seiner Farbenpracht bereits unmissverständlich ankündigte.

Franziska Gerbers Wohnung lag im ersten Stock eines schmucklosen Hauses am Holzgraben, der parallel zwischen Bödeker- und Hohenzollernstraße verlief. Charlotte wollte sich selbst ein Bild von der Toten machen, und ein Zuhause erzählte viel über seine Bewohner.

Sie stieg eine peinlich saubere Steintreppe in einem peinlich sauberen, fast klinisch anmutenden Treppenhaus hinauf, öffnete die versiegelte Wohnungstür und betrat einen dunklen Flur. Nur durch eine offene Tür, die zu einem geräumigen Wohnzimmer führte, fiel Licht herein. Drei weitere Türen gingen vom Flur ab. Eine führte ins Badezimmer, die beiden anderen jeweils in ein größeres und ein kleineres Schlafzimmer. Das kleinere war offensichtlich das Gästezimmer, denn es wirkte unbewohnt und war unpersönlich eingerichtet.

Auf einer Anrichte stand eine Sammlung von kleinen Figuren in unterschiedlichen Farben, alles Elefanten. Laufende Elefanten, einige mit hängendem Rüssel, andere mit steil aufragendem. Röhrende, kämpfende, friedliche Tiere, einer wirkte eher wie ein schwanzwedelnder Hund mit zu langer Nase. Charlotte fragte sich, was an einem rosa Elefanten bemerkenswert genug war, um ihn für alle Augen sichtbar auf eine Anrichte zu stellen. Ein großes Bücherregal dominierte das Zimmer und bedeckte eine ganze Wand. Die Bewohnerin schien eine Vorliebe für Liebesromane gehabt zu haben. Charlotte öffnete den Kleiderschrank, der neben Bettwäsche vor allem Kleidung beherbergte, die offensichtlich einer alten Frau gehört hatte, wohl Tante Dagmar aus Wolfsburg. Sie erspähte tatsächlich noch einen alten Persianermantel. So einen hatte ihre Großmutter auch getragen.

Das helle, saubere Badezimmer verfügte über Badewanne und Dusche. In dem großen Spiegelschrank gab es hauptsächlich Kosmetika und alle Arten von Vitamin- und Mineraltabletten. Außerdem Medikamente wie Aspirin und Baldrian. Entweder hatte Franziska Gerber schwache Nerven oder Schlafprobleme oder beides gehabt. Warum wohl?

Charlotte ging ins Wohnzimmer und blieb verblüfft vor einem großen Flachbildfernseher stehen. Das Wohn-Esszimmer war hell und teuer eingerichtet und maß wenigstens dreißig Quadratmeter. Ein großes Fenster und eine Balkontür wiesen auf einen Innenhof. Die ausladende Krone einer Birke warf ihre Schatten auf einen gepflegten Rasen. Charlotte stieß einen Pfiff aus. Werbetexter schienen nicht schlecht zu verdienen, anders war die noble Einrichtung nicht zu erklären. Der Esstisch war aus massivem hellem Eichenholz und bot mindestens acht Leuten Platz. Neben dem großzügigen Ecksofa aus weißem Leder standen ein Regal mit einer Musikanlage und ein CD-Schrank. Einige CDs lagen auf dem dunklen Parkettboden, auf dem Glastisch stand eine Flasche

Perrier und ein halb gefülltes Glas. Unter einer aufgeschlagenen Modezeitschrift versteckten sich zwei Fernbedienungen, eine für den Fernseher, die andere für die Musikanlage. Charlotte schaltete den CD-Player an. Lena Meyer-Landrut sang »Satellite«. Charlotte schaltete ab und suchte nach dem Telefon. Der Hörer lag in der Küche, die man nur vom Wohnzimmer aus betreten konnte, auf dem Tisch. Der Akku war leer.

Die Küche war modern und zweckmäßig und im Gegensatz zum Wohnzimmer eher klein. Das Schmuckstück war ein Ungetüm von Espressomaschine einer italienischen Edelmarke. Der Kühlschrank war gut gefüllt mit Käse, Butter, Milch, Fruchtjoghurt und zwei Flaschen Asti spumante. Charlotte schüttelte sich. Süßer Sekt war ihr ein Gräuel. Die Basisstation des Telefons befand sich im zweiten Schlafzimmer, das erheblich wohnlicher und freundlicher eingerichtet war als das Gästezimmer.

Über dem großen Bett war eine Bettdecke mit Rosenmuster ausgebreitet, und auf dem Nachtschränkchen lag neben der geblümten Schirmlampe ein Buch mit dem Titel »Reise ins Glück«.

Ein Spiegelschrank mit Schiebetüren nahm die Wand gegenüber dem Bett ein.

Charlotte überprüfte den Anrufbeantworter. »Keine neue Nachricht«, sagte eine weibliche Stimme. Charlotte hatte genug gesehen, den Rest würde die Spurensicherung erledigen.

Sie verließ die Wohnung und klingelte an der Nachbartür. »Gertrud Hagenau« stand auf einem Schildchen neben dem Klingelknopf. Auf ihr Läuten folgte aggressives Hundegebell. Nein, eher Gekläffe. Aha, dachte Charlotte, noch ein Taschenhündchen. Obwohl sie Julius noch nie hatte bellen hören, erstaunlich eigentlich. Charlotte kam nicht dazu, weiter über den schweigsamen Hund ihrer Chefin nachzudenken, denn das Gekläffe wurde lauter, und im nächsten Moment öffnete sich die Tür einen Spalt, und ein Hundeschnäuzchen, das Charlotte – gemessen an seiner Winzigkeit – erstaunlich mutig anzeterte, fuhr heraus.

»Ja?«, sagte eine Frauenstimme im Hintergrund. »Schschsch...«

»Wiegand mein Name, Kripo Hannover.« Charlotte versuchte, ihren Ausweis über die geifernde Hundeschnauze hinweg durch den Spalt zu schieben, aber Gertrud Hagenau schien ihr auch ohne Ausweis zu glauben, öffnete die Tür und bat sie mit einem

Handwedeln, einzutreten. Das Taschenhündchen ereiferte sich derart, dass Charlotte fürchtete, es würde seinem Frauchen aus dem Arm springen und Charlotte direkt ins Gesicht.

»Ludwig, komm, ist ja alles gut«, versuchte die Frau das Nervenbündel zu beruhigen. »Ich geb ihm grad eins von seinen Leckerlis, er regt sich immer so auf, wenn Fremde kommen.«

Gertrud Hagenau trippelte mitsamt ihrem nervösen Vierbeiner den Flur entlang und verschwand hinter einer Tür. Charlotte verstand plötzlich, warum der Giftzwerg so giftig war – wahrscheinlich deshalb, weil er jedes Mal ein Leckerli bekam, wenn er sich danebenbenahm. Das Leckerli zeigte offensichtlich Wirkung, denn es breitete sich eine wohltuende Stille aus. Von irgendwoher kamen leise Stimmen, wohl aus einem Fernsehgerät oder Radio.

»Kommen Sie mit ins Wohnzimmer, Ludwig hab ich in die Küche gebracht, dann können wir in Ruhe reden. Sie kommen bestimmt wegen Frau Gerber, nicht wahr? Bitte setzen Sie sich doch. Möchten Sie einen Sherry oder ein Glas Wein?«

»Äh, nein danke«, antwortete Charlotte verblüfft.

Sherry war ihr während ihrer langen Ermittlertätigkeit noch nie angeboten worden. Charlotte ließ sich auf die erstbeste Sitzgelegenheit plumpsen, es war das Sofa. Ein sehr altes Sofa, sie versank förmlich darin und lag nun mehr, als dass sie saß.

Hagenau, eine rüstige weißhaarige Dame in dunkelroten Samthosen und einem kunstvoll gestrickten dunkelblauen Pullover, schaltete den Flachbildfernseher aus, setzte sich in den Ohrensessel, der neben dem Sofa stand, und nahm ihre Strickarbeit wieder auf, bei der Charlottes Klingeln sie unterbrochen hatte. Neben einem gigantischen grünen Wollknäuel stand ein leeres Sherryglas und daneben eine halb gefüllte Karaffe. Charlotte kam sich beinahe vor wie in einer Zeitmaschine, die sie ins vorige Jahrhundert katapultiert hatte.

»Frau Hagenau, Sie haben sicher gehört, dass Ihre Nachbarin … oder Ihre frühere Nachbarin, Frau Gerber … äh, verstorben ist.«

»Ja, sie ist vom Rathausturm gesprungen«, sagte Hagenau, während die Stricknadeln in aberwitziger Geschwindigkeit klapperten. Charlotte konnte kaum den Blick abwenden, wohingegen Hagenau ihren Gast keine Sekunde aus den Augen ließ.

»Können Sie sich vorstellen, warum?« Charlotte beschloss, es vorerst bei Hagenaus Version zu belassen.

»Nein, dazu müsste ich sie ja gekannt haben, aber wir hatten sehr wenig miteinander zu tun. Eigentlich hat sie nur mit mir gesprochen, um sich über Ludwig zu beschweren.«

»Tatsächlich«, antwortete Charlotte, die das nicht wirklich überraschte.

»Aber«, fuhr Hagenau fort, »die Wohnung ist mein Eigentum, da kann ich einen Hund halten, sie hätte sich gar nicht so aufzuregen brauchen. Das bisschen Gebell. Davon hat die doch gar nichts mitgekriegt.«

Hagenau legte für einen Moment ihr Strickzeug beiseite, schenkte sich aus der Karaffe nach und nahm mit spitzen Lippen einen Schluck.

»Hatte Frau Gerber sonst Kontakte im Haus? Wissen Sie zum Beispiel, wer sie besucht hat?«

Die Nadeln klapperten wieder. »Nein, das weiß ich nicht. Ich gehöre nicht zu diesen neugierigen alten Tanten, die keinerlei Interessen haben, außer sich um das Tun und Lassen der Nachbarn zu kümmern. Ich treibe viel Sport und gehe regelmäßig zum Lauftreff hier an der Eilenriede. Was die Nachbarn machen, weiß ich nicht ...« Obwohl sie kerzengerade in ihrem Sessel saß, streckte Hagenau den Rücken noch etwas mehr. »Allerdings, letzte Woche hat Frau Gerber bei mir geklingelt und gefragt, ob jemand nach ihr gefragt hätte.«

»Wann war das genau?«

»Am Donnerstagabend. Ich war gerade von meiner Rückengymnastik zurückgekommen, deswegen weiß ich das noch.«

»Und, hatte jemand nach ihr gefragt?«

»Nein, bei mir nicht.«

»Wie ... wirkte denn Frau Gerber, als sie das fragte? Verängstigt oder eher enttäuscht, als hätte sie den Besuch erwartet und leider verpasst?«

Hagenau kippte den Rest ihres Sherrys hinunter und starrte dann einen Moment versonnen in das leere Glas. »Enttäuscht? Nee, das würde ich nicht sagen. Ich fand, sie war eher ... aufgeregt. Ja, das trifft es.«

»Aber Sie haben niemanden gesehen?«

»Nein, sag ich doch.« Hagenau musterte kritisch ihre Strickarbeit und arbeitete dann weiter.

»Und Sie haben auch keine Idee, warum Frau Gerber das gemacht haben könnte?«

»Ich?« Sie lachte auf. »Nee, wie denn? Ich meine, dass sie nun besonders glücklich ausgesehen hat, das würde ich nicht sagen, aber warum und wieso sie sich nun umbringen wollen würde, das weiß ich doch nicht. Wieso wollen Sie das überhaupt so genau wissen?«

Hagenau schaute Charlotte schlitzohrig an. Ihre Augen blitzten und gaben ein ganz anderes Bild von ihrer Besitzerin als ihr Mund. Charlotte war sicher, dass Gertrud Hagenau so neugierig war wie ein Waschbär vor einer Mülltonne.

»Wir sind uns nicht ganz sicher, ob sie tatsächlich ›runtergesprungen‹ ist, wie Sie das nennen.«

Hagenaus Hals fuhr ruckartig nach vorn, wie der eines pickenden Huhnes.

»Wirklich? Aber ... wie soll es denn sonst passiert sein? War's ein Unfall? Oder ...« Hagenaus Augen wurden immer größer. »... hat sie einer ...?« Sie machte eine Handbewegung, als wollte sie ihr Strickzeug wegwerfen.

Charlotte hatte genug und stand auf. »Das wäre für den Moment alles. Ich danke Ihnen. Falls Ihnen noch etwas einfällt, informieren Sie mich bitte.«

Charlotte legte ihre Karte auf den Tisch, verabschiedete sich und verließ, ohne auf Hagenau zu warten, die Wohnung.

Die Werbeagentur Salzmann & Sporck residierte im vierten Stock eines unscheinbaren mehrstöckigen Baus an der Podbielskistraße, kaum einen Steinwurf vom Bahlsen-Gebäude mit dem Leibniz-Keks entfernt. Charlotte betrat das Treppenhaus zusammen mit einem jungen Mann, der mit einem kleinen Rollkoffer vor dem Fahrstuhl stehen blieb. Charlotte nahm die Treppe.

Gediegen, dachte sie, als sie die Marmorstufen hinaufstieg. Im ersten Stock hatte eine Immobilienfirma ihren Sitz, im zweiten praktizierte ein Augenarzt, und im dritten Stock betrat der junge Mann soeben eine Anwaltskanzlei. Als Charlotte die vierte Etage erreichte, schlossen sich dort gerade die Aufzugstüren. Die Tür zur Agentur stand offen. Als sie eintrat, fand sie die Rezeption verwaist vor. Sie blickte einen leeren, mit dunkelgrünem Teppichboden ausgelegten Flur entlang. Fernes Gemurmel und das Krächzen einer Espressomaschine waren die einzigen Hinweise auf die Anwesenheit von Menschen, zu sehen war niemand.

»Hallo!«

Charlotte wollte dem Kaffeeduft und dem Gemurmel der Stimmen folgen, als sich eine Tür gegenüber der Rezeption öffnete und ein schlanker Mann mit vollem grau melierten Haar heraustrat. Als er Charlotte sah, blieb er verdutzt stehen.

»Ja bitte, kann ich Ihnen helfen?«, fragte er mit rauer Stimme. Charlotte zeigte ihm ihren Ausweis und stellte sich vor. »Ach«, sagte der Mann schwach und ließ die Türklinke los, die er immer noch umklammert hatte. »Gibt es Neuigkeiten zu Frau Gerbers ... Tod?«

»Ja.« Charlotte blickte den Mann abwartend an. »Und Sie sind ...?«

»Oh, Verzeihung, mein Name ist Frieder Salzmann. Mir gehört die Agentur ... zusammen mit Hans-Peter Sporck, aber der ist noch bei einem Kunden in Göttingen. Kommen Sie, wir gehen in mein Büro.«

Er öffnete erneut die Tür und führte sie in ein modern eingerichtetes, helles Büro, wo sie vor dem Schreibtisch Platz nahm, während Frieder Salzmann nach einer Frau Kowalsky rief, die gleich darauf das Büro betrat. Sie war klein und stämmig und trug einen schwarzen, kurzen Rock mit hellblauer Bluse, die ihr blasses Gesicht noch ein wenig blasser wirken ließ.

»Möchten Sie einen Kaffee oder was anderes trinken?«, fragte Salzmann und setzte sich Charlotte gegenüber.

»Kaffee, schwarz, danke.«

»Für mich auch.« Salzmann nickte der Frau zu, und sie verschwand, nicht ohne Charlotte einen neugierigen Blick zuzuwerfen.

»Wir sind hier alle sehr betroffen über Frau Gerbers Tod. Ich ganz besonders, denn ich habe den Termin auf der Kuppel vorgeschlagen. Wenn ich allerdings geahnt hätte ... Na ja, nicht mehr zu ändern. Was gibt es denn für Neuigkeiten?«

»Haben Sie eine Ahnung, wieso Frau Gerber sich umbringen wollte?« Charlotte wollte sich nicht zu früh in die Karten gucken lassen und ignorierte Salzmanns Frage vorerst.

»Nicht die geringste. Jedenfalls ich nicht, allerdings habe ich sie auch nicht so gut gekannt wie unser Team. Sie war Texterin, eine ziemlich gute sogar.«

»Hat sie allein gearbeitet?«

»Manchmal, aber normalerweise haben wir Teams, und bei größeren Projekten, wie Katalogen oder Infoblättern, und bei eiligen Sachen arbeiten alle mit.«

»Gab es jemanden in der Belegschaft, dem sie besonders nahestand oder mit dem sie oft zusammengearbeitet hat?«

»Sie teilt sich ihr Büro mit Lea Bobart und Frank Richter. Die beiden sind auch Texter und betreuen unsere größten Kunden, die Garanta-Versicherung, das Möbelhaus Küpper und die Spedition Wilsenberg.«

Frau Kowalsky kam lautlos herein, stellte ebenso lautlos die Kaffeetassen auf den Tisch und warf ihrem Chef einen fragenden Blick zu. Charlotte hatte das Gefühl, dass sie etwas sagen wollte, aber Salzmann bedankte sich, und sie verließ zögernd das Büro.

»Was hat sich am Freitagmorgen auf der Kuppelspitze abgespielt?« Charlotte nahm vorsichtig einen Schluck von dem dampfenden Kaffee. Er war heiß und schmeckte hervorragend. Sie sollte sich das Fabrikat der Kaffeemaschine ansehen, dachte sie. Vielleicht konnte sie Meyer-Bast ja davon überzeugen, den vorsintflutlichen Automaten der KFI auszurangieren und einen neuen anzuschaffen.

Frieder Salzmann faltete die Hände und schüttelte bekümmert den Kopf. Charlotte bewunderte sein dichtes Haar und seine nahezu faltenfreie Haut. Nur seine grauen, glanzlosen Augen passten nicht zu dem sonst attraktiven Gesicht. Sie schätzte ihn auf Mitte bis Ende vierzig.

»Wir können uns das alle nicht erklären. Ich meine ...«, Salzmann guckte ein bisschen hilflos, »wenn ich mich umbringen will, dann doch nicht in aller Öffentlichkeit. Und ... es gibt doch bestimmt angenehmere Methoden, als sich irgendwo runterzustürzen. Tabletten oder was weiß ich.« Salzmann nahm einen Schluck von seinem Kaffee. Irgendwie schien er ärgerlich zu sein und seiner Mitarbeiterin den spektakulären Suizid übel zu nehmen.

»Könnten Sie mir den Hergang beschreiben? Wo waren Sie, als es passierte?«

»Also, ich war gerade auf der Wendeltreppe, als ich den Schrei hörte, und dann bin ich sofort nach draußen gelaufen, die anderen standen ebenfalls alle an der Außenmauer oder in den oberen Etagen an den Gittern. Gesehen hat aber, glaub ich, keiner was. Wie auch, man kann nicht bis zum Fuß der Kuppel runtergucken. Wir hatten nur alle den Schrei gehört, und dann haben wir gemerkt, dass Frau Gerber fehlte. Dann ging die Aufzugtür auf, und die junge Frau, die den Lift bedient, hatte noch niemanden mit hinuntergenommen. Und da man die Treppe ja nicht benutzen kann, haben wir zwei und zwei zusammengezählt und das Schlimmste befürchtet.«

»Was glauben Sie? Warum hätte Frau Gerber sich umbringen wollen?«

Salzmann verschränkte die Arme und schwieg einen Moment. »Wissen Sie«, sagte er dann, »ich bin mir nicht sicher, aber ich glaube, es gab da mal ein Problem mit einem Mann. Eine Beziehung, die vor einiger Zeit, ich weiß nicht genau, wann, in die Brüche gegangen ist. Jedenfalls war sie deswegen mal in psychotherapeutischer Behandlung. Aber da fragen Sie vielleicht mal ihre Kollegen, die wissen sicher mehr.«

»Was war das für ein Problem, und wie lange ist das her?«

Salzmann zuckte mit den Schultern. »Keine Ahnung, worum es ging. Ist schon ein paar Monate her, würde ich sagen.«

»Gab es sonst noch etwas, das einen Selbstmord erklären könnte? War sie krank, oder wirkte sie depressiv?«

»Wenn Sie mich so fragen, gelacht hat sie eigentlich nie viel, aber ob sie nun in der letzten Zeit anders war als sonst, das kann ich nicht sagen.«

»Könnte es nicht auch ein Unfall gewesen sein?«

Salzmann zog die Brauen hoch. »Ein Unfall?« Er überlegte. »Wie soll denn das vor sich gehen? Ich meine, möglich ist alles, aber ... da müsste sie schon sehr unvorsichtig gewesen sein.« Er sah Charlotte forschend an. »Sind das Ihre Neuigkeiten? Dass es gar kein Suizid war?«

»Wir ermitteln in alle Richtungen.« Charlotte trank ihren Kaffee aus und stand auf.

»Ich würde gern noch mit Ihren Mitarbeitern sprechen, wenn Sie nichts dagegen haben. Es wird nicht lange dauern.«

»Wieso denn das? Am Freitag hat doch schon jemand alles

aufgenommen.« Salzmann warf einen Blick auf seine Armbanduhr. »Aber bitte.« Er stand ebenfalls auf und begleitete Charlotte zur Tür.

In der großzügigen Küche saßen vier Leute an einem runden Tisch und starrten Charlotte erwartungsvoll an. Im Hintergrund machte sich jemand an der Kaffeemaschine zu schaffen.

Auch wenn sie normalerweise Vieraugengespräche vorzog, entschloss sich Charlotte spontan zu einem zwanglosen Plausch. Die offizielle Version der Aussagen hatten sie ja schon. Auf diese Weise konnte sie auch das Klima innerhalb der Agentur auf sich wirken lassen, und wer weiß, vielleicht erfuhr sie auch etwas Inoffizielles.

»Wollen Sie auch eine Tasse?«, fragte der junge Mann an der Kaffeemaschine. Er trug Jeans und T-Shirt und sah aus wie ein Student. Wahrscheinlich Praktikant, dachte Charlotte. Die gab es doch zuhauf in jeder Firma. Jedenfalls hatte Jan, Rüdigers Sohn, mal so was erwähnt.

»Nein, danke, ich hatte schon einen. Schmeckt übrigens sehr gut, Ihr Kaffee.«

Verhaltenes, schweigsames Nicken in der Runde war die Antwort. Alle machten einen betretenen Eindruck.

»Ich kann mir vorstellen«, begann Charlotte, »dass Sie alle noch unter Schock stehen, nach dem, was passiert ist.«

Heftiges Nicken dieses Mal. Der junge Mann hatte sich auf den letzten freien Platz gesetzt.

»Mein Kollege hat zwar Ihre Aussagen schon aufgenommen, aber vielleicht ist Ihnen ja mittlerweile noch etwas eingefallen, was Sie am Freitag in der Aufregung vergessen hatten.«

Eine schlanke, attraktive Frau um die dreißig mit langen blonden Haaren räusperte sich. »Also, wir fragen uns wirklich alle, wie das passieren konnte, und haben auch am Freitag den ganzen Tag über nichts anderes gesprochen, aber was Neues ist nicht dabei rausgekommen.«

Die anderen stimmten murmelnd zu.

»Können Sie mir Ihren Namen sagen?«, fragte Charlotte.

»Oh, Verzeihung, ich heiße Lea Bobart. Franziska und ich haben oft zusammengearbeitet. Franziska, ich und Frank.« Sie nickte einem gut aussehenden Mann mit dunklen Locken zu, der neben ihr saß.

»Haben Sie Frau Gerber gut gekannt? Ich meine, auch privat?« Die beiden sahen sich an.

»Nein, privat hatten wir wenig miteinander zu tun«, sagte der Dunkelgelockte und stellte sich als Frank Richter vor. Seine Stimme war weich und melodiös. »Oder war das bei euch anders?« Er warf einen fragenden Blick in die Runde.

»Nein«, meldete sich ein Mann mit Halbglatze, der neben Frank Richter saß, zu Wort. »Franziska war ziemlich ... in sich gekehrt. Jedenfalls fand ich das immer. Ich bin Thomas Haller, Grafikdesign.« Er reichte Charlotte seine Karte. Sie nahm sie entgegen und beobachtete aus den Augenwinkeln, wie Lea Bobart die Augen verdrehte. Aha, Thomas Haller und Lea Bobart waren sich nicht grün, schloss Charlotte.

»Und wie ist es mit Ihnen?« Charlotte wandte sich an den jungen Mann, der eben noch die Kaffeemaschine bedient hatte, erfuhr, dass er Tom Lugau hieß und »nur« Praktikant war. »Haben Sie Frau Gerber näher gekannt?«

»Nein, ich arbeite meistens mit Thomas zusammen, hab nicht viel mit Text zu tun, na ja, und in den Pausen hab ich eigentlich kaum mit Franzi geredet.«

Charlotte beschloss, zum Angriff überzugehen. »Nach unseren Informationen hat Frau Gerber sich in Ihrem Kreis gemobbt gefühlt. Außerdem habe jemand ihre Ideen geklaut.«

Kollektives Raunen und Augenrollen war die Reaktion auf den Vorstoß. Richter sprach als Erster.

»Ja, klar, das passt, Franziska hatte meiner Meinung nach eine ausgewachsene Paranoia.« Die anderen nickten.

»Könnten Sie etwas konkreter werden?«

Fünf Augenpaare blickten Charlotte misstrauisch an. »Na, sie ... war eben schnell beleidigt«, murmelte Haller.

Charlotte wartete, aber dass Franziska Gerber schnell beleidigt und paranoid war, war offensichtlich alles, was die Ex-Kollegen zu ihrer Ex-Kollegin zu sagen hatten.

»Dann hat ihr also niemand ihre Ideen geklaut?«

»Tz, eher umgekehrt«, sagte Richter, und Lea Bobart stimmte ihm zu.

»Wie lange arbeiten Sie alle schon hier?«

»Also, Lea, Frank und ich gehören quasi zur Gründungsbelegschaft. Wir sind schon fast sechs Jahre dabei, Pia«, Thomas Haller wies auf Frau Kowalsky, die Fünfte im Bunde, die bis jetzt still am Tisch gesessen hatte, »ist ein paar Monate später dazugekommen, und Tom macht hier ein Praktikum.«

»Wenn ich richtig informiert bin, waren noch andere Kollegen von Ihnen mit auf der Rathauskuppel.«

»Ja, Wilfried Nolte, der Buchhalter ...«

»Der hat sich krankgemeldet«, warf Pia Kowalsky jetzt ein.

»Tatsächlich«, wunderte sich Haller, »aber der war ja schon immer ein Sensibelchen«, fügte er geringschätzig hinzu. »Na ja, unsere beiden Chefs, Herr Sporck und Herr Salzmann, waren noch dabei, Manfred Bachlauf aus der Media und Franz Klöckner, der macht hauptsächlich Webdesign und Illustrationen.«

»Du hast Jens vergessen«, mischte sich Lea Bobart ein.

»Ach ja.« Haller ergriff wieder das Wort. »Jens Kolbe war auch dabei. Der ist Fotograf, freier Mitarbeiter. Ich nehme an, einer von den Chefs hat ihn ins Boot geholt. Wir machen ja diese neue Image-Broschüre für Hannover, und Jens macht echt gute Fotos.«

»Könnten Sie mir noch kurz schildern, was sich auf der Kuppel abgespielt hat?«

Die fünf sahen sich an.

»Noch mal?«, fragte Lea Bobart. »Ich kann eigentlich nur das wiederholen, was ich am Freitag gesagt habe. Ich stand ganz oben auf der vierten Aussichtsebene in der Kuppelspitze, und dann hab ich den Schrei gehört, genau wie die anderen. Wir sind dann rumgelaufen, haben uns unten vor dem Fahrstuhl gesammelt und haben gemerkt, dass Franziska nicht da war. Tja, da blieben nicht viele Möglichkeiten.«

»Bei mir war's genauso«, sagte Thomas Haller.

»Frau Gerber war in psychotherapeutischer Behandlung. Weiß jemand von Ihnen etwas darüber?«

Verwundertes Raunen ging durch den Raum. »Nee, also das ist mir neu«, sagte Frank Richter, und die anderen stimmten ihm zu.

»Hat jemand von Ihnen eine Idee, warum sich Frau Gerber umbringen wollte?«

Lea Bobart starrte auf ihre Kaffeetasse, die anderen auf Lea Bobart.

Die warf angriffslustig einen Blick in die Runde. »Jetzt guckt mich nicht so an!«, rief sie plötzlich, sprang auf und verließ schluchzend die Küche.

Aha, dachte Charlotte, Lea Bobart und Franziska Gerber waren sich anscheinend auch nicht grün gewesen. Die anderen rührten sich nicht. Charlotte wartete einen Moment, und als sich niemand anschickte, sie aufzuklären, was es mit diesem Ausbruch auf sich hatte, stand sie auf und verabschiedete sich.

Bevor sie den Raum verließ, wandte sie sich an Pia Kowalsky, die die ganze Zeit ungeduldig auf ihrem Stuhl herumgewackelt hatte. Sie schien am ehesten geneigt zu plaudern.

»Frau Kowalsky, würden Sie mich begleiten und mir noch die Adressen von Herrn Sporck und Herrn Klöckner heraussuchen?«

Sie hatte die Adressen zwar längst, aber sie wollte allein mit der Frau reden. Sie gingen zum Sekretariat, wo die Sekretärin sich an ihrem Computer zu schaffen machte.

»Frau Kowalsky«, sagte Charlotte, »was hat es denn gegeben, zwischen Frau Gerber und Frau Bobart?«

Pia Kowalsky stieß einen Seufzer aus und sackte in sich zusammen. Damit wollte sie offensichtlich zeigen, wie schwer es ihr fiel, ihre Kollegin zu verpetzen.

»Ich weiß gar nicht, ob das interessant für Sie ist, aber die beiden hatten Streit, und zwar am Donnerstagnachmittag, kurz vor Feierabend. Ich hab nur gehört, wie Lea ... ich meine, Frau Bobart Frau Gerber angeschrien hat, sie wäre ein Scheusal und hätte es nicht besser verdient.«

»Was meinte sie damit, ›es nicht besser verdient‹?«

»Das weiß ich auch nicht. Aber Franziska ist daraufhin heulend aus dem Büro gekommen und wollte mit dem Chef sprechen. Aber der war nicht da.«

»Mit welchem Chef? Herrn Salzmann?«

»Ja, mit Herrn Salzmann hat sie sich besser verstanden als mit Herrn Sporck.« Kowalsky kam etwas näher heran. »Herr Sporck ist ... na ja, der ist ziemlich cholerisch. Damit ist Franziska nicht klargekommen.«

»Und Herr Salzmann ist also ein ruhiger Chef?«

Kowalsky atmete tief ein, so als stünde sie vor einer schweren Aufgabe.

»Ja, ruhig ist er, meistens zumindest, aber er ... also er hat es ja auch nicht leicht. Seine Frau ist ziemlich krank, schon seit zwei Jahren. ALS – fragen Sie mich nicht, wie das genau heißt. Sie sitzt im Rollstuhl, und er hat sie einfach in ein Heim abgeschoben, und ... na ja, er lebt nicht wie ein Mönch, wenn Sie verstehen, was ich meine.«

»ALS, ist das nicht das, was dieser englische Physiker hat?«

»Ja, genau.«

»Aha.« Charlotte verstand und zwinkerte Pia Kowalsky kumpelhaft zu. »Hat er mit einer Ihrer Kolleginnen ...?«

Kowalsky lächelte fein. »Ich glaube, Lea hätte nichts dagegen gehabt, aber er hat sich eine mit Geld angelacht. Sie hat eine Galerie in der Georgstraße.«

»Sie wissen nicht zufällig, wie sie heißt?«

»Nein, wirklich nicht.« Kowalsky verschloss sich plötzlich.

»Natürlich«, sagte Charlotte und heuchelte Verständnis. »Um noch mal auf Frau Gerber zurückzukommen. Haben sich denn Frau Bobart und sie sonst gut verstanden?«

Pia Kowalsky spitzte vielsagend die Lippen. »Also, da kann ich Ihnen nichts zu sagen. Das müssen Sie Lea fragen, aber ... soweit ich weiß, konnten sie sich nicht ausstehen.«

»Wissen Sie, warum? Gab es einen bestimmten Grund?«

In diesem Moment betrat Lea Bobart das Sekretariat. Ihre Augen waren verquollen, und sie ließ misstrauisch ihren Blick von Pia Kowalsky zu Charlotte wandern. Die ergriff sofort die Initiative.

»Frau Bobart, wollen Sie mich nicht aufklären? Hat es Streit gegeben zwischen Ihnen und Frau Gerber?«

Lea Bobart schaute ihre Kollegin böse an. »Hast du schon wieder getratscht?«

Pia Kowalsky zuckte zusammen. »Nein, was soll ich denn gesagt haben?«, fragte sie unschuldig.

»Also«, Charlotte hatte genug mitbekommen vom Arbeitsklima dieser Agentur. Sie war das Geplänkel leid, »Frau Bobart, wenn Sie etwas wissen, das einen Selbstmord erklären könnte, dann sagen Sie es bitte.«

Die Angesprochene reckte trotzig das Kinn und warf die langen

Haare zurück. »Nein, dazu kann ich Ihnen absolut nichts sagen. Wir hatten zwar einen kleinen Streit, aber das hatten wir öfter, hat weiter nichts zu bedeuten. Deswegen hat sie sich bestimmt nicht vom Rathaus gestürzt. Ich glaube sowieso, dass es ein Unfall war. Franziska war schrecklich ungeschickt, und unvorsichtig war sie auch. Wahrscheinlich ist sie irgendwo da oben rumgeturnt, wollte ein Selfie machen und hat das Gleichgewicht verloren. Dabei sind schon die dollsten Dinger passiert. Das ist die einzige plausible Erklärung für diesen ganzen Zinnober. Wenn Sie wirklich glauben, dass sie sich umgebracht hat, dann kann ich Ihnen jedenfalls nicht helfen.« Damit drehte sie sich um und ließ Charlotte und Kowalsky verblüfft zurück.

Kaum war Lea Bobart verschwunden, öffnete sich eine Tür, und ein Johnny-Depp-Verschnitt mitsamt übergroßer Hornbrille trat auf den Plan. Er schritt auf Charlotte zu und reichte ihr die Hand.

»Manfred Bachlauf mein Name, Herr Salzmann hat mich schon aufgeklärt, dass die Polizei noch Fragen zu Franziskas Tod hat.«

Charlotte ergriff die dargebotene Rechte von Herrn Bachlauf und erhaschte gerade noch einen Rest des schwärmerischen Blicks, den Pia Kowalsky Johnny Depp zuwarf.

»Kommen Sie mit in mein Büro, da ist es gemütlicher.« Er ging voran in ein kleines, aufgeräumtes Minibüro, in dem man sich kaum umdrehen konnte. »Moment«, sagte Bachlauf, befreite einen Hocker von einem Stapel Akten und bat Charlotte, sich zu setzen. Die wäre zwar lieber stehen geblieben, als sich auf diesem dreibeinigen Gestell niederzulassen, tat ihm aber den Gefallen. Sie hatte gar nicht gewusst, dass dreibeinige Sitzgelegenheiten noch erlaubt waren. Sie hatte gedacht, dass alles, was auch nur annähernd in die Richtung Unfallgefährdung driftete, gnadenlos aussortiert werden musste.

»Ist ein Erbstück, so was gibt's heute nicht mehr zu kaufen.« Bachlauf hatte wohl ihre Gedanken erraten. »Man muss ein bisschen aufpassen, um nicht umzukippen damit.« Er grinste, was Charlotte missfiel. Sie hatte das Gefühl, dass Bachlauf sich auf ihre Kosten gut amüsierte, und straffte den Rücken.

»Schildern Sie mir bitte genau, was sich vor Frau Gerbers Tod auf der Kuppel abgespielt hat«, sagte sie förmlich.

Bachlauf lehnte sich in seinem modernen Schreibtischstuhl zurück und breitete die Hände aus. »Tja, ich weiß gar nicht, was ich Ihnen da erzählen soll. Ich war oben, hab runtergeguckt, dann hat jemand geschrien, und wir sind wieder runtergefahren. Das war's.«

»Haben Sie Frau Gerber auf der Kuppel gesehen?«

»Schon möglich. Wenn, dann weiß ich's nicht mehr.« Die gleiche Handbewegung.

»Kannten Sie Frau Gerber näher?«

Bachlauf nahm einen Bleistift von der Arbeitsplatte und drehte ihn versonnen in seinen spitzen Fingern.

»Also, ich hab sie nicht wirklich gekannt, die Franziska. Sie war ein ... wie soll ich sagen ... besonderer Mensch. Das ist nicht unbedingt positiv gemeint.«

»Wie ist es denn gemeint?« Charlotte veränderte ihre Sitzposition ein wenig, geriet prompt ins Straucheln und hatte Mühe, sich zu fangen. Bachlauf nahm ihre Schwierigkeiten grinsend zur Kenntnis, ohne sich dazu zu äußern.

»Franziska war ziemlich kleinlich. Sie konnte es nicht ertragen, wenn irgendwer etwas hatte oder konnte, was sie nicht hatte oder konnte.«

»Zum Beispiel?« Charlotte saß still wie eine Statue.

»Puh, wo soll ich anfangen? Hat denn Lea nichts dazu gesagt?«

Charlotte wartete schweigend.

»Also, wenn Lea eine neue Frisur hatte, dann hatte Franziska garantiert zwei Tage später auch eine neue. Oder wenn Lea mit ihrem Superkörper mal ein figurbetontes Kleid getragen hat, dann hat sich Franziska darüber mokiert, dass sie eitel wäre und rumliefe wie eine Nutte.« Er legte den Zeigefinger auf die Lippen. »Das muss unter uns bleiben, davon weiß Lea nichts. Wenn Thomas eine gute Idee hatte, dann rannte sie rum und hat jedem – ob er's hören wollte oder nicht – erzählt, dass sie auch darauf gekommen wäre, man hätte sie ja auch mal ›fragen‹ können.« Bachlauf malte Anführungszeichen in die Luft. »Wenn jemand eine Frage zur Orthografie hatte, dann wusste sie immer eine Antwort. Was keinesfalls heißen soll, dass es die richtige war. Wenn jemand ein dickes Lob bekam, wofür auch immer, war sie beleidigt, dass man sie vergessen hatte. Und wenn mal was falsch gelaufen ist, dann waren sowieso immer die anderen schuld. Egal, worum es ging, sie hat immer einen Grund gefunden, warum alle außer ihr doof waren.«

Charlotte hatte sich diese Predigt verblüfft und schweigend angehört. Manfred Bachlauf schien Frau Gerber ganz und gar nicht gemocht zu haben. Wie auch immer, seine Schilderung deckte sich mit der von Birgit Schrader, und Charlotte hatte langsam eine Vorstellung davon, was für ein Mensch Franziska Gerber gewesen sein musste. Ziemlich unausstehlich. Sie wunderte sich nur, wieso Bachlauf ihr das so freimütig erzählte.

»Sie wundern sich wahrscheinlich, dass ich Ihnen das alles so erzähle. Ich meine ... immerhin ist Franziska ja tot, und über Tote redet man nicht schlecht.«

Er beugte sich vor und legte seine Unterarme auf dem mit Papieren übersäten Schreibtisch ab. »Aber wissen Sie, Heuchelei ist mir zuwider. Die anderen denken genauso über Franziska. Wir haben sie ertragen, weil sie echt gestört war, aber gemocht hat sie keiner. Auch wenn sie das alle nicht zugeben würden.«

»Sie scheinen damit ja kein Problem zu haben.«

»Nein. Wissen Sie, das Komische ist, dass Franziska mich mochte. Sie kam ab und zu in mein Büro und hat sich über irgendwas oder irgendjemanden beschwert. Ich hab sie reden lassen, und dann ist sie wieder gegangen. Die anderen haben keine Ahnung, dass sie bei mir ihren Frust abgelassen hat, und ich hab es keinem bisher erzählt. Warum auch? Gibt nur böses Blut.«

»Könnten Sie etwas konkreter werden? Hatte sie einen besonderen Groll gegen jemand Bestimmten?«

Bachlauf kicherte. »Nein, dazu kann ich nichts sagen. Sie hatte alle mal auf dem Kieker. Immer wegen irgendwelcher Nichtigkeiten. Es lohnte sich kaum, ein Wort darüber zu verlieren. Ich erzähl Ihnen das Ganze auch nur, damit Sie wissen, dass Franziska ein durch und durch unzufriedener Mensch war. Ich kann mir gut vorstellen, dass sie sich genau deshalb vom Rathaus stürzt, um es allen noch mal so richtig zu zeigen.«

Interessant, dachte Charlotte und stand auf. »Frau Gerber war kurz vor ihrem Tod in psychotherapeutischer Behandlung ...«

»Ha, das wundert mich nicht!«, unterbrach sie Bachlauf.

Charlotte stutzte einen Moment. »Hat sie mal etwas darüber erwähnt?«

»Mir gegenüber jedenfalls nicht.«

Charlotte zögerte kurz und verabschiedete sich dann von Bachlauf. Als sie an der Rezeption ankam, stand Pia Kowalsky mit zwei Herren zusammen, von denen der größere, attraktivere sie neugierig musterte.

»Das ist …«, setzte Pia Kowalsky an, wurde aber sofort unterbrochen.

»Danke, ich weiß, wer Sie sind.« Er drückte Charlotte die Hand und stellte sich als Hans-Peter Sporck und den anderen Herrn als Dr. Steinhoff von der Garanta-Versicherung vor. »Ich weiß, wir müssen uns dringend unterhalten, aber wie Sie sehen, habe ich eine wichtige Besprechung.« Er wies auf Dr. Steinhoff, der vergeblich den Mund öffnete, um Charlotte zu begrüßen, aber Sporck kam ihm zuvor. »Lassen Sie sich von Frau Kowalsky einen Termin geben.«

Charlotte wollte gerade protestieren, als Frank Richter auf die Gruppe zukam und Dr. Steinhoff begrüßte. Er und Sporck sahen sich seltsam an. Er dauerte nur den Bruchteil einer Sekunde, aber Charlotte hatte es bemerkt, konnte den Blick allerdings nicht einordnen. Es war kein eifrig-devoter Blick gewesen, den sie oft bei Angestellten beobachtete, die Angst vor ihrem Chef hatten, auch nicht der leere Blick eines resignierten Mitarbeiters, der es aufgegeben hatte, seine eigenen Vorschläge und Ideen einzubringen. Es war ein Blick gewesen, den Menschen sich zuwarfen, wenn sie etwas miteinander teilten, das den anderen verborgen war.

Was heckten die beiden aus? Sporck legte seinem Gast den Arm auf die Schulter und marschierte mit ihm davon. Charlotte blieb völlig verblüfft zurück.

Du entkommst mir nicht, dachte sie, als sie die Agentur verließ.

Auf dem Weg zur Markuskirche telefonierte Charlotte mit Frau Dr. Schneider, der Assistentin des Rechtsmediziners Dr. Wedel. Diese teilte ihr etwas schnippisch mit, dass ihr Chef gerade dabei war, die Leiche von Franziska Gerber zu obduzieren. Frau Wiegand müsse sich also noch etwas gedulden. Mindestens eine Stunde würde es noch dauern.

Okay, dachte Charlotte und beschloss, sich auf der Lister Meile eine Pizza zu genehmigen und dann zum rechtsmedizinischen Institut zu fahren.

Als Charlotte das chaotische Büro von Dr. Wedel betrat, saß er bereits hinter seinem Schreibtisch und sprach die alltäglichen Scheußlichkeiten seiner Untersuchungen in ein Diktiergerät. Wenn man ihn da so sitzen sah, konnte man meinen, er würde nie wieder aus seinem Stuhl aufstehen. Er lag mehr, als dass er saß, und sein opulenter Bauch schien ihn geradezu niederzudrücken. Er sprach leise und schnaufte mehrmals, so als wäre er ärgerlich. Charlotte befürchtete allerdings, dass er schnaufte, weil er einfach nicht genug Luft bekam.

Als er sie bemerkte, lächelte er, legte das Gerät beiseite und hielt ihr die Hand hin.

»Frau Wiegand, wie geht's denn? Vertragen Sie sich denn mit Ihrer neuen Chefin? Herrn Ostermann haben Sie es ja nicht wirklich leicht gemacht, nach allem, was man hört.«

»Ich seh das genau umgekehrt. Und gehen tut's mir wahrscheinlich besser als Ihnen. Sollten Sie nicht mal Urlaub machen oder gleich in Pension gehen, wenn wir schon mal beim Thema sind.«

Dr. Wedel lachte heiser und musste anschließend husten. Charlotte musterte ihn besorgt.

»Ist alles in Ordnung mit Ihnen?«

Wedel winkte ab und räusperte sich geräuschvoll. »Ich find es erstaunlich, dass alle sagen, ich soll in Pension gehen. Ich werde das Gefühl nicht los, dass mich keiner mag.«

»Endlich haben Sie's kapiert.« Charlotte grinste. »Können Sie mir denn, bevor Sie gehen, noch sagen, was Sie bei der Obduktion von Frau Gerber herausgefunden haben?«

Wedel zog seine Brille auf die Nasenspitze und betrachtete Charlotte über den Rand hinweg skeptisch. »Ja, das ist schon interessant. Ich hab schon viele Leichen obduziert, aber eine, die von der Rathauskuppel gefallen ist, hatte ich noch nie. Spektakulär. Wäre eigentlich genau der richtige Abschluss für meine Karriere, was meinen Sie?«

»Schon möglich«, erwiderte Charlotte. »Gab es denn irgendwelche Auffälligkeiten, die gegen Selbstmord oder Unfall sprechen?«

»Nun ja, sie hat natürlich mehrere schwere Verletzungen, Prellungen und Knochenbrüche. Sie ist, bevor sie unten aufgeschlagen ist, noch an einem Mauervorsprung abgeprallt, das ist bei einem Sturz von dort oben ja auch nicht weiter verwunderlich. Allerdings, und das ist bemerkenswert, hat sie Hämatome an beiden Fußgelenken, die nicht so recht zum Unfallhergang passen, aber nicht älter sind als die übrigen Verletzungen.«

»Was meinen Sie?«

»Ich meine, dass sie jemand an den Fußgelenken gepackt und über die Brüstung geschoben haben könnte.«

Charlotte schwieg zunächst verblüfft. »Also doch Mord«, sagte sie dann mehr zu sich selbst.

»Das ist gut möglich, aber nicht sicher. Die Hämatome können auch andere Gründe haben. Vielleicht mochte sie Fesselspiele.«

»Dann müsste es ja auch Spuren an den Handgelenken geben.«

»Nicht unbedingt. Es gibt so viele verschiedene Vorlieben.«

Charlotte fragte sich, wie man jemanden auf diese Weise unauffällig ins Jenseits befördern konnte. Das müsste man ausprobieren. Laut sagte sie: »Aber das wäre doch extrem riskant. Auf der Kuppel ist doch immer Betrieb.«

»Hat denn jemand was gesehen?«

»Eben nicht, das ist ja das Komische.«

»Na ja.« Wedel erhob sich schwerfällig wie ein alter Elefant. »Dann müssen Sie herausfinden, was sich abgespielt hat. Die Tote war jedenfalls klein und zierlich, solchen Leuten kann man leicht die Beine wegziehen, und wenn sie sich gerade über die Brüstung gelehnt hätte, dann wäre sie fast zwangsläufig gefallen. So was geht schnell.«

»Aber warum hat sie dann nicht geschrien?«

»Hat sie denn nicht?«

»Nein.«

»Na, dann konnte sie wohl nicht.«

»Und warum nicht?«

»Möglicherweise der Schock, vielleicht hat man ihr auch vor dem Sturz einen Schlag auf den Kopf verabreicht. Das kann ich leider nicht mehr feststellen. Die Schädeldecke hat ganz schön was abbekommen.«

Charlotte war zur Tür gegangen.

»Ich danke Ihnen«, sagte sie und betrachtete ihn besorgt. »Sie sollten wirklich dringend über Ihre Pensionierung nachdenken. Ich kann Sie auch bei Ihnen zu Hause nerven.«
Dr. Wedel lachte auf.
»Da bin ich mir sicher«, sagte er und klopfte ihr zum Abschied auf die Schulter.

Es war schon halb sieben und eigentlich hatte Charlotte Feierabend machen wollen. Aber ihr Besuch in der Werbeagentur und das Gespräch mit Dr. Wedel beunruhigten sie. Die Lage hatte sich verändert. Charlotte war davon überzeugt, dass bei der Firma Salzmann & Sporck einiges im Argen lag. Die Stimmung dort war merkwürdig, um nicht zu sagen explosiv. Und sie glaubte nicht, dass die noch ausstehenden Gespräche mit dem Buchhalter, Klöckner, dem Fotografen oder diesem Choleriker Sporck an ihrem Eindruck etwas ändern würden. Die Herren würde sie sich morgen vornehmen.

Und dann Wedels Entdeckung dieser Hämatome. So recht konnte Charlotte noch nicht daran glauben, dass ein Mensch einen anderen tatsächlich auf diese Weise umbringen könnte. Wenn es so war, dann war ein geplanter Mord ziemlich unwahrscheinlich. Es sei denn, jemand kannte sich auf der Kuppel besonders gut aus und wusste, dass so eine Aktion machbar war. Auf jeden Fall musste dieser Jemand zur Tatzeit oben auf dem Rathaus gewesen sein. Es sollte doch nicht allzu schwierig sein, das herauszufinden. Vielleicht gab es sogar Kameras.

Charlotte nahm sich vor, darauf zuerst einen ihrer Kommissare anzusetzen, falls sie ihre Chefin und den Staatsanwalt davon überzeugen konnte, dass hier weiter ermittelt werden sollte, und man ihr den Fall übergab.

Wedels Aussage, zusammen mit dem Brief von Kathrin Hildebrandt, und ihr Bauchgefühl sollten als Hinweise eigentlich ausreichen. Sie beschloss, noch kurz in der KFI vorbeizufahren und mit der Chefin zu reden. Falls hier tatsächlich ein Mord geschehen war, durfte sie das nicht auf die lange Bank schieben. Und wenn sie Schliemann dort noch in die Finger bekommen würde, konnte sie dem auch gleich die Hölle heißmachen.

In der KFI 1 war es bereits ziemlich ruhig. Die meisten Beamten hatten sich schon in den Feierabend verabschiedet. Charlotte begab sich ins Büro ihrer Chefin, das sie insgeheim bereits in den »Zoologischen Garten« umgetauft hatte, aber das würde sie für sich behalten.

Das Gespräch mit der Kriminalrätin verlief erfreulich unkompliziert. Charlotte sollte ihre Ermittlungen fortsetzen und sich ihr Team zusammenstellen. Vorher wollte sie allerdings noch mit Rüdiger sprechen.

Sie ging durch das große, im Moment leere Büro, das sich Maren Vogt, Martin Hohstedt und Stefan Schliemann teilten. Leo Kramer von der Spusi residierte seit einiger Zeit zusammen mit Thorsten Bremer in einem kleinen Büro auf der gegenüberliegenden Seite des Korridors, und Rüdiger Bergheim hauste in einem fensterlosen Kabuff, das Ex-Kriminalrat Ostermann für seinen Lieblingskommissar vom großen Büro abgeteilt hatte. Wahrscheinlich hatte er ihm die ständige Anwesenheit der Ersten Hauptkommissarin Charlotte Wiegand nicht zumuten wollen, in deren Büro er vorher untergebracht gewesen war.

Rüdiger saß an seinem Schreibtisch und spielte Solitär. »Ich hab auf dich gewartet«, sagte er, als Charlotte hereinkam, und klickte das Spiel weg.

»Von mir aus kannst du ruhig weiterspielen, hast wohl Langeweile, was?«

»Nein, eigentlich alles andere als das, aber ich warte auf einen Laborbericht, der mir bei meinem Fall hoffentlich weiterhilft.«

»Welchem Fall? Etwa die Vergewaltigung dieser Studentin?«

»Allerdings«, antwortete Rüdiger und fuhr den Computer herunter. »Mittlerweile sind es schon drei. Alle nach dem gleichen Muster. Die Frauen liegen frühmorgens irgendwo in der Botanik – eine am Georgengarten, die beiden anderen am Zoo, jeweils am Straßenrand. Wahrscheinlich wurden sie dort während der Dunkelheit einfach aus einem Auto geworfen. Sie können sich nur daran erinnern, auf einer Uni-Fete gewesen zu sein. Die dritte Frau hat sich allerdings erst jetzt gemeldet, ihr Fall liegt schon einige Wochen zurück. Sie kommt aus Spanien und macht hier ein Auslandssemester.«

»Na toll. Will sie trotzdem bleiben?«
»Das will ich hoffen.« Rüdiger war aufgestanden. »Wollen wir?«

Als Charlotte zwanzig Minuten später ihre Wohnungstür in der Gretchenstraße öffnete, schlug ihr ein Duftgemisch aus Lavendel und Curry entgegen. Sie mochte beides, aber nicht unbedingt zur selben Zeit. Wahrscheinlich hatte Andrea ihr Lavendelöl in jedem Winkel der Wohnung verteilt und kochte etwas Orientalisches. Ihre Schwester hatte sich für zwei Wochen bei Charlotte und Rüdiger eingenistet, nachdem Wolfram, ihr Freund und Partner, zuerst ihr Konto geplündert und sich dann aus dem Staub gemacht hatte. Wolfram und Andrea waren Heilpraktiker in einer Gemeinschaftspraxis in Bielefeld gewesen. Andrea arbeitete mit dem Pendel und legte Tarotkarten, und Wolfram hatte sich auf Farbtherapie spezialisiert, wobei Charlotte nie herausgefunden hatte, wie das eigentlich genau funktionierte, diese Farbtherapie. Florian, Andreas Sohn, lebte mittlerweile bei seinem Vater in Lübeck.

»Andrea!«, rief Charlotte, während sie ihre Jacke auszog und zur Küche ging, wo die Dunstabzugshaube brummte und Andrea irgendetwas in einen Wok schaufelte. Rüdiger war noch auf der Suche nach einem Parkplatz, und Parkplätze waren in der List und der Oststadt so selten wie Fische in der Wüste.

»Was machst du denn da?«, schrie Charlotte gegen das Gebrumme an.

»Currygemüse mit Kichererbsenbrei!«, schrie Andrea zurück.
»Aha«, murmelte Charlotte schwach.

Sie hätte zwar auch nichts gegen ein deftiges Gulasch gehabt, aber Andrea hatte nun mal eine Aversion gegen alles Fleischliche, was allerdings nicht auf Sex zutraf. So viel immerhin wusste Charlotte von ihrer Schwester.

Charlotte ging ins Bad und überließ Andrea die Küche.

Eine Viertelstunde später tauchte Rüdiger endlich auf. Er warf sich auf das Wohnzimmersofa und griff nach der Fernsehzeitung.

Charlotte hatte sich und ihre Schwester unterdessen mit einem Glas Riesling versorgt.

»Willst du Bier oder Wein?«
»Bier wär klasse«, sagte Rüdiger und gähnte.
Fünf Minuten später saßen sie gemeinsam an dem großen

Küchentisch und aßen Andreas Currygericht, das auch ohne Fleisch hervorragend schmeckte, wie alles, was sie zubereitete.

***

Manche von ihnen wussten gar nicht, wie schön sie waren. Und manche waren einfach nur glänzende Schauspielerinnen und gaben die Naiven. Aber die durchschaute er schnell. Viele waren auf der Suche, genau wie er. Zumindest ließ ihr Outfit keinen anderen Schluss zu. Wieso sollte man sonst halb nackt in der Gegend rumlaufen?

Aber letztlich war es ihm ganz egal, warum diese Frauen so sorglos mit ihren Körpern umgingen und der Welt dermaßen freizügig zeigten, was sie hatten. Da, die Dunkelhaarige in der Ecke hatte ein Dekolleté, das einem fast ins Gesicht sprang. Und dann diese engen Hosen. Ob die was darunter trugen? Sehen konnte man jedenfalls nichts. Natürlich könnte man das leicht herausfinden.

Aber diese Art von Frau interessierte ihn nicht.

Viel aufregender waren die anderen, die sich verhüllten, die ihren Körper versteckten und ihn behandelten, als wäre er ein kostbarer, für Männer unerreichbarer Schatz. Diesen Schatz würde er sich holen, bei jeder Einzelnen, die sich für was Besonderes hielt.

ZWEI

Am Dienstagmorgen um neun Uhr stieg Charlotte mit Schliemann die eindrucksvolle Freitreppe im Neuen Rathaus empor. Sie betraten das Flachdach des dritten Stockes, das gleichzeitig der Fuß der mächtigen Kuppel war. Von hier aus ging der Bogenfahrstuhl hinauf in die Kuppelspitze.

Charlotte ließ sich zunächst den Fundort der Leiche zeigen. Aber alle Spuren, die der Körper von Franziska Gerber hier hinterlassen haben mochte, waren bereits entfernt worden. Sie gingen die wenigen Stufen einer schmalen Außentreppe hinauf zum Fahrstuhl. Eine junge Frau begleitete sie. Charlotte wusste, dass der Aufzug europaweit der einzige seiner Art war, in einigen Quellen hieß es sogar, weltweit.

Es war das zweite Mal, dass sie ihn benutzte. Das erste Mal war vor einigen Jahren gewesen. Damals hatte sie in Laatzen gewohnt und war noch mit Thomas, dem Polygamen, zusammen gewesen. Den Beinamen hatte sie ihm verpasst, nachdem er sie mit der Nachbarin betrogen hatte. Charlotte hatte die beiden in flagranti ertappt und war sich vorgekommen wie in einer Boulevard-Komödie. Sie hatte sich damals vorgenommen, sich von keinem Mann mehr derart entwürdigen zu lassen, und war misstrauisch geworden, auch Rüdiger gegenüber, der sie nicht selten damit aufzog.

Die junge Frau, die sich als Larissa Dirkheim vorstellte und sie und Schliemann nach oben begleitete, hatte auch zur besagten Zeit am Freitagmorgen die Besucher hinaufgefahren. Immer nur fünf auf einmal.

»Ist Ihnen an dem Morgen irgendetwas aufgefallen?«, fragte Charlotte, als der Fahrstuhl sich langsam in Bewegung setzte und sie einen Blick durch das Glasdach warf, durch das man die Maschinerie des Fahrstuhls beobachten konnte.

»Nein, wirklich nicht.« Larissa Dirkheim schob ihre langen braunen Haare über ihre Schultern. »Ich habe mir das ganze Wochenende über Gedanken gemacht, aber ich kann mich nicht mal genau daran erinnern, wie die Frau aussah. Es war alles so schrecklich. Ich kann's irgendwie immer noch nicht glauben.«

»Gab es nicht schon mal so einen Fall?«

»Das stimmt, aber das war vor meiner Zeit. Da hat auch jemand versucht runterzuspringen, hat aber nicht geklappt, soweit ich weiß. Der Mann ist nur ein paar Meter gefallen und dann auf einem der Mauervorsprünge hängen geblieben. Er hat überlebt, war nur ziemlich schwer verletzt. Aber die Frau ist ja bis runter auf den dritten Stock gefallen. Wie hat sie das bloß angestellt?«

»Das versuchen wir herauszufinden«, antwortete Charlotte und spähte vorsichtig durch den Glasboden der Fahrstuhlkabine, die sich immer weiter vom sicheren Untergrund entfernte. »Können Sie sich an ein bestimmtes Gespräch erinnern? An etwas, das gesagt wurde und Ihnen komisch vorkam?« Charlotte versuchte unauffällig, von dem durchsichtigen Glasboden wegzutreten, und quetschte sich an den Rand der Kabine neben Schliemann, der sie grinsend beobachtete.

»Nein, da war nichts Besonderes. Meistens gucken die Leute halt durch die Kabinenfenster an der Decke und am Boden.« Larissa Dirkheim sah Schliemann an und lächelte. »Manche mögen das aber nicht, dann kann man das Guckloch auch schließen.«

»Und Sie transportieren immer nur fünf Personen auf einmal?«

»Ja.«

»Wieso kann man die Treppe nicht benutzen?«

»Das ist wohl zu gefährlich und nicht erlaubt, nur falls es oben auf der Kuppelspitze mal brennt.«

Die Kabine bekam Schlagseite, was weder Schliemann noch Larissa Dirkheim sonderlich beeindruckte. Charlotte presste ihre Hände an die Wand. Beinahe hätte sie Schliemanns Arm ergriffen, aber das konnte sie sich in letzter Sekunde verkneifen.

»Wo befanden Sie sich, als Sie den Schrei hörten?«

»Wir waren fast oben ... Das war wirklich schrecklich. Ich hab mir gleich gedacht, dass da was passiert sein musste.«

»Können Sie die Situation schildern, als Sie die Fahrstuhltür öffneten? Stand jemand vor der Tür und wartete?«

»Nein ... ja, die liefen irgendwie alle durcheinander. Und die Gäste von meiner letzten Fuhre sind gleich auf den äußeren Ring gestürmt, um zu gucken, was passiert war, aber man kann ja den Fuß der Kuppel von oben nicht sehen.«

»Was passierte dann?«

»Alle standen ratlos rum, und dann hörten wir auch schon das Sirenengeheul.«

»Wie viele Leute waren zu der Zeit oben?«

»Zehn, fünfzehn, wenn ich die letzte Fahrt mitrechne.«

»Und Sie hatten noch keinen Passagier nach unten gebracht?«

»Nein.«

»Wie viele Leute haben da oben Platz?«

»An die hundert.«

Sie waren angekommen. Charlotte bedankte sich, und sie betraten eine runde Plattform, von der aus eine Wendeltreppe nach oben zu drei weiteren Aussichtsebenen führte. Charlotte trat auf den ummauerten Außengang hinaus, der die unterste der vier Etagen umrundete. Sie hatten Glück, das Wetter war klar und trocken und die Aussicht atemberaubend. Unter ihnen glitzerten Maschteich und Maschsee, eingerahmt von einem grün-rot-goldenen Blätterdach. Östlich vom Maschpark beherrschte das schlossähnliche Gebäude des Niedersächsischen Landesmuseums das Stadtbild.

Schön, dachte Charlotte, wirklich schön. Und verdammt hoch. Sie trat ein wenig von der Brüstung zurück. »Von hier muss sie runtergefallen sein.« Sie untersuchte die Mauer, obwohl sie wusste, dass das sinnlos war, denn die Spurensicherung hatte hier nichts gefunden.

»Also eins ist sicher«, sagte Schliemann, der den Blick über die Stadt schweifen ließ, »wenn sie versucht hat, sich festzuhalten, hätten wir einen Hinweis gefunden. Entweder sie ist tatsächlich freiwillig gesprungen, oder jemand hat sie komplett überrascht.«

»Komm«, sagte Charlotte, »wir wollen uns die drei anderen Etagen ansehen.«

Sie gingen die Wendeltreppe hinauf und sahen sich auf jeder Etage um. Hannover lag unter ihnen im morgendlichen Sonnenlicht. Die Marktkirche, die drei warmen Brüder des Lindener Kraftwerks, der Glasturm der Nord/LB.

Sie standen auf der vierten Etage, direkt unter der Kuppelspitze.

»Wieso sollte sich jemand so einen Platz zum Sterben aussuchen?«, fragte Charlotte.

»Wieso nicht?«, antwortete Schliemann, der die Theorie vom Selbstmord noch nicht ad acta gelegt hatte. »Dass sich jemand so einen Ort für einen Mord aussucht, ist wohl auch mehr als ungewöhnlich.«

»Das stimmt.« Charlotte schaute nach unten. »Auf jeden Fall muss sie von der untersten Etage gestürzt sein. Bei den oberen wäre sie gar nicht bis zum Fuß des Turms gefallen, sondern auf einer der unteren Etagen gelandet.«

Schliemann gab einen undefinierbaren Laut von sich. »Das ist doch alles absurd. Wer traut sich denn, hier jemanden umzubringen, er muss doch damit rechnen, gesehen zu werden.«

»Nicht unbedingt. Zehn Leute auf vier Etagen, die verlieren sich schon mal aus den Augen«, sagte Charlotte. »Und so absurd finde ich das gar nicht. Ich glaube, es war eine ganz spontane Entscheidung des Täters. Entweder der Mord war gar nicht geplant, und irgendwas hat den Täter auf die Idee gebracht, oder die Tat war geplant, und der Mörder hat nur auf eine passende Gelegenheit gewartet.« Sie lachte kurz auf. »Wenigstens haben wir nur neun Verdächtige, und es muss einer aus ihrer Agentur sein. Das macht das Ganze einfacher.«

Sie gingen wieder hinunter zur ersten Etage. Die Brüstung reichte Charlotte bis zum unteren Rippenbogen.

»Wedel sagt, der Täter hat möglicherweise einfach ihre Beine umschlungen und sie über die Mauer geschoben.«

Charlotte spielte mit dem Gedanken, Schliemann ausprobieren zu lassen, ob er sie überhaupt anheben konnte, aber sie traute sich nicht. Das würde sie mit Rüdiger zu Hause an der Anrichte im Wohnzimmer exerzieren, das war sicherer.

Schliemann schien ihre Bedenken nicht zu teilen, denn er legte kurzentschlossen seine Arme um ihre Unterschenkel und schob Charlotte mit Leichtigkeit hoch. Anscheinend war er selbst überrascht, wie simpel es war, und ließ sie dann schnell wieder los, sodass Charlotte das Gleichgewicht verlor und Schliemann beinahe vor die Füße gefallen wäre.

Sie stieß einen Schrei aus, und noch bevor der verdutzte Schliemann sich entschuldigen konnte, hatte sie ihm schon eine schallende Ohrfeige verpasst. »Mach so was nicht noch mal!«, zischte Charlotte und fasste sich ans Herz.

Schliemann fehlten für ein paar Sekunden die Worte. »Ich wollte dir eigentlich nur zeigen, wie schwierig das gewesen wäre, da jemanden über die Mauer zu hieven«, schnappte er und rieb sich die Wange. »Bin ja selbst überrascht, dass das so einfach ist! Und irgendwie müssen wir's ja schließlich ausprobieren, oder?«

»Aber nicht hier und vor allem nicht mit mir, du Spinner!« Charlotte schloss für einen Moment die Augen und klammerte sich an der Brüstung fest. Wenigstens hatte sie jetzt eine vage Vorstellung davon, wie sich die letzten Sekunden in Franziska Gerbers Leben angefühlt hatten.

»Ist alles in Ordnung?« Larissa Dirkheim, die die ganze Zeit auf der Wendeltreppe gesessen und mit ihrem Smartphone hantiert hatte, war aufgesprungen und auf den Außengang gestürmt.

»Alles in Ordnung«, murmelte Charlotte, die sie wankend zur Seite schob, zur Wendeltreppe ging und sich setzte.

»Geht's Ihnen gut? Sie sehen echt blass aus.«

»Ja, kleiner Anfall von Höhenangst, geht schon wieder«, entgegnete Charlotte und warf Schliemann, der ihr gefolgt war, einen finsteren Blick zu. Dann wandte sie sich wieder an Larissa Dirkheim. »Sagen Sie, was hat sich, nachdem Sie angekommen waren, hier oben abgespielt?«

Die junge Frau steckte ihr Smartphone in die Jackentasche. »Ja, also, alle sind durcheinandergelaufen und haben einander gefragt, was passiert ist. Keiner wusste, was los war, und alle wollten gleichzeitig nach unten, was natürlich nicht geht. Ich hab dann erst mal die Frau mitgenommen und noch vier Männer. Unten hat dann ja schon jemand vom Sicherheitsdienst auf uns gewartet und ist wieder hochgefahren, um die nächste Fuhre zu holen. Unten haben dann alle rumgestanden. Kurz danach war der Rettungsdienst da, und die Polizei ... hat dann alle verhört.« Sie schenkte Schliemann ein bewunderndes Lächeln. Charlotte schnaufte innerlich und verzichtete darauf, das Mädchen darauf hinzuweisen, dass Zeugen nicht verhört, sondern befragt wurden.

»Haben Sie hier Kameras installiert?« Charlotte sah sich suchend um.

»Nein, wozu denn auch ... ich meine ... was würde das bringen? Und bis jetzt ist ja nie was passiert, bis auf das eine Mal.«

Ja, dachte sich Charlotte, da war sie wieder, die immer wiederkehrende Rechtfertigung für mangelnde Sicherheitsvorkehrungen. »Es ist ja noch nie was passiert.« Dabei war es doch schon zu spät, wenn etwas passiert war. Kameras dienten der Prävention, nicht der Aufklärung. Obwohl Kameras polizeiliche Ermittlungen – so sie denn nötig waren – natürlich erheblich erleichterten.

Um elf Uhr hatte Charlotte ihr Team im Konferenzraum versammelt. Maren Vogt war dabei, ebenso wie Thorsten Bremer und Stefan Schliemann, der noch ein bisschen beleidigt guckte, aber das war Charlotte egal. Sie waren zu Fuß und wortlos vom Rathaus zur Waterloostraße gegangen, und jedes Mal, wenn sie an den Moment dachte, als ihre Füße dort oben in der Luft und sie auf der Brüstung gehangen hatten, stockte ihr der Atem.

Eines war jedenfalls klar: Wenn jemand es ernst meinte, war es nicht schwer, eine zierliche Person wie Franziska Gerber über die Brüstung zu heben. Wenn sie wieder mit Schliemann reden konnte, würde sie ihn fragen, ob eine Frau das auch bewerkstelligen könnte.

Neu im Team war Oberkommissar Björn Petersen, der sich aus Wittmund nach Hannover hatte versetzen lassen. Angeblich der Liebe wegen, aber Charlotte war sich da nicht so sicher. Björn machte auf sie eher einen melancholischen Eindruck. Entweder war das seine Natur, oder die Sache mit der Liebe hatte sich erledigt. Sie nahm sich vor, das bei Gelegenheit herauszufinden.

Martin Hohstedt war mit wehenden Fahnen zu Rüdiger übergelaufen, aber das war Charlotte nur recht. Sie hatte manchmal das Gefühl, dass Hohstedt ein Autoritätsproblem hatte. Von Rüdiger wusste sie nämlich, dass bei Hohstedts zu Hause patriarchalische Strukturen herrschten. Seine Frau kümmerte sich um das gemeinsame Kleinkind, während Hohstedt die Familie ernährte.

Charlotte hatte nichts gegen traditionelle Lebensentwürfe, solange sich alle freiwillig dafür entschieden. Und genau da war sie sich bei Christine, Hohstedts Frau, nicht so sicher. Sie machte nicht den Eindruck, als wäre sie glücklich mit ihrer ausschließlichen Mutterrolle. Christine war Krankenschwester, und soweit Charlotte wusste, war sie das sehr gern. Aber Martin Hohstedt hatte sie überredet, bei ihrem Kind zu Hause zu bleiben, zumindest für eine gewisse Zeit. Charlotte hätte ihn liebend gern in die Elternzeit geschickt, aber er verzichtete zugunsten seiner Frau. Das waren seine Worte gewesen. Charlotte bezweifelte, dass »Verzicht« das richtige Wort war. Und nun hatte Hohstedt zwei Chefinnen. Sie fragte sich, wie er wohl mit Meyer-Bast klarkommen würde. Aber das war nicht ihr Problem. Sie hatte jetzt andere Sorgen. Maren und Petersen studierten noch die Fotos der Toten, die Charlotte an eine Pinnwand geheftet hatte. Franziska Gerber war keinen angenehmen Tod gestorben. Ihr Körper war zerschmettert worden, anders konnte man das nicht bezeichnen. Mit Sicherheit war sie während des Sturzes ein oder zwei Mal auf ein Hindernis geprallt und wieder abgerutscht, bevor sie unten aufschlug.

»So, Leute«, begann sie und wartete, bis Petersen und Maren Vogt sich gesetzt hatten, »wie ihr wisst, handelt es sich bei der Frau, die von der Rathauskuppel gestürzt ist, wahrscheinlich nicht um einen Suizid. Ich hab gestern mit Dr. Wedel gesprochen, der ein Tötungsdelikt ebenfalls nicht ausschließt. Im Laufe des Vormittags wird der Obduktionsbericht wohl vorliegen.«

Sie hielt einen kurzen Bericht über ihre bisherigen Erkenntnisse, erzählte von Kathrin Hildebrandt und von ihren Befragungen in der Agentur Salzmann & Sporck. »Zwischen den Angestellten dort scheint es einige Animositäten zu geben, und unsere Tote war offensichtlich nicht besonders beliebt. Am Tag vor ihrem Tod hatte sie einen heftigen Streit mit ihrer Kollegin Lea Bobart, leider hab ich noch nicht rausbekommen, worum es ging. Ich hab sowieso das Gefühl, dass die dort irgendwas verschweigen«, murmelte sie.

»Ja, du wieder mit deinem Gefühl«, unterbrach Thorsten Bremer sie und fuhr sich über seine Halbglatze. Die anderen kicherten. »Ja und? Hast du was gegen meine Gefühle?«

Charlotte war sonst nicht so humorlos, aber sie hatte schlecht geschlafen. Rüdiger war während der Nacht immer wieder aufgestanden und durch die Wohnung gegeistert. Seine Unruhe hing mit der jungen Frau zusammen, die letzte Woche von einer Party im Uni-Gebäude verschwunden und brutal vergewaltigt worden war, nachdem man ihr K.-o.-Tropfen verabreicht hatte. Charlotte machte sich Sorgen; sie hätte es vorgezogen, wenn Schliemann mit diesen Fällen betraut worden wäre, der war unsensibel genug, um sich nicht aus der Ruhe bringen zu lassen. Rüdiger hingegen fuhr bei offensichtlicher Grausamkeit leicht aus der Haut. Aber Charlotte konnte ihm da nicht helfen. Wenn sie sich einmischte, gab es Streit, und sie hasste Streit mit Rüdiger. Also hatte sie wach und still im Bett gelegen und war um halb sechs aufgestanden. Zu früh für sie und für gute Laune.

»Ich finde auch, dass dieser Sporck sich seltsam verhalten hat. Ich hatte das Gefühl, er wollte mich unbedingt loswerden. Vielleicht, damit dieser Kunde von der Versicherung nicht durch polizeiliche Untersuchungen in seiner Agentur verunsichert wird. Er hat auch seinem Mitarbeiter, diesem Richter, einen Blick zugeworfen, so als hätte er ihm etwas mitteilen wollen.«

Oberkommissar Bremer verschränkte ergeben die Arme.

»Das ist doch normal, wenn die Polizei im Haus ist, oder nicht?«, sagte Maren.

»Normal«, erwiderte Charlotte ungehalten, »was ist schon normal? Ich finde jedenfalls, dass die beiden sehr vertraut miteinander waren.«

Maren machte große Augen. »Was meinst du damit? Dass sie schwul sind und eine Beziehung haben?«

Charlotte fragte sich, wieso die Menschen dazu neigten, Vertrautheit immer mit einer sexuellen Beziehung zu assoziieren. »Es kann doch auch was anderes sein. Ich hatte den Eindruck, dass sie ... na ja, etwas gemeinsam hatten. Vielleicht wissen sie etwas.«

»Und was sollte das sein?«

»Ja, das weiß ich natürlich nicht«, antwortete Charlotte schnippisch, »aber wenn da was ist, werd ich's herausbekommen, verlasst euch drauf.«

»Das tun wir«, antwortete Maren schmunzelnd.

Charlotte räusperte sich. »Stefan, kannst du kurz berichten, was Eva Manitz, Gerbers Halbschwester, zu deren Tod zu sagen hatte.«

Schliemann, der – beide Hände in den Hosentaschen – breitbeinig auf seinem Stuhl wippte wie ein Grundschüler, raffte sich umständlich auf, legte die Arme auf den Tisch und fand sich offenbar unwiderstehlich. Charlotte blinzelte zu Maren Vogt hinüber und hoffte, dass sie weiterhin standhaft blieb. Bisher war sie Schliemann nicht auf den Leim gegangen. Wenn sie umfiel, stand ihnen Ärger ins Haus. Schliemann war kein Mann, der mit seiner Gunst sparsam umging. Für eine einzige Frau war sein Ego einfach zu groß.

»Tja«, sagte Schliemann, »diese Frau Manitz war nicht besonders gut auf ihre Halbschwester zu sprechen – ich würde sogar sagen, sie konnte sie nicht ausstehen. Ihr Mann übrigens auch nicht. Als ich ihr gesagt hab, dass sie tot ist, hat sie mit keiner Wimper gezuckt. Und als sie dann hörte, dass sie sich von der Rathauskuppel gestürzt hat, da hat sie doch tatsächlich gelacht und gemeint, das wäre ja mal wieder typisch für Franziska gewesen. Die hätte schon immer so ein Aufhebens von sich gemacht.«

»Und«, wollte Thorsten wissen, »hat sie sich gar nicht über den Selbstmord gewundert? Ich meine«, er hob die Schultern, »wenn ein Familienmitglied sich umbringt, dann fragt man sich doch, warum.«

»Allerdings«, antwortete Schliemann. »Als ich sie danach gefragt hab, meinte sie nur, dass das schlechte Gewissen sich wohl endlich geoutet hätte.« Schliemann lachte kurz auf. »Genau das hat sie gesagt: ›geoutet‹. Na, von mir aus«, fügte er hinzu und rieb sich über seinen Dreitagebart.

»Wieso schlechtes Gewissen?«, hakte Bremer nach.

»Ja, da wollte die Frau Manitz dann nicht mit der Sprache heraus. Sie meinte nur, dass das keine Rolle mehr spiele und niemanden etwas angehe. Sei eine reine Familienangelegenheit.«

»Gibt's im Computer irgendwas über die Familie?«

»Nein, jedenfalls nicht über die Tote und deren Eltern. Familie Manitz hab ich noch nicht überprüft.«

»Dann mach das bitte«, sagte Charlotte. »Und natürlich sämtliche Angestellten der Agentur. Vielleicht ist schon mal jemand erkennungsdienstlich behandelt worden. Und dann befragst du bitte noch Gerbers Nachbarschaft und die restlichen Hausbewohner. Vielleicht kannte sie ja doch jemand näher. Maren, wir beiden werden uns noch mit den Herren Nolte, Klöckner und Sporck von der Agentur unterhalten. Außerdem brauchen wir eine genaue Aufstellung darüber, wer die Tote wann und mit wem zuletzt gesehen hat. Das müsste uns der Lösung schon erheblich näherbringen. Und wenn sie wirklich springen wollte, dann muss doch jemandem was aufgefallen sein. Man merkt das doch, wenn Leute depressiv sind.«

»Wer sagt, dass sie depressiv war?«, fragte Maren. »Man merkt es den Leuten nicht an, wenn sie sich umbringen wollen. Dann könnte man es doch verhindern – wenigstens versuchen.«

»Wie auch immer.« Charlotte nahm sich vor, später mit ihrer

Schwester darüber zu sprechen. »Thorsten und Björn, ich denke, ihr schafft das bis morgen zur Besprechung.«

»Na ja«, Bremer kratzte sich am Kopf, »wenn wir niemanden finden, der was gesehen hat, wie wollen wir dann einen Mord nachweisen?«

»Irgendwer muss es ja wohl getan haben«, erwiderte Charlotte, »und wenn wir ein Motiv haben, kriegen wir schon ein Geständnis.«

Zumindest hoffte Charlotte das. Es konnte natürlich auch anders laufen, dann lief eben ein Mörder frei herum, aber darüber wollte sie im Moment nicht nachdenken.

Björn Petersen, der bis jetzt still und ernst dagesessen hatte, räusperte sich. »Könnte es nicht doch sein, dass es Selbstmord war? Ich meine ... ich finde das alles ziemlich bizarr.« Bremer und Schliemann brummten so etwas wie Zustimmung.

Charlotte musterte Petersen und staunte über seine Ausdrucksweise. »Bizarr«. Wirklich ein schönes Wort. Erinnerte sie irgendwie an tiefsinnige Gemälde, auf denen man außer bunten Strichen und Punkten nichts erkennen konnte.

»Leute«, erklärte sie dann seufzend, »mir wär's auch lieber, wenn wir es hier mit einem Selbstmord zu tun hätten. Aber ...«, sie warf Schliemann einen vielsagenden Blick zu, »... von da oben runterzuspringen, das ... erfordert eine Menge Mut. Und nach den bisherigen Erkenntnissen war Franziska Gerber nicht gerade eine Jeanne d'Arc. Den Brief an ihre Freundin sollten wir auch nicht außer Acht lassen. Außerdem gibt's da noch die Einschätzung von Dr. Wedel, von meinem Gefühl mal ganz abgesehen.« Ihr Blick wanderte kurz zu Bremer, der das Gesicht verzog. »Stefan«, fuhr sie dann fort, »vielleicht berichtest du kurz von unserem kleinen ›Test‹.«

Sie verschränkte die Arme und wartete, bis Schliemann den anderen von dem Versuch auf dem Rathausturm berichtet hatte. Die Sache mit der Ohrfeige ließ er weg, nicht aber Charlottes Beinahe-Ohnmacht. Die Teamkollegen schmunzelten, wenn auch hinter vorgehaltener Hand.

»Jedenfalls«, fuhr Schliemann fort, »ist es überhaupt kein Problem. Das Ganze hätte keine zwei Sekunden gedauert. Wundert mich, dass da bisher noch keiner drauf gekommen ist.« Er schwieg einen Moment und drehte versonnen seinen Kugelschreiber zwischen Daumen und Zeigefinger.

»Könnte das auch eine Frau bewerkstelligen?«, fragte Charlotte.

»Kommt drauf an, wenn das Überraschungsmoment groß genug ist und das Opfer nicht damit rechnet, kriegt das auch eine Frau hin.«

»Vielleicht waren es ja auch zwei«, gab Maren zu bedenken.

»Wie soll das denn vor sich gehen?«, meinte Bremer. »Die müssten sich ja abgesprochen haben, und das würde dafür sprechen, dass der Mord auf genau diese Weise geplant war, und das glaube ich nicht. Da hat einfach jemand die Gelegenheit beim Schopf ergriffen und die Frau runtergeworfen, falls es denn wirklich ein Mord war.«

»Was ich nicht verstehe …«, Maren trommelte leise mit dem Zeigefinger auf den Tisch, »wieso hat sie nicht geschrien? Wenn mich jemand da runterwerfen würde, dann würde ich doch schreien.«

»Ich hoffe, dass Dr. Wedel dazu noch etwas sagen kann«, sagte Charlotte. »Vielleicht hatte sie ja vorher einen Schlag auf den Kopf bekommen und war schon weggetreten, als sie über die Brüstung geschoben wurde.«

»Schlag auf den Kopf …« Bremer zog die Brauen hoch. »Kannst du mir mal sagen, wie Wedel das bei dem Zustand der Leiche noch rausfinden will?« Er wies mit der Hand zur Pinnwand.

Die anderen sahen ihre Teamleitung erwartungsvoll an.

Charlotte zuckte die Achseln. »Ist sowieso unwahrscheinlich, dann hätten wir dort oben Blutspuren finden müssen, haben wir aber nicht. Ich schlage vor, wir gehen erst mal Mittag essen und dann an die Arbeit. Den Obduktionsbericht solltet ihr euch auch vornehmen. Ich werde noch mal bei Frau Dr. Schneider anrufen. Morgen um neun treffen wir uns wieder. Dann haben wir hoffentlich erste Ergebnisse.«

Das Telefonat mit Dr. Schneider, Dr. Wedels schmallippiger, magerer Assistentin, fiel anders aus als erwartet. Normalerweise konnten sich die beiden Frauen nicht leiden, vielmehr schien Dr. Schneider etwas gegen Charlotte zu haben. Wieso, das wusste nur Dr. Schneider selbst. Charlotte war sich keines Fehltritts bewusst, argwöhnte aber, dass Dr. Wedel Schneiders heimliche Liebe war und der sich einfach zu gut mit Charlotte verstand. Wie auch immer, als Charlotte Wedels Assistentin in der Rechtsmedizin endlich erreichte, war diese völlig außer sich.

»Dr. Wedel ... ist vor zwei Stunden zusammengebrochen«, stammelte sie. »Vermutlich Herzinfarkt. Ich habe getan, was ich konnte, aber ich weiß nicht, ob er's schafft.«

»Oh.« Charlotte, die an ihrem Schreibtisch stand, sank geschockt auf ihren Stuhl. »Haben Sie ... weiß seine Frau Bescheid?«

»Natürlich, was denken Sie denn?«, blaffte Dr. Schneider.

Klar, dachte Charlotte. Blöde Frage. Das war das Erste, was man in solchen Situationen tat. Tun sollte. Sie hatte zu dem Rechtsmediziner immer eine besondere Verbundenheit empfunden, sie hatten viele Jahre wunderbar zusammengearbeitet. Das war nun wohl vorbei. Auch wenn dieser Herzinfarkt Charlotte keineswegs überraschte, war sie tief betroffen.

»Weshalb rufen Sie an?«, brachte Dr. Schneider sich wieder in Erinnerung. »Wie Sie sich vorstellen können, ertrinke ich in Arbeit, jetzt, wo Dr. Wedel ausfällt.«

Charlotte riss sich zusammen. »Ich wollte fragen, wann wir mit dem Obduktionsbericht von Franziska Gerber rechnen können.« Fast schämte sie sich für diese Frage.

»Ich war gerade dabei, als ... das mit Dr. Wedel passierte. Allerdings ...«, sie zögerte, »ich weiß nicht, wie ich mich ausdrücken soll ...«

»Versuchen Sie's einfach.« Charlotte bemühte sich, geduldig zu bleiben.

»Das sagen Sie so!« Dr. Schneider schluchzte. »Er wollte noch etwas sagen ... Ich weiß nicht genau, was, aber ich glaube, es hatte mit dem Obduktionsbericht zu tun.«

»Was denn?« Charlotte war aufgesprungen. Zum Teufel mit der Geduld!

»Das weiß ich ja eben nicht! Er konnte es mir nicht mehr sagen.« Dr. Schneider weinte leise.

»Hat er irgendwas angedeutet? Hatten Sie das Gefühl, es war wichtig?«

»Natürlich! Er wollte auf jeden Fall noch etwas loswerden. Er hat was von ›Gerber‹ gemurmelt und ›seltsam‹, und das war's.«

»Mist«, knurrte Charlotte. »Wer hat bei der Obduktion assistiert?«

»Na, ich natürlich, wie immer.«

»Und Sie haben keine Ahnung ...« Charlotte kam nicht dazu, die Frage zu vollenden, und wurde harsch von Dr. Schneider unterbrochen.

»Nein, das hab ich doch schon gesagt! Während der Sektion ist weder mir noch Dr. Wedel etwas Besonderes aufgefallen. Ich weiß nicht, warum er sich die Leiche überhaupt noch mal angesehen hat. Eigentlich war alles klar.«

»Gibt es Hinweise darauf, dass die Verletzungen nicht ausschließlich vom Sturz stammen?«

»Es gibt ein paar Hämatome, die wir uns nicht recht erklären können, aber ob sie vor dem Sturz verletzt wurde, war nicht festzustellen. Der Oberkörper ist zunächst auf einem Hindernis aufgeschlagen – wahrscheinlich einer Zinne. Das hatte bereits mehrere Knochenbrüche zur Folge, und dann ist sie zu Boden gestürzt. Es gibt zwar eine Kopfverletzung, aber die ist derart, dass sie wahrscheinlich im Fallen mit dem Kopf an die Mauer des Turms geschlagen ist. Das können Sie alles im Bericht nachlesen.«

Charlotte überlegte einen Moment. Was konnte Dr. Wedel gesehen haben? Es war vielleicht nicht besonders rücksichtsvoll gegenüber Dr. Schneider, jetzt, wo sie ihrem Ex-Chef nachtrauerte und in Arbeit ertrank, aber es blieb Charlotte nichts anderes übrig, als sie zu bitten, sich die Leiche noch mal genau anzusehen.

»Was glauben Sie denn, was ich in der letzten Stunde gemacht habe?«, kreischte daraufhin die Rechtsmedizinerin ins Telefon, sodass Charlotte den Hörer vom Ohr wegdrehte. »Ich habe keine Ahnung, was er gemeint haben könnte!«

»Hm, dann bleibt uns nichts anderes übrig, als zu hoffen, dass es Dr. Wedel bald besser geht und wir ihn fragen können.«

»Ja.« Dr. Schneider schniefte. »Ich schicke Ihnen also den vorläufigen Bericht.«

»Tun Sie das«, murmelte Charlotte.

Gedankenverloren legte sie auf. Ihre Hand lag noch auf dem Hörer, als es klopfte und gleich darauf Leo Kramer von der Spusi ihr Büro betrat.

»Ich wollte dir nur Bescheid geben, dass wir in der Wohnung

von Frau Gerber keinen Computer gefunden haben. Ihr Handy konnten wir ebenfalls nicht orten, entweder liegt es im Maschteich, oder jemand hat den Akku entfernt. Ihre Papiere waren säuberlich abgeheftet, um die Ordner kümmern sich Björn und Thorsten. Fingerabdrücke werden noch überprüft. Alles in allem bisher keine Neuigkeiten. Wir haben uns allerdings gefragt, wie sich die Frau die teure Wohnungseinrichtung leisten konnte. Die Möbel sind ziemlich edel, und der Fernseher ist nagelneu. Außerdem haben wir ihr Auto gefunden. Es stand an der Markuskirche. Ein funkelnagelneues Beetle Cabriolet. Ich hab die Preise dafür nicht im Kopf, aber das kostet an die fünfunddreißigtausend, mit Extras und Pipapo. Entweder hatte sie jede Menge Geld auf der hohen Kante, oder sie hat Schulden. Thorsten ist da sicher bald schlauer.«

»Ja, danke, Leo, das hoffe ich«, sagte Charlotte. »Die teure Einrichtung war mir auch schon aufgefallen. Vielleicht hat unser Opfer vor Kurzem eine Erbschaft gemacht.«

»Das wäre eine Erklärung.«

»Was ist mit ihrem Telefon?«

»Ihr Festnetzanschluss gibt nicht viel her, den hat sie kaum benutzt, und an der Handy-Liste arbeiten wir noch. Bis jetzt haben wir nur Kontakte mit ihren Arbeitskollegen und ihrer Freundin gefunden. Und vor längerer Zeit hat sie öfter mit einem Anschluss in Wolfsburg gesprochen und mit ihrer Halbschwester, dieser Frau Manitz. Aber da ist seit Monaten auch tote Hose.«

»Wie oft hatte sie Kontakt mit ihrer Mutter?«

Kramer machte eine vage Handbewegung. »Also, wenn überhaupt, hat die Mutter angerufen, wenigstens in den letzten Monaten. Und die Gespräche haben kaum länger als ein paar Minuten gedauert. Aber wir sind damit noch nicht fertig. Äh, wenn das alles war, würde ich jetzt weitermachen. Wir haben noch eine Menge Kram durchzusehen.«

Charlotte winkte ab, und Kramer verließ ihr Büro.

Charlotte und Maren erreichten den Buchhalter Wilfried Nolte am Nachmittag in seiner Wohnung im zweiten Stock eines Wohnhauses an der Vahrenwalder Straße, wo er ihnen im Bademantel öffnete. Er war das lebendige Klischee eines Buchhalters, jedenfalls stellte Charlotte sich Typen, die diesen Beruf ausübten, genauso vor. Er war blass, beleibt, glatzköpfig und trug eine Goldrandbrille. Einzig der Bademantel passte nicht ins Bild.

»Herr Nolte«, begrüßte ihn Charlotte und hielt ihm ihren Ausweis hin. »Kripo Hannover, mein Name ist Wiegand, das ist meine Kollegin Frau Vogt. Könnten wir uns kurz unterhalten?«

Wilfried Nolte guckte misstrauisch und ein wenig bestürzt von Charlotte zu Maren. »Kripo? Wieso …? Geht's um … um Franziska?«

»Ja, wir hätten noch ein paar Fragen.«

»Aber wieso denn? Ich hab doch am Freitag schon mit einem Kollegen von Ihnen gesprochen.«

Sie standen immer noch in dem düsteren Flur, Chlorgeruch hing in der Luft.

»Können wir reinkommen?«

»Mir geht's nicht gut, wie Sie sehen.«

Charlotte fragte sich, wieso der Mann, dessen Bademantel mit einem Doppelknoten seinen ausladenden Bauch verhüllte, sich so zierte. »Es dauert nicht lange.«

Nolte zögerte eine Sekunde und gab dann den Weg frei. Als sie die Wohnung betraten, musste Charlotte ihr Urteil über das Verhältnis von Klischee und Realität komplett revidieren. Nolte war ein Messie. Mühsam bahnten sie sich einen Weg durch den mit Kartons, Taschen, Beuteln, alten Kleidungsstücken, Küchenutensilien und sonstigem Kram vollgestellten Korridor in ein Zimmer, das Charlotte nur deshalb als Wohnzimmer identifizierte, weil es weder Küchenmöbel noch ein Bett gab. Vor dem hinter dicken Vorhängen verborgenen Fenster stand eine Art Anrichte, auf der sich Bücher, Zeitschriften, schmutzige Teller und leere Konservendosen den Platz streitig machten. Das Zimmer war ebenso wie der Korridor bis zur Decke gefüllt mit Kartons, Koffern und Taschen aller Art. Die Luft war mörderisch. Charlotte hielt für einen Moment den Atem an. Maren hatte die Schultern hochgezogen und den Handrücken unter die Nase gepresst.

Charlotte bereute es zutiefst, die Befragung nicht auf dem Flur durchgeführt zu haben. Einen Sitzplatz konnte sie nicht entdecken, aber sie zog es ohnehin vor, stehen zu bleiben und das Ganze hier möglichst schnell hinter sich zu bringen. Nolte hatte sich mittlerweile auf dem einzigen sesselähnlichen Gebilde im Raum niedergelassen und räusperte sich.

»Sie müssen entschuldigen, aber ich ziehe um. Wie ... was wollten Sie denn fragen?«

Charlotte holte tapfer Luft. »Können Sie uns kurz schildern, was sich oben auf der Kuppel zugetragen hat, wann Sie Frau Gerber zuletzt gesehen haben und welchen Eindruck sie auf Sie gemacht hat.«

»Also, das tut mir leid, ich kann mich nicht erinnern, sie überhaupt gesehen zu haben, außer im Fahrstuhl, als wir hochgefahren sind. Ansonsten hab ich doch auch nicht auf die anderen geachtet. Hab mir die Aussicht angeguckt. Wissen Sie, ich bin ja kein Kreativer und musste gar nicht mit rauf, aber ich wollte schon immer mal da hoch, und dann muss so was passieren.« Nolte bedeckte züchtig seine zusammengepressten Knie mit dem Bademantel. Charlotte fragte sich, ob er überhaupt was darunter trug, aber im Grunde wollte sie es gar nicht wissen.

»Können Sie uns sonst irgendetwas zu Frau Gerber sagen? Wirkte sie in der letzten Zeit depressiv, oder hatte sie mit jemandem Streit?«

»Wie meinen Sie das? Wieso wollen Sie das überhaupt wissen?«

Charlotte wusste nicht, was sie von dem Mann halten sollte. Aus seinem hageren Gesicht, das nicht recht zu seiner pummeligen Figur passen wollte, blickten sie helle Augen lauernd an.

»Können Sie nun?«

Nolte kramte ein Taschentuch aus der Tasche seines blau-grau gestreiften Bademantels und putzte sich umständlich die Nase. »Äh, nein, mir ist nichts aufgefallen. Sagen Sie, warum fragen Sie mich das eigentlich alles? Sie hat sich doch umgebracht. Oder nicht?«

»Wir haben keinen Abschiedsbrief gefunden und ermitteln noch.« Charlotte war kurz davor, das Fenster aufzureißen. Maren stand immer noch stocksteif mit eingezogenem Kopf da und schwieg.

»Kannten Sie Frau Gerber näher? Hatten Sie privat mit ihr zu tun?«

»Nein, natürlich nicht, wie kommen Sie darauf, dass ich sie gut gekannt haben könnte. Ich ... wir haben nur selten miteinander zu tun gehabt. Ich bin ja Buchhalter, und sie war Texterin. Da gibt's nicht viele Berührungspunkte.«

Da konnte Charlotte dem Mann vorbehaltlos zustimmen. Sie konnte sich ohnehin nicht vorstellen, dass sich irgendjemand für einen Menschen wie Nolte interessieren könnte, und eine Frau, die noch halbwegs bei Sinnen war, schon gar nicht. Aber das war im Moment unwichtig. Sie musste so schnell wie möglich raus aus dieser Bude, sonst würde sie noch an Sauerstoffmangel sterben, bevor sie diesen Fall hier gelöst hatte.

»Puh.« Maren keuchte, als sie endlich wieder draußen auf der Straße standen. »Wie hält man das bloß aus?«

»Das möchte ich auch wissen.« Charlotte atmete mehrmals tief ein, obwohl der dichte Verkehr auf der Vahrenwalder Straße die Luft nicht gerade appetitlich machte. Aber alles war besser als der Mief einer seit Urzeiten nicht gelüfteten, zugemüllten Wohnung.

»Was hältst du von dem?« Maren zog den Reißverschluss ihrer Sommerjacke hoch. Zwar hatte der Oktober sie bisher mit spätsommerlichen Temperaturen verwöhnt, aber die Zeit für Sommerkleidung war doch vorbei.

»Ich weiß nicht recht.« Charlotte kramte ihren Autoschlüssel aus der Jackentasche, und sie bestiegen den Golf, den Charlotte am Straßenrand im Halteverbot geparkt hatte. »Man hat das Gefühl, dass nichts recht zusammenpasst. Was meinst du?«

Charlotte warf den Motor an und trat aufs Gaspedal. Dass sie einem weißen BMW die Vorfahrt nahm, dessen Fahrer ärgerlich hupte, schien sie nicht weiter zu belasten. Sie schlängelte sich durch den Feierabendverkehr und bretterte wenig später über den Königsworther Platz.

Maren presste die Füße gegen die Vorderbleche des Fußraums. »Genau, nichts passt zusammen, das find ich auch. Hab noch nie einen Buchhalter gesehen, der Messie war. Ob seine Chefs das wissen?«

»Ich glaube nicht, und wenn sie's wüssten, würde das auch nichts am Arbeitsverhältnis ändern, solange er mit gebügeltem Schlips im Büro aufkreuzt. Meine Güte, jetzt wach endlich auf da vorn, es ist Grün!« Charlotte hieb mit den Händen aufs Lenkrad. »Ich hasse diese Typen. Zeiträuber. Jetzt guck dir das an! Der trödelt durch die gelbe Ampel, und ich muss warten!« Sie drückte auf die Hupe, sodass Maren zusammenzuckte

»Junge, Junge, wenn du so weitermachst, kannst du Wedel bald Gesellschaft leisten in der MHH. Nicht in der Rechtsmedizin, sondern auf der Intensivstation.«

»Ist doch wahr«, murmelte Charlotte und schwieg, während sie etwas gemächlicher am Leibnizufer entlangfuhr und schließlich in die Lavesallee einbog.

»Ich frage mich, was dieser Typ wohl sonst noch für Probleme hat. Ich meine, wie kommt der mit Menschen zurecht? Er hat uns rein gar nichts erzählt, und außerdem ...«, Charlotte suchte nach den richtigen Worten, »ich glaube, er mochte sie nicht, unsere Tote.«

»Wie kommst du darauf?«

Sie waren in der Waterloostraße angekommen und parkten vor dem Gebäude des Zentralen Kriminaldienstes.

»Ich weiß nicht.« Charlotte starrte einen Moment auf die Überbleibsel eines Fluginsekts auf ihrer Windschutzscheibe. »Hattest du den Eindruck, dass er krank war?«

»Eigentlich nicht.«

»Siehst du, ich auch nicht.« Sie schnallte sich ab und stieg aus. Maren folgte ihr.

»Ja, und, was willst du jetzt damit sagen?«

»Wieso war er nicht bei den anderen in der Agentur? Wieso wollte er ausgerechnet heute zu Hause bleiben, wenn er absolut nichts mit der Sache zu tun hat? Wenn so was passiert, will man sich doch mitteilen. Es sei denn ...«

»Was?«

»Es sei denn, man hat Angst.«

»Wieso Angst? Wovor, was meinst du?« Maren hatte Mühe, mit Charlotte Schritt zu halten.

»Das weiß ich nicht, aber ich glaube, Herr Nolte sagt uns nicht alles, was er weiß.«

Vor der Anmeldung wartete ein hochgewachsener, sehr schlanker Mann mit kahl geschorenem Schädel auf Charlotte. Er ging gebückt, als er auf sie zukam, so als wäre seine Größe eine Last für ihn. Komisch, dachte Charlotte, diesen gebeugten Gang kannte sie sonst nur von großen, schüchternen Frauen, die sich kleiner machen wollten, um so der allgemeinen Aufmerksamkeit zu entgehen. Ein Mann, der sich kleiner machen wollte, war ihr noch nicht untergekommen.

Franz Klöckner räusperte sich. »Sie wollten mich sprechen«, sagte er mit hoher, unangenehm krächzender Stimme.

»Ja, ich danke Ihnen, dass Sie gekommen sind. Wir gehen in einen der Befragungsräume, da haben wir Ruhe. Möchten Sie einen Kaffee?«

»Äh, nein danke, ich hab auch nicht viel Zeit, um ehrlich zu sein. Hab noch einen Termin. Worum geht's denn eigentlich? Ich dachte, das mit Franziska wäre geklärt.«

Charlotte führte Klöckner in einen freien Raum, bat ihn, sich zu setzen, und nahm ihm gegenüber Platz.

»Es gibt ein paar Unklarheiten, die wir nicht recht einordnen können. Außerdem gibt es keinen Abschiedsbrief.«

»Ach, und den brauchen Sie unbedingt?«

»Es wäre zumindest sehr hilfreich gewesen.«

Klöckner schlug die langen Beine übereinander und musterte Charlotte aus hellgrauen Augen.

»Schildern Sie mir doch bitte den Aufenthalt auf der Kuppel aus Ihrer Sicht. Haben Sie Frau Gerber gesehen? Wie hat sie auf Sie gewirkt?«

Klöckner nagte an der Innenseite seiner Wange. »Also ... was soll ich da sagen? Wir sind hochgefahren und haben uns die Aussicht angeguckt. Wo Franziska wann gewesen ist, das weiß ich wirklich nicht. Kann mich nicht erinnern, sie gesehen zu haben, und weiß demzufolge auch nicht, wie sie drauf war.«

Maren betrat leise den Raum, grüßte und setzte sich neben Charlotte, die sie kurz vorstellte. Klöckner sah Maren schräg an. Offensichtlich fühlte er sich unwohl, wenn Frauen in der Überzahl waren. Charlotte schmunzelte.

»Sind Sie mit der ersten Gruppe hochgefahren?«

»Nee, in der zweiten.«

»Wer war noch dabei?«

»Da muss ich nachdenken, also der Chef, Herr Sporck, mit dem hab ich mich auch die meiste Zeit unterhalten, an Jens Kolbe kann ich mich erinnern, der hat mit seiner Kamera hantiert, und dann ... ja, jetzt fällt's mir ein, Franziska war auch dabei. Ich glaub, das waren alle, oder nein, Wilfried war auch mit drin.« Klöckner verzog spöttisch den Mund. »Der hatte echt Schiss. Stand da wie 'ne Salzsäule.«

Charlotte machte sich die mentale Notiz, als Nächstes diesen Jens Kolbe zu befragen und den Speicherchip seiner Kamera zu beschlagnahmen. Vielleicht half ihnen das weiter.

»Ist Ihnen an Frau Gerber irgendwas aufgefallen? Hatte sie auch Angst, oder hat sie etwas gesagt?«

Klöckner atmete geräuschvoll aus. »Also echt, das weiß ich nicht. Die hat überhaupt nichts gesagt.«

»Sie hatte also keine Probleme mit dem Glasboden?«

»Nö, nicht dass ich wüsste. Sie hat in der Ecke gestanden, und weiter weiß ich nicht. Hab mich halt mit Herrn Sporck unterhalten.«

»Und dann, auf der Kuppelspitze, wie hat sich das abgespielt?«

»Gar nicht. Ich bin rumgelaufen, hab mir die Aussicht angeguckt, bis ich diesen Schrei gehört hab. Dann bin ich zum Aufzug, und die anderen sind dann auch gekommen. Keiner wusste, was los war, und dann haben wir gemerkt, dass Franziska fehlt. Wir sind noch rumgelaufen und haben sie gesucht, aber sie war weg. Und runter ging ja nur über den Fahrstuhl, und der kam gerade an. Tja, und die Frau, die den Lift bedient hat, sah auch ziemlich blass aus, da haben wir uns schon gedacht, dass Franziska womöglich runtergefallen ist. Jedenfalls ist der Fahrstuhl dann wieder runter, und als alle unten waren, haben wir uns gesammelt, während der Sicherheitsdienst vom Rathaus und die Polizei da rumgetobt sind.«

Klöckner nestelte an seinem weißen Hemdkragen herum. »War schon irgendwie ein Schock. Ich meine ... wie stürzt man denn von der Rathauskuppel?«

»Sie haben also während Ihres Aufenthaltes auf der Kuppel nichts gesehen oder gehört, was Ihnen komisch vorkam?«

»Nee, bis auf den Schrei natürlich.«

»Haben Sie Frau Gerber näher gekannt? Haben Sie im Kollegenkreis manchmal gemeinsam etwas unternommen?«

»Eigentlich nicht.« Klöckner schwieg einen Moment und schien zu überlegen. »Also, wenn ich ehrlich sein soll, persönlich tut sich da nicht viel in unserer Agentur. Ich meine, okay, Lea und Frank, die kennen sich wohl ganz gut, aber sonst ...«

»Wie war das Verhältnis von Frau Gerber zu ihren Kollegen und Kolleginnen?«

Klöckner wand sich. »Tja, was soll ich da sagen? Ich glaub, die Franziska war 'ne ziemliche Einzelgängerin. Jedenfalls ... hatte ich das Gefühl.«

»Mochten Sie sie?«

»Ob ich sie mochte? Wieso fragen Sie das?«

Charlotte lächelte und schwieg. Sie hatte ihre Antwort bereits erhalten, denn Klöckner wollte offensichtlich Zeit schinden, tat sich schwer mit der Antwort. Es war klar, dass er Franziska Gerber nicht gemocht hatte.

»Sie war mir egal«, sagte Klöckner jetzt. »Ich kannte sie kaum.«

Charlotte musterte ihr Gegenüber einen Moment ohne besondere Sympathie. Sie mochte den Mann nicht, konnte aber nicht genau sagen, woran das lag. Vielleicht hatte seine heisere Stimme etwas damit zu tun.

»Können Sie mir sonst etwas sagen, das uns weiterhelfen könnte? Hatte Frau Gerber vielleicht Streit mit jemandem? Oder gab es sonst irgendwelche Konflikte zwischen ihr und den Kollegen?«

Klöckner zierte sich ein bisschen. »Sie erwarten doch nicht, dass ich über die Firma tratsche? Da müssen Sie die Kowalsky fragen, die hat da weniger Skrupel.«

»Herr Klöckner, Frau Gerber ist tot. Ich gehe davon aus, dass auch Ihnen daran liegt, die Umstände ihres Todes herauszufinden. Deshalb sind etwaige Skrupel Ihrerseits völlig fehl am Platze.«

Klöckner schrumpfte zusammen wie ein gescholtenes Kind. »Natürlich ist mir daran gelegen ... aber ... was sollen denn interne Streitigkeiten damit zu tun haben? Ich meine ... Sie denken doch nicht wirklich, dass sie einer da runtergeschubst hat?«

Er betrachtete Charlotte mit großen Augen. Sie schwieg und wartete.

»Also ...« Klöckner rutschte auf seinem Stuhl herum und räusperte sich. Bei seiner hellen Stimme ein unangenehmes Geräusch, das bei Charlotte Assoziationen an eine Schultafel wachrief, an der jemand mit seinem Fingernagel entlangkratzte. »... ich weiß wirklich nicht, ob das irgendwas zur Sache tut, aber ich hab mal zufällig ein Gespräch mitbekommen ... nicht mit Absicht!«, beteuerte er ungefragt.

»Natürlich«, erwiderte Charlotte, obwohl sie vom Gegenteil überzeugt war.

»Also, da standen Frank und Herr Sporck zusammen an der Rezeption. Die anderen waren alle schon weg, und Herr Salzmann und Manfred hatten sich gerade verabschiedet. Ich saß bei Manfred im Büro, weil mein Computer verreckt war. Jedenfalls ... hat Frank was Merkwürdiges gesagt. Er meinte, es könnte sein, dass Franziska dahintergekommen sei.«

»Wohinter?«

»Das hat er nicht gesagt. Herr Sporck meinte dann nur, er würde die Sache forcieren und die Gerber sollte sich um ihre eigenen Angelegenheiten kümmern.«

»Und Sie haben keine Ahnung, worum es ging.«

»Nee, sag ich doch. Und ...«, Klöckner legte seine Unterarme auf den Tisch und rückte nah an Charlotte heran, »... ich wäre Ihnen dankbar, wenn Sie das nicht an die große Glocke hängen, dass Sie das von mir haben.«

Jetzt wusste Charlotte, warum sie den Mann nicht mochte: weil er ein schleimiger Feigling war. Und sie mochte nun mal keine Feiglinge und schleimige schon gar nicht.

»Ich denke, das war vorerst alles, ich danke Ihnen für Ihre Mitarbeit. Falls wir noch Fragen haben oder Ihnen noch was einfällt, dann sehen wir uns wieder.«

Klöckner schien diese Aussicht nicht wirklich zu behagen, er erhob sich aber mit einem Nicken und verabschiedete sich.

Charlotte machte sich so ihre Gedanken. Mit ihrer Toten stimmte etwas nicht. Kein Mensch war ohne Grund bei allen unbeliebt. Und was war es, worüber Sporck und Richter gesprochen hatten? Was hatte Franziska Gerber erfahren? Sie würde den beiden Herren gehörig auf den Zahn fühlen.

»Wie geht's jetzt weiter?«, fragte Maren, die neben ihr stand.

»Wir fahren zu diesem Kolbe und holen uns seine Kamera.«

Ihr Handy surrte. Es war Bremer.

»Halt dich fest«, sagte er. »Wir haben eben die Meldung bekommen, dass eine Wohnung in der Hildesheimer Straße ausgebrannt ist. Und rate mal, wem sie gehört?«

»Nun sag schon«, drängelte Charlotte.
»Jens Kolbe. Und der ist verschwunden.«

Nach einem Anruf in der Agentur hatte Charlotte erfahren, dass die Chefs nicht im Hause waren. Sporck war unterwegs und Salzmann arbeitete zu Hause.

Also hatte Charlotte sich auf den Weg zum vornehmen Zooviertel gemacht, wo Frieder Salzmann in einer Villa in der Gneisenaustraße residierte. Sie klingelte bereits zum dritten Mal, aber es musste jemand zu Hause sein, denn von drinnen war das Brummen eines Staubsaugers zu hören, und sie wollte sich nicht abwimmeln lassen. Dann endlich verstummte der Staubsauger, und die Tür wurde einen Spaltbreit geöffnet. Zwei dunkle Augen musterten Charlotte misstrauisch.

»Guten Tag«, sagte Charlotte und hielt ihren Ausweis vor den Türspalt. »Mein Name ist Wiegand, Kripo Hannover, könnte ich bitte mit Herrn Salzmann sprechen?«

Keine Reaktion, außer der, dass die dunklen Augen sie jetzt weniger misstrauisch als erschrocken anschauten. Die Tür hatte sich keinen Millimeter weiter geöffnet. Die Frau war aber wirklich schwerfällig, dachte Charlotte.

»Kann ich bitte reinkommen? Es ist wichtig.«

Die Frau rang mit sich, öffnete aber schließlich die Tür und ließ Charlotte die mit weißem Marmor ausgelegte Diele betreten. Sie war Anfang fünfzig, schätzte Charlotte, und trug abgewetzte Jeans und eine schwarze Joggingjacke. Ihre ergrauten Haare waren streichholzkurz.

»Würden Sie Herrn Salzmann sagen, dass ich da bin?«

»Äh, Herr Salzmann nicht da, ich nur sauber machen«, sagte die Frau mit schwerem osteuropäischem Akzent.

Deshalb also, wahrscheinlich arbeitete sie schwarz, überlegte Charlotte und fragte sie nach ihrem Namen.

»Latussek, Leonie Latussek«, antwortete sie und schlang die Arme um ihren ausladenden Busen.

»Wissen Sie, wann Herr Salzmann zurückkommt?«

Latussek schüttelte heftig den Kopf. »Nein, ich nix wissen.«

Charlotte wunderte sich noch über diese Äußerung, als sich die Haustür öffnete und Frieder Salzmann mit einer jungen rothaarigen Frau eintrat. Leonie Latussek machte sich augenblicklich aus dem Staub.

»Nanu«, sagte Salzmann erstaunt. »Was machen Sie denn hier? Gibt's was Neues?«

»Allerdings«, antwortete Charlotte und warf der Rothaarigen einen fragenden Blick zu.

»Verzeihung, das ist Verena Maikart, eine ... Freundin. Vielleicht sollten wir ins Wohnzimmer gehen. Möchten Sie etwas trinken?«

»Nein danke.«

Charlotte folgte den beiden in ein luxuriöses Wohnzimmer, sie schätzte den Raum auf mindestens vierzig Quadratmeter. Auch hier glänzte weißer Marmor, und neben der großzügigen Wohnlandschaft bedeckte ein wunderschöner runder Teppich den Boden. Charlotte betrachtete ihn bewundernd.

»Handgeknüpft, Iran«, sagte Salzmann. »Ein Prachtstück, nicht wahr?«

»In der Tat«, antwortete Charlotte, aber sie war nicht hergekommen, um über Teppiche zu fachsimpeln. »Wir suchen nach Ihrem Mitarbeiter, Jens Kolbe. Haben Sie eine Ahnung, wo er sich aufhalten könnte?«

Salzmann legte seinen Autoschlüssel auf den Couchtisch. »Herr Kolbe? Wieso suchen Sie nach ihm? Hat er was mit Frau Gerbers ... Unfall zu tun?«

»Wir wissen es nicht«, sagte Charlotte. »Auf jeden Fall ist er verschwunden, und seine Wohnung ist ausgebrannt.«

Salzmann ließ sich langsam neben Verena Maikart in die weißen Lederpolster sinken.

»Du lieber Gott, was ist denn nur los? Aber wieso ist er verschwunden? Glauben Sie, er hat selbst ... ich meine ...«

»Halten Sie das für möglich?«

»Das weiß ich doch nicht! Genauso wenig, wie ich weiß, wo er sich aufhalten könnte. Woher auch. Ich hab so gut wie gar nichts mit ihm zu tun. Mein Kompagnon, Herr Sporck, vergibt ab und zu Aufträge an ihn, der könnte eher etwas wissen.«

»Arbeiteten Frau Gerber und Herr Kolbe öfter mal zusammen?«

»Schon möglich, aber eigentlich war sie ja Texterin, und er ist Fotograf, da bespricht man sich vielleicht mal, aber eine längere

Zusammenarbeit ... nein. Wir kaufen von Kolbe hin und wieder Fotos, das ist alles.«

»Was für Fotos?«

»Alles, was wir bestellen.«

»Und das wäre?«

»Puh.« Salzmann warf seiner Freundin einen Blick zu, als wäre Charlotte eine der sieben biblischen Plagen.

Verena Maikart lächelte freundlich, schwieg aber beharrlich.

»Das kann ich Ihnen so nicht sagen, da müsste ich in den Ordnern nachsehen, bei welchen Projekten er mitgearbeitet hat. Aber«, Salzmann hob seinen Zeigefinger, »einmal hat er Bilder für unseren Kfz-Versicherer geliefert. Eine zerlederte Harley-Davidson war dabei und noch diverse andere Unfallfahrzeuge. Nicht schlecht gemacht. Na ja, und bei der Image-Broschüre ist er ja auch mit im Boot. Was sonst noch dabei war, kann ich nicht sagen. Da lassen Sie sich am besten von Frau Kowalsky die Ordner geben.«

»Danke, das werden wir.« Charlotte legte mechanisch ihre Karte auf den Tisch und erhob sich. »Falls Sie etwas hören oder Kolbe sich bei Ihnen meldet, lassen Sie es mich bitte wissen.«

»Natürlich, aber warum sollte der sich bei *mir* melden?«, murmelte Salzmann und stand ebenfalls auf.

Charlotte verabschiedete sich mit einem Nicken von Verena Maikart. Die Frau hatte die ganze Zeit keinen Ton gesagt. Ob sie stumm war?

»Die Geschäfte scheinen gut zu laufen«, sagte sie im Weggehen.

»Ich kann nicht klagen«, antwortete Salzmann, der sie zur Tür begleitete.

»Sagen Sie, Ihren Buchhalter, Herrn Nolte, kennen Sie ihn näher?«

»Herr Nolte?« Salzmann schien einen Moment überlegen zu müssen, von wem sie sprach. »Ach ja, Wilfried Nolte, der ist schon sehr viele Jahre bei uns. Gab meines Wissens nie Probleme mit ihm. Wieso fragen Sie? Gibt's da etwas, das ich wissen müsste?«

»Eigentlich nicht«, antwortete Charlotte langsam. Sie sah keinen Grund, Nolte bei seinem Chef wegen seiner Unordnung zu verpetzen. »Er hat sich krankgemeldet nach dem Tod von Frau Gerber. Ist er öfter krank? Oder hat ihn Frau Gerbers Tod ganz besonders mitgenommen?«

Salzmann hatte die Tür bereits geöffnet. Charlotte wertete das als sanften Hinweis für sie, sich doch endlich dünnezumachen. Ihre letzte Frage allerdings schien ihn derart zu amüsieren, dass er lachte und Charlotte die Hand auf die Schulter legte.

»Ich weiß ja, dass Sie so was fragen müssen, aber Nolte und Frau Gerber ... nein, wirklich.«

»Sie halten das also für völlig ausgeschlossen?«

»Ja, nein ... Was ich meine, ist, dass ich die Vorstellung völlig absurd finde, was natürlich nicht heißen soll, dass es unmöglich war. Man hat schon Pferde kotzen sehen«, fügte er gedankenverloren hinzu.

Charlotte hatte genug gehört und verabschiedete sich.

Sie war erschöpft und wütend, als sie am Abend ihre Wohnung in der Gretchenstraße betrat. Daran konnte auch der Lavendelduft nichts ändern.

Es schien niemand da zu sein.

»Andrea!«, rief Charlotte, warf den Schlüssel auf die Anrichte und ihre Jacke auf den kleinen Korbsessel, der neben der Kommode stand.

»Rüdiger!«

Alles war still. Na, dann nicht, dachte Charlotte ein bisschen enttäuscht. Sie hatte gehofft, Andrea würde kochen. Wie schnell man sich doch an solchen Luxus gewöhnte, dachte sie und ging in die Küche, die aussah, als hätte eine Horde Teenager darin ein Acht-Gänge-Menü zubereitet.

Aber es war noch schlimmer. Andrea hatte eingekauft. Kräutertöpfe und ein Korb mit Porree-Gemüse und Möhren standen schwindelerregend absturzgefährdet auf der Arbeitsfläche, die mit feinem Mehlstaub überzogen war, ebenso wie der Fußboden davor, auf dem festgetretene Teigkrümel klebten. Auf dem Fensterbrett über der Heizung stand eine Porzellanschüssel, die mit einem Trockentuch zugedeckt war und der ein schwacher Hefeduft entstieg. Das Frühstücksgeschirr stand – bedeckt vom Sportteil der Hannoverschen Allgemeinen – noch auf dem Tisch, und auf der Spülmaschine stand eine Armee schmutziger Tassen und Gläser.

Aha, dachte Charlotte, das sah verdächtig nach einem Besuch

von Rüdigers Sohn Jan aus. Wahrscheinlich hatte Andrea deswegen die Flucht ergriffen. Auch wenn Charlotte eine durchaus geräumige Küche ihr Eigen nannte, so war sie für zwei Chaoten vom Schlage Jans und Andreas doch zu klein. Aber was half es – wenn sie hier und heute noch an diesem Tisch sitzen wollte, musste sie wohl oder übel aufräumen.

Was hatte Jan denn bloß gemacht? Wahrscheinlich Brot gebacken. In der Spüle lag eine schmutzige Kastenform, und der Hefeduft aus der Schüssel vor dem Fenster sprach dafür, dass er wiederkommen würde, um die Verwüstung zu vollenden. Charlotte musste sich beeilen und krempelte die Ärmel hoch.

Eine Stunde später sah die Küche wieder bewohnbar aus, und Charlotte hatte aus den Möhren, dem Porree, etwas Reis und einer Riesenportion Sahne eine cremige Suppe gekocht. Mittlerweile war es halb acht. Wo blieben denn alle? Rüdiger war noch in einer Besprechung gewesen, als sie den Zentralen Kriminaldienst verlassen hatte, aber wo war Andrea? Sie kannte sich in Hannover gar nicht aus.

Charlotte beschloss, es sich mit einem Teller Suppe, einem Käsetoast und der HAZ bequem zu machen. Aber sie konnte sich nicht recht auf die Zeitungslektüre konzentrieren. Der Brand in Kolbes Wohnung ging ihr nicht aus dem Kopf. Charlotte hatte sofort die Spurensicherung zur Hildesheimer Straße geschickt. Mittlerweile wusste sie, dass niemand in der Wohnung gewesen war, als das Feuer ausbrach, und dass es sich um Brandstiftung handelte, denn es war Brandbeschleuniger benutzt worden.

Jens Kolbe war unauffindbar, und Charlotte hatte ihn zur Fahndung ausgeschrieben. Sie war wütend auf sich selbst, denn es war klar, dass Kolbes Verschwinden offensichtlich mit Franziska Gerbers Tod zusammenhing. Das konnte kein Zufall sein. Entweder er wusste etwas, oder er hatte sie ermordet und war abgehauen. Womöglich hatte er seine Wohnung selbst in Brand gesetzt, um etwaige Spuren zu verwischen. Spuren von Franziska Gerber, die ihn in Verdacht bringen könnten. Oder jemand anderer hatte die Wohnung in Brand gesteckt.

Aber wo war Kolbe? Das war verdächtig. Sein Handy hatten sie nicht orten können. Das hatte er also außer Betrieb gesetzt. Familie hatte er keine, jedenfalls nicht in Hannover. Eine Schwester hatten sie in Regensburg ausfindig gemacht, aber die hatte seit Jahren nichts von ihrem Bruder gehört, und wo er sein könnte, davon hatte sie keine Ahnung. Er war geschieden, schon seit Jahren, aber wo die Exfrau jetzt wohnte, ob die überhaupt noch lebte, wusste die Schwester in Regensburg nicht, wollte sie nach eigenem Bekunden auch nicht wissen. Sie hatte sich mit ihrem Bruder nie verstanden. Immerhin hatte sie zugesagt, sich zu melden, falls sie wider Erwarten etwas von ihm hören würde.

Charlotte hatte manchmal das Gefühl, dass die Welt zunehmend aus Einzelgängern bestand, aber vielleicht war das auch nur in den Städten so. Auf dem Land wurde man nicht so einfach in Ruhe gelassen. Jedenfalls hatte Andrea das gesagt, die einige Jahre in einem Dorf in der Heide gewohnt hatte. Charlotte nahm es sich übel, dass sie Kolbe nicht eher befragt hatte.

Sie schreckte aus ihren Gedanken hoch, als ein Schlüssel ins Schloss gesteckt wurde und sie Stimmen hörte. Aha, Andrea und Jan waren zusammen unterwegs gewesen. Sie hörte Jan lachen, und zwei Sekunden später stand er in der Tür und warf einen misstrauischen Blick in Richtung Porzellanschüssel. Charlotte lächelte, als sie den hochgewachsenen blonden jungen Mann in der Küchentür stehen sah. Wie ähnlich er Rüdiger war! Bloß leider nicht, was seinen Ordnungssinn anbelangte.

»Was ist denn hier passiert?«, fragte Jan. »Wo ist die Backform, die brauch ich noch.«

»Hallo, Jan, schön, dich zu sehen. Deine Backform habe ich weggeworfen, war nicht mehr zu gebrauchen.«

»Was?«

»War ein Scherz. Ich hab sie *gespült* und *weggeräumt*.« Sie betonte die Prädikate, als wäre es eine Ansammlung von Fremdwörtern, was Jan wahrscheinlich auch so empfand.

»Warum das denn? Ich sag doch, ich brauch sie noch.«

Charlotte gab auf. In diesem Moment betrat Andrea die Küche, kam zum Tisch und drückte Charlotte einen Kuss auf die Wange.

»Hallo, Schwester, wir waren auf der Lister Meile, einkaufen.« Sie stellte eine große Plastiktüte auf den Tisch. »Hier, Jan braucht einen Backautomaten. Wenn man regelmäßig selbst Brot backt, ist der unverzichtbar, und der arme Junge hat nicht mal einen Backofen in seiner WG.«

»Ja, der arme Junge«, antwortete Charlotte. »Ich hab Suppe gekocht, ist noch heiß.«

Jan hatte währenddessen den Inhalt der Porzellanschüssel auf die Arbeitsfläche gekippt und knetete umgeben von einer Wolke aus Mehl hingebungsvoll den Teig.

Die Wohnungstür wurde erneut geöffnet, und kurz darauf betrat Rüdiger Bergheim die Küche. Charlotte erschrak ein wenig. Er sah mitgenommen aus. Die Ermittlungen machten ihm zu schaffen.

»Komm, ich hab gekocht«, sagte sie sanft. »Wir können gleich essen.« Sie stellte Teller auf den Tisch, holte den überbackenen Käsetoast aus dem Ofen und kramte Löffel aus der Schublade.

»Bin gleich da«, sagte er und verschwand.

»Ich koche uns Kräutertee«, sagte Andrea und hantierte mit dem Wasserkocher.

»Bloß nicht«, entgegnete Charlotte, die lieber Leitungswasser trank als heißes Wasser, das nach Badezusatz schmeckte.

Eine Viertelstunde später hatte Jan seinen Brotteig im Ofen und die vier saßen am Tisch. Charlotte verteilte die Suppe, während Andrea ihr Pendel hervorkramte und es über ihren Teller hielt.

»Was zum Kuckuck machst du da?«, fragte Charlotte verblüfft.

»Ich pendele aus, ob Sellerie in der Suppe ist, den vertrage ich nicht.«

»Wie wär's, wenn du mich einfach fragst. Da ist kein Sellerie drin.«

»Das Pendel sagt aber, dass doch welcher drin ist.«

»Und ich sage, es ist keiner drin!«

Charlotte stand da, die Kelle in der Hand, Jan grinste, und Rüdigers Löffel verharrte einen Moment in der Luft, bevor er ihn wieder sinken ließ und die Schwester seiner Lebensgefährtin ansah, als wäre sie ein seltenes Gewächs.

»Du hast bestimmt Körnerbrühe reingetan.«

»Nein«, widersprach Charlotte, wurde dann aber nachdenklich. Manchmal benutzte sie tatsächlich Körnerbrühe. »Hab ich nicht«, bekräftigte sie dann und stellte Andrea den gefüllten Teller vor die Nase.

»Auf deine Verantwortung.« Andrea legte das Pendel weg, und sie aßen schweigend und mit Appetit.

Eine halbe Stunde später saß sie mit Rüdiger im Wohnzimmer bei einer Tasse Kakao und Haferflockenkeksen zusammen. Andrea wollte ein Bad nehmen, und Jan war am Küchentisch mit seinem Computer beschäftigt, während er den Backofen bewachte.

Charlotte betrachtete ihren Freund schweigend. Er saß da und grübelte. Genau das hatte sie befürchtet.

»Gibt es Hinweise auf euren Vergewaltiger?«, fragte sie und tunkte einen Keks in ihre Schokolade.

»Es handelt sich mittlerweile um vier Fälle, und wir befürchten, es sind noch mehr. Es passiert immer nach dem gleichen Muster. Sie sind auf einer Fete in der Uni beziehungsweise in einem Fall in der Bierbörse mit Freunden zusammen, und irgendwann verschwinden sie und tauchen am Morgen wieder auf. Im letzten Fall ist die Frau an der Waldchaussee aufgewacht. Ihre Handys und Portemonnaies sind weg, aber die Wohnungsschlüssel haben sie noch. Eine von ihnen ist schwer traumatisiert, die anderen drei sind etwas stabiler, aber haben natürlich Probleme, weil sie sich an nichts erinnern können. Eins der Mädchen, eine Muslima, ist völlig verzweifelt, hält sich selbst für schuldig und bestreitet die Vergewaltigung. Sie wurde aber ohnmächtig aufgefunden und untersucht. Da gibt's nichts zu bestreiten.«

Charlotte sah, wie seine Wangenmuskeln arbeiteten, und fuhr ihm durch die Haare, die er jetzt etwas länger trug, weil Charlotte es mochte.

»Bei zwei der Frauen haben wir im Urin K.-o.-Tropfen nachweisen können. Die anderen beiden haben sich einfach geschämt und sich zu spät gemeldet. Außerdem haben sie Angst vor einer Infektion mit Aids oder Hepatitis. Wir sind dabei, in der Uni alles, was zwei Beine hat, zu befragen.«

»Keine DNA-Spuren?«

»Nein, der oder die Täter sind extrem vorsichtig. Die kennen sich aus.« Er schloss für einen Moment die Augen. »Das Schlimme ist, die werden weitermachen. Wenn sie die Uni abgegrast haben, wechseln sie einfach ihr Revier. Wir werden einen Lockvogel einsetzen.«

Charlotte horchte auf. Einen Lockvogel. Ein ungutes Gefühl machte sich in ihrer Magengegend breit. »Wisst ihr schon, wen?«

»Ja, die Neue aus der KFI 2, Julika Torin. Sie entspricht dem Beuteschema.«

Mist, dachte Charlotte. Das hatte sie befürchtet. Julika Torin war ihr schon aufgefallen, und nicht nur ihr. Eine hoch engagierte dunkle Schönheit, die allen männlichen Wesen im Zentralen Kriminaldienst den Kopf verdrehte – ausgenommen vielleicht Julius, dem inspektionseigenen Hund.

Und die sollte nun also mit Rüdiger zusammenarbeiten. Da stand hoffentlich kein Ärger ins Haus.

Die Wohnzimmertür knarzte. Andrea betrat in ihrem grünen, bodenlangen Hauskleid den Raum und sah Charlotte vorwurfsvoll an.

»Und es war doch Sellerie drin.«

DREI

Pünktlich um neun Uhr am nächsten Morgen war Charlottes Team im Besprechungsraum versammelt. Die Zweifler, allen voran Schliemann, waren etwas kleinlauter geworden, nachdem klar war, dass Kolbe, der zusammen mit Franziska Gerber am vergangenen Freitag auf der Rathauskuppel gewesen war, unauffindbar und seine Wohnung ausgebrannt war. Charlotte wollte gerade loslegen, als sich die Tür öffnete und Meyer-Bast sich zu ihnen gesellte. Julius trippelte leichtfüßig hinter ihr her.

»Guten Morgen allerseits.« Die Kriminalrätin nahm, ohne zu zögern, am Tisch Platz, und Julius, der wie Espenlaub schlotterte, hockte sich zu ihren Füßen.

»Ooch, bist du ein Süßer.« Maren, die den Hund noch nicht gesehen hatte, beugte sich zu ihm hinunter, um ihn zu streicheln. Das Tier wich zurück.

»Er ist ein bisschen scheu, am besten, Sie ignorieren ihn einfach«, sagte sein Frauchen und warf einen erwartungsvollen Blick in die Runde. »Frau Wiegand, Sie wollten etwas sagen, lassen Sie sich nicht stören. Ich höre nur zu.«

»Äh ... okay.« Charlotte war etwas aus dem Konzept geraten. »Also, Stefan, hast du Informationen im Computer gefunden?«

Schliemann plusterte sich auf und straffte die Schultern. »Nein, weder über die Familie des Schwagers von Frau Gerber noch über die Familie Gerber selbst, und bis jetzt hab ich auch über die Angestellten der Agentur nichts gefunden. Haben anscheinend alle eine blütenreine Weste. Allerdings ist unser Vermisster Kolbe mal wegen Trunkenheit am Steuer aufgefallen, hat seinen Lappen für ein Jahr abgeben müssen. Das ist schon drei Jahre her, und seitdem ist er sauber.«

»Was gibt's sonst über ihn?«

Schliemann konsultierte seine Notizen. »Er ist ein ziemlicher Einzelgänger, wenn ich das richtig sehe. Der Einzige, der mir ein bisschen über ihn erzählen konnte, war ein früherer Studienkollege, mit dem er oft telefoniert hat. Rolf Zimbart heißt er. Die beiden haben zusammen in Bremen studiert. Ich hab ihn angerufen, er ist zurzeit im Ausland, Brüssel. War ziemlich geschockt, der Mann, als er hörte, dass Kolbes Bude abgebrannt ist und wir nach ihm suchen. Wollte merkwürdigerweise gleich wissen, ob sein Freund irgendwas ausgefressen hätte. Ich hab ihm gesagt, dass er möglicherweise Zeuge einer Straftat war.«

»Okay.« Charlotte wurde ungeduldig. Sie hatte sich noch nicht daran gewöhnt, eine Frau als Chefin zu haben. Sie wollte es sich zwar nicht eingestehen, aber es machte sie nervös. »Womit hat Kolbe sein Geld verdient? Was wissen wir sonst über ihn?«

»Er war freiberuflicher Fotograf, hat für mehrere Agenturen gearbeitet und teilweise auch auf Familienfesten oder Firmenjubiläen fotografiert. Es gibt da einen kleinen Fotoladen an der Hildesheimer Straße, da hat er manchmal ausgeholfen und Passfotos oder Bewerbungsfotos geschossen. Aber der Inhaber wusste nicht viel über ihn, hat halt nur die Personalakte gehabt, und die gibt nicht viel mehr her als das, was ich gerade erzählt habe. Ich habe jedem von euch eine Datei mit allen Infos dazu geschickt.«

»Was ist mit seiner Telefonliste?«

»Da bin ich noch dran, aber die meisten Nummern sind geschäftlich. Entweder er hatte kein Privatleben, oder er hatte für sein Privatleben ein zweites Handy, von dem wir nichts wissen.«

»Was ist mit Gerbers Handy? Und mit ihrem Firmencomputer?«

»Im Computer habe ich nichts Auffälliges gefunden. Alles geschäftlich, und ihr Handy ist wie vom Erdboden verschluckt.«

»Das ist doch seltsam«, sagte Charlotte. »Kommt einem so vor, als wollte da jemand verhindern, dass wir das Handy in die Finger bekommen. Vielleicht waren verdächtige Fotos drauf.«

»Wäre möglich. Die Anrufe kontrollieren wir noch, aber bisher auch ohne Besonderheiten. Sie hat hauptsächlich mit ihren Kollegen und ihrer Freundin telefoniert. Ein- oder zweimal auch mit ihrer Mutter.«

Gesine Meyer-Bast saß immer noch wortlos am Tisch und beobachtete Schliemann wohlwollend. Charlotte kam fast in Versuchung, sich ihren alten Chef, Ostermann, zurückzuwünschen. Der war zwar eine Nervensäge gewesen und ein Depp obendrein, aber das hatten wenigstens alle gewusst. Der Mann war planbar gewesen, und man konnte erraten, was in seinem Kopf vorging – oder auch nicht vorging. Die Neue war einfach nur rätselhaft.

Wenigstens hatte sie das Knäuel unter dem Tisch im Griff. Der Hund benahm sich wirklich vorbildlich. Gab keinen Mucks von sich.

»Thorsten«, fuhr Charlotte fort, »wie weit seid ihr mit der Aufstellung gekommen?«

»Tja.« Bremer tauschte einen Blick mit Björn Petersen, und der fasste sich unter seinen Hemdkragen, als hätte er Luftnot. »Das mit dem Nachvollziehen der Kontakte funktioniert nicht. Wir haben versucht, von allen, die oben waren, eine Art Wegstrecke zu eruieren, aber … die wissen das selbst nicht mehr. Zuerst waren sie alle in der unteren Etage, und dann sind sie weiter nach oben gegangen. Jeder hat jeden getroffen, die meisten wissen aber nicht mehr, wo sie sich getroffen haben. Diese Lea Bobart hatte sich kurz mit Klöckner über die Aussicht auf den Maschsee unterhalten, das wusste sie noch. Und der Salzmann hat mit Sporck eine Weile am Fernrohr gestanden, das wussten sie auch noch. Und so geht das weiter. Alle waren irgendwann, irgendwo mit irgendwem. Wann und in welcher Reihenfolge, das konnte uns eigentlich keiner mit Bestimmtheit sagen, und durch den Schock am Ende wären sie sowieso alle völlig konfus gewesen und hätten alles vergessen. Wir haben auch alle, die oben Fotos gemacht haben, gebeten, uns die Bilder zuzusenden, aber auch da konnten wir nichts Verdächtiges entdecken.«

Bremer hantierte mit seinen Notizen herum. »Ehrlich gesagt«, fuhr er dann fort, »ich hab nichts anderes erwartet. Wenn ich auf einem Aussichtsturm stehe, dann guck ich mir doch die Aussicht an und achte nicht darauf, wer wann mit wem zusammensteht.«

»Natürlich nicht«, antwortete Charlotte schärfer als gewollt, »aber wir müssen es wenigstens versuchen. Wenn du allerdings einen besseren Vorschlag hast, kannst du ihn uns gern mitteilen.«

Diesen Worten folgte betretenes Schweigen. Bremer war rot angelaufen. Meyer-Bast musterte Charlotte mit undurchdringlichem Gesichtsausdruck.

Schliemann war der Einzige, der dämlich grinste. Charlotte riss sich zusammen.

»Also, lassen wir das mal so stehen. Wir sollten uns kurz über den Obduktionsbericht unterhalten …« Sie wurde unterbrochen, weil es klopfte und wenig später Rüdiger den Kopf zur Tür reinsteckte.

»Entschuldigung, könnte ich Sie kurz sprechen? Dauert nicht lange.« Er lächelte Meyer-Bast an, was Charlotte überhaupt nicht gefiel. Dieses Lächeln war für sie reserviert und nur für sie.

Die Kriminalrätin stand auf. »Natürlich, ich denke, ich habe mir ein Bild von dem Fall gemacht. Im Moment werde ich wohl nicht gebraucht.«

Damit verließ sie den Raum. Das Wollknäuel folgte ihr geräuschlos und schwanzwedelnd. Alle sahen ihr nach, und als die Tür hinter ihrer Chefin ins Schloss gefallen war, fing Schliemann an zu kichern.

»Ein Taschenhündchen, so ein Scheiß.«

Charlotte wollte ihm eine harsche Antwort geben, aber Maren kam ihr zuvor. »Was hast du gegen Hunde, ich finde den total süß.«

Na immerhin, dachte Charlotte, hatte das Hündchen ja doch sein Gutes, wenn Schliemann und Maren sich darüber in die Haare gerieten. Vielleicht sollte sie Maren erlauben, ihren Graupapagei mitzubringen. Der konnte so schön »Arschloch« sagen.

Sie klopfte kurz auf den Tisch. »Zur Sache, Leute, noch ein bisschen Konzentration, bitte. Ihr habt euch ja sicher den Obduktionsbericht angesehen. Leider gibt er nicht allzu viel her. Ihr solltet noch wissen, dass der Bericht wahrscheinlich unvollständig ist. Frau Dr. Schneider hatte nämlich das Gefühl, dass Dr. Wedel, kurz bevor er zusammengebrochen ist, noch was zum Tod von Franziska Gerber sagen wollte. Möglicherweise hatte er noch etwas entdeckt, aber Dr. Schneider hat keine Ahnung, was er gemeint haben könnte. Wir können nur hoffen, dass es ihm bald besser geht und er es uns erzählen kann. Na ja, wenigstens haben wir die Hämatome an den Unterschenkeln der Leiche, die könnten ein Hinweis auf den Tathergang sein. Björn und Maren, könntet ihr das mal kurz ausprobieren?«

»Wie jetzt?« Björn Petersen ruckte hoch.

»Na ja, am Tisch natürlich. Maren, du stellst dich einfach hin und stützt dich auf dem Tisch ab, und du, Björn, versuchst mal, sie so hochzuheben, wie Dr. Wedel es im Bericht beschrieben hat. Oder hast du was dagegen, Maren? Dann kann sich auch Thorsten opfern, aber wegen des Gewichts wäre eine Frau schon besser.«

Thorsten Bremer schien von dieser Aussicht nicht begeistert

zu sein. Er saß da wie ein Bollwerk, die Arme vor der Brust verschränkt, und guckte beleidigt.

»Nee, können wir versuchen«, sagte Maren und winkte Björn mit dem Kopf heran. »Bloß nicht auf der Kuppel«, fügte sie grinsend hinzu.

Schliemann schwieg ausnahmsweise.

Björn Petersen ging etwas schüchtern auf Maren zu, bückte sich, legte dann seine Arme um ihre Unterschenkel, die in engen Jeans steckten, und hob sie an, als wäre sie eine Feder. Maren wäre auf den Tisch gefallen, wenn sie sich nicht hätte abstützen können.

»Meine Güte«, sagte sie, als sie wieder stand. »Dass das so leicht geht. Macht einem richtig Angst.«

»Allerdings«, sagte Charlotte. »Die Frage ist bloß, wie wollen wir das jemals beweisen.«

»Was ist mit Kolbe?« Bremer hatte sich anscheinend beruhigt.

Maren und Petersen setzten sich wieder.

»Ja«, sagte Charlotte, »Kolbe ist der Schlüssel zu allem. Davon bin ich überzeugt. Vielleicht ist er der Mörder, vielleicht hat er aber auch nur was gesehen und ist auf der Flucht. Immerhin ist seine Wohnung ausgebrannt. Vielleicht wurde er bedroht und hat sich aus dem Staub gemacht.«

»Das passt doch alles nicht.« Schliemann öffnete einen weiteren Knopf seines Hemdes und enthüllte seine haarlose Männerbrust, die ein Goldkettchen schmückte. »Wieso ist er nicht zur Polizei gegangen, wenn er was gesehen hat?«

»Vielleicht hat er was gesehen und es anfangs gar nicht verstanden. Und als er's verstanden hat, war's zu spät, und der Mörder wollte ihn auch aus dem Weg räumen.« Maren malte Kringel auf ihre Unterlagen. »Oder Kolbe hat genau gewusst, was sich abspielt, und hat den Mörder erpresst.« Sie hörte auf zu malen und sah Charlotte an.

»Das ist alles möglich«, antwortete die. »Auf jeden Fall müssen wir diesen Mann finden, und zwar schnell, bevor noch was passiert.«

»Glaubst du das?«, fragte Bremer.

Charlotte stand auf und klappte ihre Aktenmappe zu. »Ich weiß nicht. Ich komme mir vor wie in diesem Krimi von Agatha Christie. ›Zehn kleine Negerlein‹ – sorry – sagt man ja nicht mehr, was sagt man eigentlich jetzt?« Sie dachte einen Augenblick ernsthaft darüber nach, welcher politisch korrekte Titel hier wohl in Frage kommen würde, aber ihr fiel keiner ein. »Ist ja auch egal, jedenfalls ist es genau wie in diesem Krimi. Da waren es auch zehn Leute, die waren zwar irgendwo in einem Hotel eingeschneit, aber einer von ihnen war auch ein Mörder und hat einen nach dem anderen umgebracht, weil sie alle Dreck am Stecken hatten.«

»Jetzt mach aber mal 'nen Punkt.« Schliemann war auch aufgestanden und zog mit dem Zeigefinger seinen Mundwinkel nach unten. »Wir sind hier nicht in einem englischen Uralt-Krimi.«

»Nein, sind wir nicht, aber wir haben eine Tote und einen Vermissten und eine abgebrannte Wohnung. Und das Ganze innerhalb von fünf Tagen. Ich finde, das ist ziemlich viel auf einmal für eine Gruppe von zehn Leuten. Ich schlage vor, ihr macht euch wieder an die Arbeit. Ich will alles über diesen Kolbe, Franziska Gerber und diese Agentur wissen. Thorsten, versuch, etwas über die finanzielle Situation der Beteiligten herauszufinden. Ich werde mich heute persönlich mit diesem Sporck unterhalten. Maren, du kommst mit. In zehn Minuten geht's los. Ich muss vorher noch ein Gespräch mit der liebenswürdigen Frau Dr. Schneider führen. Hoffentlich geht es Wedel besser.«

Kurz darauf waren Charlotte und Maren unterwegs zur Agentur Salzmann & Sporck. Die Nachrichten aus der MHH waren nicht gerade positiv. Wedel lag im künstlichen Koma. Sein Zustand war kritisch. Aber immerhin, er lebte.

Charlotte fühlte sich miserabel. Sie hatte keine Ahnung gehabt, dass ihr väterlicher Freund ihr derart fehlen würde. Sie hatte zwar immer gewusst, dass irgendwann Dr. Schneider das Zepter in der Rechtsmedizin übernehmen würde, aber sie hatte diesen Gedanken immer zur Seite geschoben. Nun hatte er sie eingeholt und überrollt. Sie hoffte wirklich, dass Wedel eine Chance bekam. Eine Chance, seinen Ruhestand anzutreten. Ob er ihn allerdings genießen würde, da hatte Charlotte so ihre Zweifel.

Wedel war fünfundsechzig und hätte seinen maroden Körper längst auf den Bahamas oder den Seychellen oder wo gut betuchte Rentner sonst ihre alten Tage verbrachten, wieder auf Vordermann bringen können. Aber er schien sich nur in seinem kalten Sektionssaal wohlzufühlen. Und nun würde er vielleicht bald wieder in einem landen, nur nicht als Pathologe, sondern als Leiche.

In der Zwischenzeit waren sie in der Podbi angelangt, und Maren suchte nach einem Parkplatz. Es gab nicht mal einen im Halteverbot.

»Fahr ins Parkhaus«, schlug Charlotte vor.

»Nein, ich hasse Parkhäuser.«

Maren bog in die Burckhardtstraße ein, fuhr zum Lister Turm und fand einen – viel zu engen – Parkplatz an der Walderseestraße. Sie brauchte drei Minuten, um ihren Beetle einzuparken, obwohl eine höchst ungeduldige Charlotte sie einwies.

Als sie knapp zehn Minuten später in der Agentur ankamen, war Charlotte nicht in bester Laune.

An der Rezeption saß Pia Kowalsky und telefonierte. Als die beiden Beamtinnen eintraten, beendete sie das Gespräch hastig und sah Charlotte erwartungsvoll an.

»Haben Sie Neuigkeiten?«, platzte sie heraus und legte dann entschuldigend die Hand auf ihre Lippen. »Ich meine ...«

»Könnten wir mit Herrn Sporck sprechen?«, unterbrach sie Charlotte, die neugierige Personen als Zeugen manchmal überaus nützlich fand. Sie wussten genau über das Kommen und Gehen ihrer Nachbarn Bescheid und kannten deren kleine Geheimnisse. Wenn es aber um puren Voyeurismus ging, was bei Pia Kowalsky offensichtlich der Fall war, dann waren sie Charlotte zuwider.

Kowalsky schien die Abneigung der Kommissarin zu spüren und zog die Schultern hoch. »Natürlich, Sie werden erwartet. Ich bringe Sie zu ihm.«

Charlotte warf Maren einen Blick zu; sie kam sich vor, als würde ihr Audienz bei irgendeiner Majestät gewährt. Im Gänsemarsch schritten sie den Flur mit dem weichen Teppich entlang, bis Pia Kowalsky dezent an eine Tür klopfte, die sie dann sofort ebenso dezent öffnete, und die beiden Kommissarinnen ankündigte. »Frau Wiegand und ...«

»Danke, Frau Kowalsky«, dröhnte eine Männerstimme von drinnen. »Bitten Sie die anderen in zehn Minuten in den Besprechungsraum.«

»Natürlich.« Pia Kowalsky ließ die beiden Ermittlerinnen eintreten und schloss langsam die Tür.

Charlotte und Maren befanden sich in einem funktionalen, hellen Raum. Es gab weder Blumen noch Bilder noch sonstige Einrichtungsgegenstände, die Rückschlüsse auf die Persönlichkeit des Menschen zuließen, der wahrscheinlich einen Großteil seiner Lebenszeit darin verbrachte. Vor dem Schreibtisch stand ein Stuhl aus schwarzem Leder, die einzige Sitzgelegenheit für Besucher. Sporck wies mit der Hand auf den Stuhl, und Charlotte setzte sich. Maren blieb gezwungenermaßen an der Tür stehen.

»So, Sie ermitteln also im Todesfall unserer Mitarbeiterin … früheren Mitarbeiterin, sollte ich wohl sagen. Obwohl ich ehrlich gesagt nicht weiß, was daran unklar sein sollte.«

Hans-Peter Sporck war ein schlanker, aber muskulöser Mann. Sein Gesicht war nahezu faltenfrei, obwohl er weit in den Vierzigern war. Sein helles Haar war so kurz geschnitten, dass seine markanten Züge noch deutlicher hervortraten. So einen Mann hätte Charlotte eher als Trainer in einem exklusiven Fitnesszentrum erwartet als hinter einem Schreibtisch.

Charlotte sah auf die Uhr, schlug die Beine übereinander und legte die gefalteten Hände in ihren Schoß. Sie war fest entschlossen, die zehn Minuten Zeitvorgabe von Hans-Peter Sporck um einige Minuten zu überziehen. Um wie viele, hing davon ab, wie sehr er sie ärgern würde.

»Sie sind also der Überzeugung, dass es sich um Selbstmord handelt?«

»Selbstverständlich. Was denn sonst? Für einen Unfall muss man sich da oben schon ziemlich dämlich anstellen.«

Sporcks Stimme war dunkel, und er sprach laut, was auf seine Angestellten mit Sicherheit eine einschüchternde Wirkung hatte. Nicht auf Charlotte, auf sie wirkte es eher stimulierend.

»Es gibt gewisse Hinweise, die auf ein Fremdverschulden hindeuten.«

»Ja, das hat mir Frieder bereits mitgeteilt, und ich finde, das ist totaler Schwachsinn.«

»Warum?«

Sporck sah Charlotte verblüfft an. Er war es offensichtlich nicht gewohnt, dass man seine Aussagen hinterfragte.

»Na, das würde ja heißen, dass sie jemand runtergeworfen hätte. Obendrein noch jemand aus unserem Team. Wie sollte das gehen?«

»Könnten Sie uns kurz alles über Ihren Aufenthalt auf der Kuppel schildern? Haben Sie Frau Gerber zu einer bestimmten Zeit mit jemandem gesehen? Kam sie Ihnen merkwürdig vor? Haben Sie dort oben mit ihr gesprochen?«

Sporck holte tief Luft und gab ein leises Lachen von sich. »Sie sind gut. Da gibt's nichts zu schildern. Ich war oben, hab mich dort umgesehen, hier und da ein paar Worte mit ... ich weiß nicht wem gewechselt. An Frau Gerber kann ich mich überhaupt nicht erinnern. Hab nicht mal mitgekriegt, dass sie oben war. Und ob sie mir seltsam vorgekommen ist ...« Sporck entblößte ein makelloses Gebiss. »Ja, wenn Sie mich so fragen, sie war seltsam, konnte einem nicht in die Augen sehen. Aber Frieder hat sie damals eingestellt. Für die Texter ist er zuständig, ich für die Grafik.«

»Herr Klöckner sagt, er habe sich im Fahrstuhl mit Ihnen unterhalten.«

»Franz, ja, kann sein.«

»Sie wissen also nicht, was dort oben geschehen ist?«

»Aber nicht die Bohne.«

Sporck lehnte sich zurück, wippte leicht mit seinem Stuhl und warf Charlotte einen Blick zu, den sie nur als anzüglich bezeichnen konnte. Anscheinend war sich Hans-Peter Sporck seiner Wirkung auf Frauen ziemlich sicher.

»Können Sie uns etwas über Jens Kolbe sagen? Haben Sie oft mit ihm zusammengearbeitet?«

»Hin und wieder. Was ist mit ihm?«

»Er ist verschwunden.«

Sporck riss die Augen auf. »Ach.«

»Wie hat die Zusammenarbeit mit ihm ausgesehen?«

»Er war freiberuflicher Fotograf, deswegen war er ja mit oben. Sollte ein paar schöne Aufnahmen von der Aussicht da oben machen.« Sporck schwieg einen Moment. »Ob er welche abgeliefert hat, weiß ich nicht. Das müsste Thomas Haller wissen oder Franz Klöckner.«

»Wir werden sie fragen«, sagte Charlotte. »Die Wohnung von Jens Kolbe ist ausgebrannt. Können Sie uns dazu etwas sagen?«

»Tatsächlich?« Sporck fuhr sich über die kurz geschnittenen

Haare. »Mein lieber Schwan, passiert ja ziemlich viel im Moment. Ist er …?«

»Nein.« Charlotte fragte sich, ob Sporck darüber Bescheid wusste, dass Kolbe der einzige Bewohner in dem zweistöckigen Haus gewesen war. Das hatte der Brandstifter wahrscheinlich gewusst. Sonst wäre der Brand womöglich schneller entdeckt worden, und die Wohnung wäre nicht komplett ausgebrannt. So komplett, dass die Spurensicherung es schwer haben würde, noch verwertbares Material zu finden. Da hatte jemand ganze Arbeit geleistet und alle Spuren verwischt, falls es welche gegeben hatte.

»Sie hatten ein Gespräch mit Herrn Richter, der Ihnen gesagt haben soll, dass Frau Gerber möglicherweise ›dahintergekommen‹ war. Worum ging es da?«

Sporck sah sie verblüfft an und antwortete zunächst nicht.

»Wovon reden Sie da eigentlich?«, sagte er dann.

»Es gibt einen Zeugen, also reden Sie nicht um den heißen Brei herum.« Charlotte hatte dieses Chefgehabe langsam satt.

»Einen Zeugen? Ha! Wen? Frau Kowalsky?«

Charlotte antwortete nicht. »Also Frau Kowalsky«, murmelte Sporck und polterte dann los. »Wenn Sie das etwas anginge oder wenn es etwas mit Frau Gerbers Tod zu tun hätte, würde ich es Ihnen vielleicht sagen! Aber auch nur vielleicht.«

Dann stand er auf. »Wenn das alles war … wie Sie wissen, muss ich zu einer Besprechung.«

Einer Besprechung, die Sie selbst so angesetzt haben, um die Polizei hinauszukomplimentieren, hätte Charlotte am liebsten gesagt, aber sie schwieg und blieb sitzen. Leider fiel ihr ums Verrecken keine Frage mehr ein, mit der sie Sporck hinhalten konnte. Sie hasste es, wenn jemand anderes ihr seinen Willen aufzwang. Langsam stand sie auf.

»Sie werden die Herren Haller und Richter sicher kurz entschuldigen. Wir haben noch ein paar Fragen an sie.«

»Wieso, wegen Kolbe? Was sollen die Ihnen denn erzählen?«

»Das wollen wir ja gerade herausfinden.« Charlotte ging zur Tür, die Maren bereits geöffnet hatte. »Wollen Sie vorausgehen?«

Charlotte war nicht klein, aber als Sporck an ihr vorbeiging, musste sie zu ihm aufblicken. Der Mann war zwar ein Poltergeist, hatte aber eine außergewöhnliche Ausstrahlung; sie fragte sich, wie die weiblichen Angestellten zu ihm standen. Sporck ging voraus, vielmehr er schritt voraus, wie ein Regent auf dem Weg zur Gewährung einer Audienz. Pia Kowalsky, die ihnen entgegenkam und eine Aktenmappe vor die Brust klemmte, wich zur Seite und drückte ihren Rücken gegen die Wand. Charlotte hatte den Eindruck, sie hätte sich lieber in Luft aufgelöst, als dem Chef im Wege zu sein.

Sporck hob im Vorbeigehen den Zeigefinger. »Sie kommen nach der Besprechung in mein Büro!«, donnerte er.

Kowalsky wurde bleich und hätte beinahe den Ordner fallen lassen.

Als sie vor dem Besprechungsraum ankamen, trat Frank Richter gerade vor die Tür.

»Ach, ich wollte gerade nach Ihnen suchen«, sagte er an Sporck gewandt.

Der winkte ab. »Die Damen würden sich gern mit Ihnen und Herrn Haller unterhalten.«

Richter bat seinen Kollegen hinaus auf den Flur, wo die beiden die Kriminalbeamtinnen misstrauisch beäugten. Sporck hatte sich in den Konferenzraum begeben.

»Übrigens, Frau Kowalsky ist unschuldig«, hatte Charlotte ihm noch hinterhergerufen.

Die Herren Haller und Richter gaben sich bestürzt und unwissend, was das Verschwinden von Jens Kolbe und den Wohnungsbrand betraf.

»Und wenn er Fotos gemacht hat, dann sind sie wahrscheinlich verbrannt«, antwortete Haller auf Charlottes diesbezügliche Frage. »Wir haben noch keine von ihm bekommen, und außerdem wissen wir eigentlich gar nicht, wie's mit dem Auftrag weitergehen soll, nach allem«, sagte Haller, während die vier vor dem Besprechungsraum, aus dem leises Gemurmel drang, auf dem Flur standen.

»Hatte im Kollegenkreis außer Ihnen noch jemand Kontakt zu Herrn Kolbe?«

Die beiden zuckten mit den Schultern. »Also, außer Herrn Sporck, der ist ja für Grafikdesign zuständig, wüsste ich keinen. Du?« Haller sah Richter fragend an, und der verneinte.

»Danke«, sagte Charlotte, verabschiedete Haller und bat Richter, noch auf ein Wort zu bleiben.

Haller guckte zwar irritiert, zog sich aber zurück. Frank Richter kniff die Augen zusammen.

»Ja?«, fragte er lauernd.

»Was meinten Sie, als Sie vor etwa zwei Wochen zu Herrn Sporck sagten, Frau Gerber sei wahrscheinlich dahintergekommen?«

Richter sog scharf die Luft ein und schwieg. Wahrscheinlich überlegte er fieberhaft, ob Sporck etwas gesagt hatte, kam dann aber wohl zu dem Schluss, dass die Frage an ihn dann überflüssig gewesen wäre.

»Ich hab keine Ahnung, was Sie meinen«, antwortete er lahm.

»Ich bitte Sie.« Charlotte seufzte. »Es gibt einen Zeugen – nicht Frau Kowalsky«, fügte sie prophylaktisch hinzu.

Richter verschränkte die Arme. »Also ehrlich, daran kann ich mich nicht erinnern. Wird wohl nicht so wichtig gewesen sein.«

Charlotte musterte Richter ärgerlich, konnte ihn aber nicht zu einer Aussage zwingen. »Wie Sie meinen«, murmelte sie. »Wir kommen wieder.«

Die beiden verabschiedeten sich, verließen die Agentur und gingen zum Lister Platz, wo sie sich ins Café Göing setzten, Latte macchiato tranken und sich ein üppig belegtes Baguette gönnten. Charlotte hatte Hühnchen mit Salat, Maren Schafskäse mit Salat.

»Was die beiden wohl für Geheimnisse miteinander haben?«, sagte Charlotte und wischte sich Mayonnaise von den Lippen.

»Vielleicht hat es ja wirklich nichts mit Gerbers Tod zu tun.«

»Kann schon sein, aber warum sagt dann keiner, worum es ging, wäre doch ganz einfach.«

»Keine Ahnung.«

»Dieser Sporck ist mir nicht geheuer«, sagte Charlotte kauend.

»Also, ich finde ihn ziemlich direkt und schnörkellos, ist doch nichts Unheimliches an ihm.« Maren nahm einen Schluck Milchkaffee.

»Ich meine seine Wirkung als Mann. Er hat eine Wahnsinnspräsenz.«

»Das stimmt allerdings. Wahrscheinlich ist er deshalb geschieden ... von seiner dritten Frau.«

»Wie, glaubst du, hat der Mann auf eine Frau wie Franziska Gerber gewirkt?« Charlotte schob sich den Rest ihrer Mahlzeit in den Mund.

»Wahrscheinlich wie auf die meisten anderen: attraktiv und einschüchternd. Geld hat er ja anscheinend auch.«

»Genau. Ich frage mich auch, wie er sich wohl mit seinem Kompagnon versteht.« Charlotte löffelte den Milchschaum aus ihrem Glas und lehnte sich satt und zufrieden zurück.

»Das würde mich auch interessieren. Die Firma gehört zu sechzig Prozent Salzmann, ich könnte mir vorstellen, dass ein Typ wie Sporck sich nicht dauerhaft damit begnügt, die zweite Geige zu spielen.«

»Das denke ich auch«, murmelte Charlotte, während um sie herum die Gäste schwadronierten und schmatzten, die Kaffeemaschine brummte und die Kunden vor der Kuchentheke Schlange standen. »Wir haben zehn Personen, die gemeinsam auf einem Turm waren, eine ist tot, eine ist verschwunden, und eine ist ein Mörder. So viel ist sicher.«

»Wie sollen wir das beweisen?«, fragte Maren und wischte ihre Finger an der Serviette ab.

»Das weiß ich nicht, noch nicht. Die Antwort finden wir in dieser Agentur, wir müssen sie nur sehen.«

Charlotte beobachtete einen älteren Herrn am Nebentisch, der sein Käsebrötchen aufklappte, sorgfältig Salatblätter und Tomatenscheiben aussortierte, in eine Serviette entsorgte, das Brötchen wieder zuklappte und dann vorsichtig hineinbiss.

»Wollen wir?«, fragte Maren.

Charlotte riss sich von dem alten Mann und seinem Käse-Getreide-Imbiss los. »Ja, ich hoffe, du kriegst deine heilige Kuh von Auto heute noch aus der Parklücke.«

»Man kann das eben schlecht sehen, und diese Orgelpfeifen gehen auch immer sofort los. Da wird man ja total unsicher!«

»Hättest dich ja auf mich verlassen können. Ich kann gucken.« Charlotte stand auf und nahm ihr gebrauchtes Geschirr mit zum Tresen.

»Das sagst du so; wenn dieser Piepton dir was anderes erzählt, dann macht einen das eben nervös.«

»Ja, schon klar.« Charlotte stellte mit Bedauern fest, dass sich anscheinend keiner mehr auf seine Mitmenschen verließ. Entweder man verließ sich auf den Abstandswarner beim Einparken, oder man befragte sein Pendel über die Ingredienzien seiner Mahlzeit.

Am Ende würde man noch eine App erfinden, die einem erzählte, wann man Pipi musste.

Im Zentralen Kriminaldienst hatte Charlotte ein kurzes Gespräch mit Leo Kramer von der Spurensicherung, der ihr aber rein gar nichts zu sagen hatte. In der Wohnung von Jens Kolbe oder dem, was davon übrig geblieben war, hatten die Brandermittler zwar Spuren von Benzin gefunden, aber sonst hatten die Flammen nichts Brauchbares übrig gelassen.

Wenn es Fotos gegeben hatte, waren sie mit Sicherheit verbrannt. Einen Computer hatten sie nicht gefunden, ebenso wenig wie eine Kamera oder ein Handy. Sie waren dabei, die Festnetz-Telefonate zu kontrollieren, aber bis jetzt auf nichts Auffälliges gestoßen. Charlotte beschloss, noch einmal mit Kathrin Hildebrandt zu reden. Die hatte Franziska Gerber ja immerhin gemocht, obwohl sich Charlotte fragte, wie diese Freundschaft funktioniert haben mochte. Wahrscheinlich deshalb, weil es Hildebrandt in keiner Weise besser ging als ihrer Freundin.

Charlotte suchte Hildebrandt an ihrem Arbeitsplatz auf, einer Boutique in der Ernst-August-Galerie. Glücklicherweise gab es in der Parkgarage der Galerie genügend Plätze, die obendrein auch noch großzügig bemessen waren. Hier hätte nicht mal Maren Probleme, in die Lücke zu kommen. Charlotte benutzte das Treppenhaus, ging immer an der Wand entlang. Sie hatte sowieso Probleme mit Höhen, und seit dem Erlebnis mit Schliemann war es noch schlimmer geworden. Sie hatte ihm das noch nicht verziehen und nicht übel Lust, es ihm irgendwann heimzuzahlen, wenn sich die Gelegenheit bot.

In der Galerie verlor Charlotte ständig die Orientierung. Sie musste zweimal fragen, bevor sie endlich am Ziel war und Hildebrandt, in ihre Arbeit vertieft, hinter der Kassentheke einer Bekleidungskette vorfand. Glücklicherweise war heute ein Wochentag, sodass es im Laden ziemlich ruhig war.

Als Hildebrandt Charlotte erblickte, huschte zunächst ein Lächeln über ihr Gesicht, dann wurde sie ernst. Sie ging um den Tresen herum und nahm Charlottes Arm.

»Haben Sie etwas herausgefunden, über Franziska?«

»Ja und nein«, antwortete Charlotte wahrheitsgemäß. »Wir

halten ein Fremdverschulden jedenfalls nicht für ausgeschlossen, es gibt allerdings keinen handfesten Beweis dafür.«

Hildebrandt spielte nachdenklich mit ihrer monströsen Kette aus bunten Glaskugeln, die sie über einem schwarzen Pullover trug, der ihr bis zu den Knien reichte. Charlotte überlegte gerade, ob ihr so etwas auch stehen würde, als Hildebrandt ungehalten den Kopf schüttelte, sodass ihre langen Ohrgehänge klirrten.

»Das kann doch nicht wahr sein, dass man da nichts machen kann.«

»Wir bemühen uns jedenfalls«, sagte Charlotte. »Ihre Freundin war in den letzten Monaten in psychotherapeutischer Behandlung. Wissen Sie etwas darüber?«

Hildebrandt machte ein Gesicht, als hätte Charlotte etwas Unflätiges gesagt.

»Also wissen Sie«, sagte sie dann und begann, an den Kleiderständern herumzusortieren, »das kann man nicht ernst nehmen. Franziska ... na ja, die fühlte sich immer ... irgendwie außen vor. Es reichte schon, wenn man sich mal zwei Minuten mit jemand anderem unterhielt oder ich mich mal mit meiner Schwägerin verabredet hatte. Dann war Franzi sofort beleidigt und hatte das Gefühl, wir würden uns über sie lustig machen. Sie hat sich eine Menge Sachen eingebildet. Manchmal glaube ich, sie wollte sich nur wichtigmachen.«

»Dann war es bestimmt nicht einfach, mit ihr befreundet zu sein.« Charlotte nahm einen Bügel mit einem blusenähnlichen Etwas vom Ständer, hielt ihn sich vor die Brust und betrachtete sich im Spiegel. Was war das für ein Ding? Sie konnte sich beim besten Willen nicht vorstellen, wie man so etwas trug. Allerdings machte sie sich auch nicht allzu viele Gedanken über ihre Garderobe. Jeans und T-Shirt im Sommer, Jeans und Rollkragenpulli im Winter. Vielleicht sollte sie sich mal etwas Eleganteres leisten, etwas, das Rüdiger aus den Pantoffeln hauen würde. Ihre Beziehung war ziemlich ... routiniert geworden, und die Konkurrenz schlief nicht.

»Das passt doch gar nicht zu Ihnen.« Hildebrandt riss ihr den Bügel aus der Hand und fischte eine Art übergroßen Pullunder in einem »sonnigen Orange« vom Ständer. »Das wäre genial zu Ihren dunklen Haaren. Schwarzes Shirt darunter ... toll!«

Charlotte betrachtete das Kleidungsstück mit gerunzelter Stirn. So etwas hatte sie noch nie besessen.

»Erzählen Sie doch mal von Franziska.«

Hildebrandt hängte den Bügel zurück und seufzte. »Es ist schon anstrengend, wenn sich jemand ständig vernachlässigt fühlt. Sie wollte immer bestätigt werden, und ... ich glaube, ein bisschen neidisch war sie auch.«

»Aber Sie haben sich gut mit ihr verstanden?«

»Na ja, mehr oder weniger. Aber sie hat mich damals, als ich noch mit meinem Ex ... Sie wissen schon ... zusammen war, immer unterstützt. Manchmal hab ich auch bei ihr übernachtet, wenn er wieder randvoll war und mir die Möbel um die Ohren gehauen hat.«

Hildebrandt ging zu einem Tisch, auf dem löchrige Jeans und netzartige Pullis auslagen, und begann, die Pullover ordentlich zusammenzulegen.

»Und so was vergess ich nicht, wissen Sie. Und im Grunde war sie einfach nur ein schrecklich unsicherer Mensch.«

»Hatte sie keinen Freund?«

»Ja, das war auch so eine Sache. Mit Männern, das klappte bei ihr nicht. Der letzte hat vor ungefähr einem Jahr mit ihr Schluss gemacht. Hat einen Job in Berlin angenommen und ist auf und davon. Franzi wäre mitgegangen, aber er hat sich rausgeredet. Der wollte nicht mehr, das war offensichtlich. Und dann war da noch so eine Art Affäre, ich weiß nicht, wie ich das sonst nennen soll.«

»Was meinen Sie, wie soll man eine Beziehung denn nennen?«

»Keine Ahnung, es war jedenfalls komisch. Ich hatte das Gefühl, sie wollte ihn, aber ob er wollte, da war ich nicht so sicher.«

»Wie hieß der Mann? Haben Sie ihn kennengelernt?«

»Eben nicht.«

Hildebrandt untersuchte eine der kaputten Jeans auf Flecken, was Charlotte überflüssig fand. Sie fragte sich, wieso noch niemand auf die Idee gekommen war, Fettflecken auf Kleidung zu platzieren und das als Mode-Hit zu verkaufen. Dann könnte man beim Essen nach Herzenslust kleckern und wäre modisch total angesagt.

»Sie hat ihn mir nie vorgestellt, oder vielleicht sollte ich besser sagen: Er hatte nie Zeit. Sie hat auch nichts über ihn erzählt, was er machte und so. Hat ihn immer nur ›mein Darling‹ genannt.« Hildebrandt rümpfte die Nase. »Fand ich ziemlich affig. Entweder er war verheiratet und wollte die Sache geheim halten, oder sie hat sich da in was reingesteigert. Jedenfalls hat sie irgendwann aufgehört, von ihm zu reden. Ich hab sie zwar gefragt, wie's denn nun mit ihrem ›Darling‹ aussähe, aber da hat sie nur gesagt, er wäre ein Mistkerl, und sie wollte nicht mehr über ihn sprechen.«

»Wann war das?«

»Also, das ist bestimmt schon ein paar Monate her, wann genau, weiß ich echt nicht.«

Hildebrandt fand an der Jeans offensichtlich nichts auszusetzen und packte sie ordentlich auf den Haufen zu den anderen.

»Na, und seitdem war sie solo, aber gefallen hat ihr das nicht. Wenigstens mochte sie ihren Job, ich glaube, da war sie auch ziemlich erfolgreich.«

»Wieso klappte es nicht mit den Männern?«

Hildebrandt baute aus den Pullovern einen akkuraten Stapel. »Ach, sie war einfach zu eifersüchtig. Und hat zu viel erwartet. Sie wollte eben hofiert werden, und das geht den Männern irgendwann auf den Keks. Ich hab ihr das immer wieder gesagt, aber sie war ziemlich uneinsichtig. Und wenn ich sie dann auch noch hängen gelassen hätte, dann wäre sie völlig verzweifelt. Das konnte ich nicht machen. Und jetzt … ist sie tot. Eigentlich kann ich's noch gar nicht richtig fassen.«

Eine Kundin betrat die Boutique und schlenderte umher.

»Wissen Sie, bei welchem Psychiater sie in Behandlung war?«, fragte Charlotte leise.

»Ja, bei einer Frau. Dr. Langer, so heißt sie, glaub ich. Hat eine Praxis in der Oststadt. Franzi ist immer von der Arbeit aus hingegangen.«

Hildebrandt antwortete ebenso leise. Die Kundin verließ den Laden wieder.

Charlotte notierte sich den Namen. »Und Sie haben keine Ahnung, worüber sie bei dem Treffen im ›Bavarium‹ mit Ihnen reden wollte?«

»Nein, leider. Ich wünschte, ich wüsste's.« Sie ging zurück zum Tresen.

»Mit wem war sie sonst noch befreundet?«

»Also, soweit ich weiß, war da nicht viel. Sie hatte ja noch ihre Halbschwester und ihre Arbeitskollegen. Obwohl, mit Eva hatte sie wenig Kontakt.«

»Soweit ich das beurteilen kann«, sagte Charlotte, »hatte sie unter ihren Kolleginnen und Kollegen eigentlich keine Freunde. Im Gegenteil, sie war eher unbeliebt.«

Hildebrandt schob einen Kugelschreiber zur Seite und nickte schwach. »Ja, das wundert mich nicht. Sie hat ab und zu mal was erzählt. Nebensächlichkeiten, man hat ja immer mal Ärger mit den Kollegen, allerdings hatte ich eher den Eindruck, dass sie sich ganz gut mit den Leuten in der Agentur verstand, besonders mit einem, Manfred, so heißt er, glaub ich.«

Charlotte verzichtete darauf, Kathrin Hildebrandt über die wahren Gefühle Manfred Bachlaufs für ihre Freundin aufzuklären.

»Hat sie mal von einer Lea gesprochen?«

Hildebrandt machte große Augen. »Oja, die konnte sie nicht leiden. Hat sie ein intrigantes Luder genannt, das sich überall lieb Kind macht, und ...«, sie bedeutete Charlotte, näher zu kommen, »... an den Chef soll sie sich auch rangemacht haben.«

»An welchen?«

»Das weiß ich auch nicht.«

Charlotte verstand. Franziska Gerber war im Grunde eine bemitleidenswerte, einsame Frau gewesen, die allerdings die Schuld für ihre Misere nicht bei sich selbst gesucht hatte, sondern immer bei den anderen. Vielleicht hatte die Psychologin mehr dazu zu sagen. Charlotte bedankte sich bei Kathrin Hildebrandt und verabschiedete sich. Sie hatte die Boutique schon verlassen, als sie noch einmal umkehrte. Vielleicht sollte sie dieses orangefarbene Etwas mal anprobieren.

Auf dem Weg zu ihrem Auto rief sie in der KFI 1 an und ließ sich die Nummer von Dr. Langer raussuchen, deren Praxis an der Bödekerstraße lag. Sie erwischte die Psychologin gerade noch, bevor sie zum Einkaufen in die Innenstadt aufbrach, und vereinbarte telefonisch einen Termin mit ihr im »Mövenpick« am Kröpcke.

Charlotte warf die Plastiktasche mit ihrer neuesten Errungenschaft in den Kofferraum ihres Golfs und machte sich zu Fuß auf zum Kröpcke. Es dämmerte bereits, als sie die belebte Bahnhofstraße entlangging. Das Wetter war für die Jahreszeit immer noch bemerkenswert mild und trocken.

An der Kröpcke-Uhr herrschte an den Außentischen des »Mövenpick« reger Betrieb. Die Gäste schoben die kühle Jahreszeit noch ein wenig vor sich her und ließen sich ihre Mahlzeit unter freiem Himmel schmecken. Charlotte betrat das gut besuchte Restaurant, fand einen freien Tisch in einer ruhigen Ecke und bestellte sich einen Cappuccino und ein Wasser. Dr. Langer würde einen roten Schal tragen, man würde sich bestimmt erkennen. Davon war Charlotte überzeugt. Sie trank ihren Cappuccino und telefonierte.

Schliemann und Bremer hatten keine Neuigkeiten, man würde sich am nächsten Morgen bei der Besprechung sehen.

Nach etwas mehr als zehn Minuten, sie war bereits ungeduldig geworden, öffnete eine vollschlanke Frau um die fünfzig mit dunklem Kurzhaarschnitt und randloser Designerbrille die Tür und sah sich suchend um. Den roten Schal hätte es nicht gebraucht, um die Frau als Psychologin zu erkennen, fuhr es Charlotte durch den Kopf, als sie aufstand und Dr. Langer heranwinkte. Die wuchtete ihre übergroße Handtasche durch die Tür und kam an Charlottes Tisch.

»Frau Dr. Langer«, begrüßte Charlotte sie. »Schön, dass Sie gekommen sind, nehmen Sie Platz.«

»Danke.« Dr. Langer setzte sich und musterte Charlotte mit einer gewissen Zurückhaltung. »Ich bin leider etwas in Eile.«

»Dann sollten wir keine Zeit verlieren«, begann Charlotte. »Es geht um Ihre Patientin, Franziska Gerber, die, wie Sie vielleicht wissen, unter nicht ganz geklärten Umständen von der Rathauskuppel gestürzt ist.«

Dr. Langer bestellte einen Weißwein. »Ja, das ist wirklich überaus merkwürdig.« Sie warf Charlotte einen Blick zu. »Sagen Sie, können Sie sich irgendwie ausweisen, sonst könnte ja jeder kommen.«

»Natürlich.« Charlotte zückte ihren Ausweis, den Dr. Langer in die Hand nahm und genau studierte. Na gut, dachte Charlotte, die Frau war vorsichtig, das war okay. Sie hoffte nur, dass sie nicht zu diesen Erbsenzählern von Ärzten gehörte, die sich immer kleinlich an ihre Schweigepflicht hielten und Gesetzestexte zitierten.

»Was finden Sie merkwürdig?«, hakte Charlotte nach.

Dr. Langer gab ihr den Ausweis zurück und bedankte sich bei der Kellnerin, die ihr den Wein hinstellte.

»Na ja, Frau Gerber war zwar ... ein wenig verhaltensauffällig, aber selbstmordgefährdet war sie meiner Meinung nach nicht, zumal ...« Die Psychologin zögerte einen Moment und nahm einen Schluck Wein. »Nun, es ist wohl nicht verantwortungslos von mir, Ihnen zu sagen, dass sie bei ihrem letzten Termin anders war als vorher.«

»Was meinen Sie?«

»Frau Gerber war seit drei Monaten bei mir in Behandlung, und bisher waren die Sitzungen immer ... nun so, wie man es bei leicht narzisstischen Egozentrikern erwartet. Sie leiden im Grunde am meisten unter ihren hohen Ansprüchen auch an sich selbst und leben ständig im Konflikt mit ihrer Umwelt. Sie war vorige Woche am Mittwoch das letzte Mal bei mir, und sie wirkte auf mich ... nun ja, irgendwie ernst zu nehmender als sonst. Anscheinend fühlte sie sich bedroht. Ich hatte das Gefühl, dass etwas geschehen war.«

»Hat sie konkret etwas erwähnt oder Ihnen gesagt, von wem sie sich bedroht fühlte?«

»Nein, ich habe sie natürlich gefragt, aber sie hat darauf keine Antwort gegeben. Hat nur gesagt, sie wüsste es nicht.«

»Aber Sie haben ihre Aussage ernst genommen?«

»Durchaus. Sie wirkte ernster, weniger selbstbezogen. Ich denke, da war etwas, das sie beschäftigte und das ihr auch Angst machte.«

»Nach meinen Informationen hatte sie Probleme mit Männern.«

»In der Tat, die gab es. Aber das war nichts Außergewöhnliches. Die meisten Frauen, die ich behandle, haben Probleme mit Männern.« Die Psychologin lächelte. »Und die, die ich nicht behandle, wahrscheinlich auch.«

»Da könnten Sie recht haben«, murmelte Charlotte amüsiert. »Hatte sie konkrete Probleme? Oder hat sie Namen genannt?«

»Nein, sie war insgesamt schlecht auf Männer zu sprechen. Fand sie unzuverlässig und egoistisch, aber das ist ja nicht ungewöhnlich, wenn man sitzengelassen wurde.«

»Können Sie sonst noch etwas sagen, das uns bei unseren Ermittlungen weiterhelfen könnte?«

Dr. Langer trank ihren Wein aus. »Nein, ich fürchte, das kann ich nicht. Sagen Sie, was glauben Sie denn nun eigentlich, dass es ein Unfall war? Oder schlimmer?«

»Wir können ein Fremdverschulden nicht ausschließen.«

Die Psychologin schloss für einen Moment die Augen. »Ich hätte intensiver nachfragen müssen, aber ... wenn jemand sich nicht helfen lassen will, dann sind wir Therapeuten machtlos.« Sie winkte der Kellnerin. »Tut mir wirklich leid, aber ich muss jetzt gehen. Ich hoffe, dass sich das alles bald aufklärt.«

»Ja«, sagte Charlotte, »das hoffe ich auch.«

Nachdem Dr. Langer gezahlt und sich verabschiedet hatte, blieb Charlotte noch eine Weile gedankenverloren sitzen, bevor sie sich auf den Heimweg machte.

In ihrer Wohnung traf sie auf Andrea, die im Gästezimmer auf ihrem Bett lag und las, während Rüdiger mit Jan im Wohnzimmer saß; beide Männer nuckelten hin und wieder an ihrer Flasche Herrenhäuser. Charlotte hatte das Gefühl, dass die beiden etwas aushecken, und beneidete sie um ihre Vertrautheit.

»Gibt's was zu essen?«, fragte sie ohne viel Hoffnung auf eine warme Mahlzeit.

Heute überwog eindeutig der Lavendelduft in der Wohnung, und die Küche war kalt und dunkel. Wahrscheinlich hatte Andrea einen ihrer Fastentage, und Rüdiger kochte so gut wie nie.

»Butterbrot«, antwortete Rüdiger denn auch, als sie jedem ihrer Männer einen Kuss auf die Wange drückte. Sie guckte von einem zum anderen, aber die beiden waren plötzlich bemerkenswert still.

»Ist irgendwas?«, fragte sie.

»Nö«, antwortete Rüdiger und nahm einen Schluck Bier. Dann schwiegen wieder alle.

Okay, dachte Charlotte, dann eben nicht.

»Ich geh was essen. Ich hoffe, es ist noch Brot da.«

Keine Antwort. Charlotte ging in die Küche, nahm sich eine Scheibe Gersterbrot, bestrich es mit Ziegenfrischkäse und schob es unter den Grill. Dann gab sie Tomatenviertel und einige Scheiben Salatgurke in einen tiefen Teller, würzte alles mit Salz, Pfeffer, etwas Zucker, Balsamico und Olivenöl und verteilte noch ein paar Blätter Basilikum darüber. In einer kleinen, beschichteten Pfanne röstete sie ein paar Pinienkerne und gab sie über das gegrillte Käsebrot.

Als Krönung träufelte sie etwas Honig auf den Ziegenkäse, gönnte sich ein Glas von dem Riesling, der noch im Kühlschrank stand, und ließ es sich schmecken.

Sie hörte, wie die Wohnungstür sich schloss, und wenige Sekunden später stand Rüdiger im Türrahmen. »Das riecht ja lecker«, sagte er und schnüffelte an ihrem Essen.

»Kannst dir auch was machen, ist noch genug von allem da«, sagte Charlotte kauend.

Normalerweise kochte sie immer für zwei. Aber heute hatte sie keine Lust dazu. Merkwürdigerweise hatte Rüdiger aber keinen Hunger. Er setzte sich zu ihr und beschrieb mit seiner Bierflasche Kreise auf dem Tisch, was ein schabendes Geräusch verursachte.

»Kannst du damit aufhören?«, bat Charlotte etwas unwirsch, was ihr gleich darauf leidtat, denn Rüdiger sah traurig aus. »Was ist?«, fragte sie und hatte plötzlich auch keinen Appetit mehr.

»Wir haben einen Selbstmordversuch. Die Muslima, sie wird damit nicht fertig und hat Tabletten genommen. Wir können von Glück sagen, dass ihre Wohngenossin sie rechtzeitig gefunden hat, und wenigstens hat sie keinen Alkohol getrunken. Sie wird es schaffen, aber die Therapeuten befürchten, dass sie es wieder versuchen wird. Sie bleibt unter Beobachtung.«

»Was für ein Mist«, sagte Charlotte und trank von ihrem Wein.

»Jan kennt sie, die junge Frau.«

»Tatsächlich? Weiß er irgendwas?«

»Nein, leider nicht, aber er ist ziemlich wütend und will die Augen offen halten.«

Charlotte griff wieder nach Messer und Gabel und aß, auch wenn es nicht mehr so gut schmeckte.

»Was macht Julika?«

»Sie treibt sich an der Uni und in den einschlägigen Kneipen rum. Bis jetzt hat sich nichts getan. Wir müssen abwarten.«

»Kann sich denn keins der Opfer an irgendwas erinnern? Ich meine, sie müssen doch mit Freunden oder Freundinnen zusammen gewesen sein, bevor sie verschwunden sind.«

»Ja, die Spanierin hat uns eine Beschreibung von einer Frau geliefert, an die sie sich dunkel erinnern kann. Wo sie sie getroffen hat, weiß sie allerdings nicht mehr, und ob sie wirklich etwas mit der Entführung zu tun hat, ist unklar. Sicher ist nur, dass das Opfer die Frau nicht kannte und dass es mit ihr weggegangen war. Wie auch immer, wir haben einen Zeugenaufruf gestartet und das Phantombild überall verteilt. Vielleicht weiß die Frau irgendwas und meldet sich.« Er leerte die Flasche und schob sie weg. »Ich bin auch wütend«, sagte er dann. »Sie tut mir leid, diese Muslima. Nasrin heißt sie. Sie gibt sich doch tatsächlich selbst die Schuld und hat Angst, dass sie ihren Vater und die Familie enttäuscht hat. Das macht es für sie noch schwieriger, als es ohnehin schon ist.«

Charlotte legte die Gabel weg und ergriff seine Hand. Das hatte sie befürchtet. Rüdiger konnte solche Dinge nicht distanziert betrachten. Er war immer mittendrin.

»Na, immerhin ist der Vater so aufgeklärt, dass er sie in einem westlichen Land studieren lässt. Das lässt hoffen, oder?«

»Ja, aber du weißt doch, dass vielen Moslems die Jungfräulichkeit ihrer Töchter wichtiger ist als deren Wohlergehen. Einfach zum Kotzen. Wollen hoffen, dass er in dieser Beziehung auch aufgeklärt genug ist. Nasrin hat jedenfalls schreckliche Angst, dass er etwas erfährt.«

»Das wird sich wohl nicht vermeiden lassen.«

»Doch, wir werden es auf jeden Fall versuchen. Das Mädchen ist über achtzehn, und der Arzt unterliegt der Schweigepflicht. Und der ist nicht gewillt, irgendwem irgendwas zu erzählen. Ich hab mit ihm gesprochen. Der ist genauso wütend wie ich.«

»Aber es wissen doch auch andere davon.«

»Die wissen nichts Genaues. Nur, dass sie frühmorgens ohnmächtig und unterkühlt an der Nienburger Straße am Georgengarten gelegen hat und ins Krankenhaus gebracht worden ist, wo die Vergewaltigung dann festgestellt wurde.« Rüdiger seufzte.

»Vielleicht solltet ihr die Mädchen zusammenbringen. Frag die anderen Betroffenen, ob sie Nasrin besuchen wollen. Vielleicht hilft ihnen das«, schlug Charlotte vor.

»Ja, möglich, ich werde mit den Therapeuten sprechen.«

Charlotte räumte die Küche auf, und die beiden machten es sich noch auf dem Sofa bequem und guckten eine Talkshow, bis sie wegdämmerten.

***

Sein System war eigentlich unschlagbar, und bis jetzt hatte es immer funktioniert. Eigentlich unglaublich, wie naiv Frauen doch waren. Na ja, schauspielerisch hatte er's ja auch voll drauf. Sie kauften ihm seine Show ab, ohne mit der Wimper zu zucken. Okay, es kam schon mal eine ungeschoren davon, aber am Ende fand sich immer eine, und die behielt er im Blick. Irgendwann landeten sie auf der Toilette, und dann war er zur Stelle.

Leider schwirrten mittlerweile überall Bullen rum, als hätten sie nichts anderes zu tun. Einer hatte ihm sogar persönlich so ein Phantombild vor die Nase gehalten und gefragt, ob er die Frau kannte.

Und ob er die kannte! Allerdings hatte er womöglich ein ernst zu nehmendes Problem an der Backe. Dieser Typ aus der Vorlesung hatte ihn so merkwürdig angesehen und dann ein Foto von ihm geschossen. Konnte natürlich auch sein, dass er die Frau gemeint hatte, die neben ihm gestanden hatte, aber er konnte sich keine Unsicherheiten leisten, musste auf Nummer sicher gehen.

Er hätte ihn natürlich gleich zur Rede stellen können. Schließlich gab's doch so was wie das Recht aufs eigene Bild, aber er wollte kein Aufsehen erregen. Das konnte er nun wirklich nicht gebrauchen. Nein, das würde er anders anpacken, er würde diesen Typen nicht aus den Augen lassen, und dann würden er und sein Kumpel sich sein Handy und seinen Computer holen. Und außerdem würde er ihnen ein paar Fragen beantworten müssen.

Das musste bald passieren, bevor es eng werden würde. Vielleicht sollte er sein Revier verlegen. Das wäre wahrscheinlich am sichersten, aber vorher wollte er sich diese arrogante Dunkelhaarige mal zur Brust nehmen, die rumlief, als wäre sie »Germany's Next Topmodel«. Die brauchte dringend mal was auf die Finger.

Demnächst stand wieder eine Fete an, die von den Literaturwissenschaftlern. Er lächelte in sich hinein. Da liefen wieder haufenweise Frauen rum, und bestimmt würde die Dunkelhaarige auch da sein. Dann konnte er seine Show abziehen, und sie würde ihre Lektion lernen. Dann würde sie runterkommen von ihrem hohen Ross.

Aber vorher musste er sich um diesen Typen kümmern.

VIER

Morgengrauen. Er hatte sich nie wirklich Gedanken über die wahre Bedeutung dieses Wortes gemacht. Für ihn war es das Herannahen des Tageslichtes, der Sonnenaufgang oder was es sonst noch für Synonyme für den beginnenden Tag gab. Dabei bedeutete es etwas ganz anderes. Und das hatte er heute lernen müssen.

Er hätte auf seine Mutter hören sollen. Sie hatte ihn immer gewarnt vor den bösen Folgen des Alkohols. Aber er hatte das ignoriert, und jetzt bekam er die Rechnung dafür, lag hier in seinem eigenen Erbrochenen und konnte sich nicht bewegen. Dass er vor Kälte schlotterte, war noch das kleinste Übel. Warum er nicht dazu imstande war, aufzustehen, einen Fuß vor den anderen zu setzen und die Flucht zu ergreifen vor diesem ... Grauen, das war ihm nicht ganz klar. Vielleicht war auch alles bloß ein Irrtum. Halluzinationen oder so was.

Immerhin hatte er stundenlang gezecht und war dann auf sein Fahrrad gestiegen und losgefahren, Richtung HDI-Arena und Stadionbad. Und dann hatte er irgendwie die Kontrolle verloren und war umgefallen, mitten rein ins Gebüsch. Und da war es dann gewesen. Das Grauen.

Rücksichtslos angeleuchtet von seiner tadellos funktionierenden Fahrradlampe. Zwei Augen hatten ihn angestarrt. Zuerst hatte er sich entschuldigt, hatte geglaubt, er hätte jemanden über den Haufen gefahren, aber der Jemand hatte nicht reagiert, und diese Augen waren komisch. Zwinkerten überhaupt nicht. Er hatte den Typen angestupst und dann ... war da dieses Ding gewesen, das dem Jemand aus der Gurgel ragte, und dann war ihm alles hochgekommen – dem Typen mitten ins Gesicht.

Das war ihm schon peinlich, und er wollte sich möglichst schnell aus dem Staub machen, aber seine Gliedmaßen versagten ihm den Dienst, sodass er gezwungenermaßen ins Grübeln kam. Da lag ein Toter, und zwar einer mit irgendwas an der Gurgel, was da nicht hingehörte.

Das würde die Polizei auf den Plan rufen, wenn sie etwas davon erfuhr. Und das würde sie natürlich, früher oder später. Wenn nicht von ihm, dann von jemand anderem. Und er hatte seinen Mageninhalt und somit seine ... Dingens ... DNS auf diesem Toten hinterlassen. Das war schlecht, ganz schlecht. Diese Schlussfolgerung immerhin konnte sein benebeltes Hirn ziehen.

Er hatte also zwei Möglichkeiten: abhauen, wenn er wieder auf die Beine kam, oder die Polizei alarmieren. Auch, wenn er wieder auf die Beine kam. Sein Handy lag irgendwo im Dreck, aber selbst wenn er es finden würde, wäre er nicht in der Lage, es zu bedienen. Für das Abhauen sprach, dass er sich möglicherweise eine Menge Ärger ersparte. Dagegen sprach, dass er sich möglicherweise auch eine Menge Ärger einhandelte, wenn die Polizei ihm auf die Schliche kam. Wegen seiner DNS.

Er hatte ja immerhin eine Leiche gefunden, sie ... verunreinigt und keinen Alarm geschlagen, wie sich das gehörte, wenn man nichts zu verbergen hatte. So würde seine Mutter sich ausdrücken.

Langsam spürte er seine Beine wieder, rappelte sich auf und torkelte über die nasse Grasfläche in Richtung Arena.

»Hilfe!«, krächzte er und sah sich suchend um.

Langsam wurde es hell. War denn niemand unterwegs? Da, ein Mann im Jogginganzug.

»He... hey!«

Der Mann blieb stehen und beäugte ihn misstrauisch. Als er auf ihn zuwankte, wich er zurück.

»Da ... da liegt ein Toter, rufen Sie die Polizei.«

★★★

Charlotte stieg gerade aus der Dusche, als der Anruf sie erreichte. Sie zog das Badetuch fester um die Schultern und tippelte mit feuchten Füßen durch die offene Badezimmertür über den Flur ins Schlafzimmer, wo Rüdiger sich ein Kissen aufs Gesicht hielt.

Als sie eine halbe Minute später das Handy wieder weglegte, lugte er unter seinem Kissen hervor.

»Was Schlimmes?«, murmelte er.

»Eine männliche Leiche an der Arena«, antwortete Charlotte schon im Weggehen.

Rüdiger Bergheim versteckte sich wieder unter dem Kissen.

Charlotte stellte den Wagen am Stadionbad ab und ging über den Ferdinand-Wilhelm-Fricke-Weg zu einer Grünfläche am Rande eines Sportplatzes, die von der Polizei abgesperrt worden war. Unter den Eichen- und Ahornbäumen war eine Art Zelt ohne Dach aufgebaut, das die Leiche vor neugierigen Blicken schützte, obwohl es dem Toten bestimmt gleichgültig war, wer ihn anglotzte.

Es versetzte Charlotte einen Stich, als sie Dr. Schneider hinter dem Absperrband herumgehen sah. Zum ersten Mal war Wedel nicht da, um sich über Charlotte lustig zu machen. Sie zögerte, hatte wenig Lust, sich mit Dr. Schneider zu unterhalten, aber was blieb ihr übrig? Wedel war fort, und sie würde sich in Zukunft mit seiner früheren Assistentin auseinandersetzen müssen. Also besser gleich damit anfangen. Sie ging zu Dr. Schneider und wünschte höflich einen guten Morgen.

»Dass er gut ist, würde ich nicht sagen«, antwortete die. »Der Mann ist auf jeden Fall länger als vierundzwanzig Stunden tot. Todesursache ist der Blutverlust infolge des Durchtrennens der Halsschlagader mittels eines Küchenmessers, das übrigens immer noch in seinem Hals steckt. Der Mörder war wahrscheinlich Rechtshänder und etwa so groß wie das Opfer.« Dr. Schneider zog ihre Handschuhe aus. »Leider hat sich der Typ, der sie gefunden hat, über der Leiche erbrochen. Direkt ins Gesicht.« Sie verzog den Mund. »Sie können ja mal draufschauen. Kein schöner Anblick.«

Charlotte wollte schon gehen, drehte sich aber noch mal um.

»Wie geht's ...«

»Unverändert«, wurde sie von Dr. Schneider unterbrochen.

Charlotte nickte schweigend.

Die Medizinerin hatte recht, wirklich kein schöner Anblick. Sie wandte sich an Leo Kramer, der akribisch die Zweige und den Boden neben der Leiche untersuchte.

»Bevor du fragst, er ist hier ermordet worden, der Boden ist blutgetränkt. Auf den Sträuchern sind Blutspritzer und auf dem Laub und dem Gras auch. Die beiden haben wahrscheinlich dort auf der Grünfläche gestanden.« Kramer stellte sich vor das Gebüsch, hob eine Hand und ließ sie niederfahren, wie es wahrscheinlich der Mörder auch getan hatte. »Der Tote ist umgekippt, und der Täter hat ihn ins Gebüsch gezogen und sorgfältig zugedeckt.«

»Dann muss der Mörder ja blutbefleckt durch die Gegend gelaufen sein, oder?«

»Allerdings. Es sei denn, er hatte sich vorsorglich etwas übergezogen, das er dann entsorgt hat. Das Ganze hat sich mit Sicherheit im Dunkeln abgespielt, tagsüber ist hier zu viel Betrieb, also entweder in der Nacht von Montag auf Dienstag oder Dienstag auf Mittwoch, wahrscheinlich Montag auf Dienstag. Der liegt schon länger hier.«

»Fußspuren?«

»Nein, es hat auch kein Kampf stattgefunden, das Opfer wurde überrascht.«

»Was habt ihr in den Taschen gefunden?«

»Tja, gar nichts, keine Brieftasche, kein Handy, keinen Schlüssel.«

»Hm, das ist wenig.«

»Du sagst es.«

Charlotte glaubte zu wissen, um wen es sich bei dem Toten handelte. Mittlerweile war Thorsten Bremer aufgetaucht und baute sich neben ihr auf.

»Wer macht denn so was?«, sagte er und zog eine Grimasse.

»Was meinst du mit ›so was‹?«, wollte Charlotte wissen. »Die Kotze auf seinem Gesicht oder das Messer in seinem Hals?«

»Musst du immer so direkt sein? Beides natürlich.«

»Tut mir leid, ich find's ja auch zum ... Ach, lass uns gehen und mit diesem Schwachkopf sprechen, der über die Leiche gestolpert ist. Tim Wilsmann heißt er, Student. Er sitzt da drüben im Polizeiwagen und versucht, seinen Rausch auszuschlafen.«

Der bleiche junge Mann, der gleich darauf aus dem Polizeiwagen stieg, fing sofort an, sich zu entschuldigen. »Das ... das ist einfach so passiert. Ein Kommilitone hat einen ausgegeben, auf seine Masterarbeit. War wohl ein bisschen viel.« Er fuhr sich durch die wirren Haare, die nach Erbrochenem rochen.

»Wie ist das Ganze denn passiert?«, fragte Charlotte naserümpfend.

Bremer, der hinter ihr stand, wich noch einen Schritt zurück. Der junge Mann brauchte dringend ein Bad.

»Ja, also, ich bin halt mit dem Fahrrad hier lang, und dann bin ich ... hingefallen, direkt auf ...« Wilsmann legte seine Hand auf die Magengegend. »Ehrlich, das werde ich im Leben nicht vergessen.«

»Das glaube ich«, sagte Charlotte ein wenig besänftigt. Der junge Mann tat ihr leid, es war sicherlich ein traumatisches Erlebnis, das ihn sein Leben lang beschäftigen würde. Mehr oder weniger. »Haben Sie jemanden in der Nähe gesehen, als Sie die Leiche fanden? Oder ist Ihnen sonst was aufgefallen?«

»Nur den Jogger, der dann die Polizei gerufen hat.« In Wilsmanns bleichem Gesicht wirkten die dunklen Augen wie schwarze Löcher. Charlotte beschloss, den jungen Mann zu entlassen.

»Das wäre vorerst alles, wenn wir noch Fragen haben, melden wir uns bei Ihnen.«

Nachdem auch die Befragung des Joggers nichts ergeben hatte, begaben sich die beiden Ermittler zur Inspektion.

Um zehn Uhr waren Schliemann, Bremer, Maren Vogt, Petersen, Charlotte und Gesine Meyer-Bast im Besprechungsraum versammelt. Julius war auch dabei, wofür die Kriminalrätin sich entschuldigte.

»Ich würde ihn ja im Büro lassen, aber dann fängt er an zu heulen, und hier ist er still. Lassen Sie sich nicht stören, Frau Wiegand. Wie ich höre, gibt es im Zusammenhang mit dieser Agentur einen zweiten Toten.«

Charlotte hatte zunächst völlig verwirrt zur Kenntnis genommen, dass der Tisch im Besprechungsraum mit Wasserflaschen, Kaffeekannen, Zucker, Kondensmilch und sogar einem Teller mit Butterkeksen gedeckt war. Alle anderen waren ebenso verblüfft. Bremer war so misstrauisch, dass er eine der Kaffeekannen nahm, sie schüttelte und ein strahlendes Lächeln in die Runde warf, als er feststellte, dass sie tatsächlich bis zum Rand mit Kaffee gefüllt war.

»Bedienen Sie sich«, sagte Gesine Meyer-Bast. »Ich trinke ihn schwarz.«

Bremer ergriff einen der Becher und schenkte ein. Als endlich alle mit Kaffee und Keksen versorgt waren, begann Charlotte, kurz die neue Lage zusammenzufassen.

»Es handelt sich mit großer Wahrscheinlichkeit um Jens Kolbe, auch wenn wir erst abwarten müssen, welches Gesicht die Spusi unter der … Verunreinigung zutage fördert. Bei dem Toten wurden keine persönlichen Sachen gefunden, sodass es sich möglicherweise um einen Raubüberfall handelt …«

»Oder um einen vorgetäuschten Raubüberfall«, unterbrach sie Björn Petersen.

»Oder das«, stimmte Charlotte zu. »Der Mord ereignete sich mit großer Wahrscheinlichkeit am Fundort der Leiche, am späten Abend oder in der Nacht von Montag auf Dienstag, auf jeden Fall während der Dunkelheit. Die Gegend ist zwar nicht gerade einsam, die HDI-Arena, das Stadionbad und die Akademie des Sports sind nur einen Steinwurf entfernt, aber nachts ist dort nicht viel los, und das Areal ist schlecht beleuchtet. Man kann dort also bei Dunkelheit alles Mögliche anstellen. Der Tatort ist quasi überdacht von hohen Baumkronen, und es gibt eine Menge Büsche und Sträucher, hinter denen die Leiche gut versteckt war. Immerhin hat sie dort zwei Tage und fast drei Nächte am Drahtzaun gelegen. Hinter dem Zaun erstreckt sich ein großes Rasenspielfeld.«

»Was ist mit der Tatwaffe?«, wollte Meyer-Bast wissen.

»Sie ist noch in der Kriminaltechnik und wird untersucht. Es sieht so aus, als wäre es ein ganz gewöhnliches Küchenmesser, das man in jedem Haushaltswarengeschäft kaufen kann, aber es ist schon mal ein Anhaltspunkt.«

Charlotte hielt einen Moment inne und trank einen Schluck Kaffee.

»Auf jeden Fall ist unter diesen Umständen auch der Tod von Franziska Gerber anders zu bewerten, denn Kolbe war zur selben Zeit auf der Rathauskuppel wie unser erstes Opfer. Ich denke, die Selbstmord- beziehungsweise Unfalltheorie ist damit vom Tisch.«

Sie schaute herausfordernd in die Runde. Keiner widersprach.

»Die Tatsache, dass Kolbes Wohnung ausgebrannt ist, lässt vermuten, dass Beweismittel vernichtet werden sollten. Ich gehe davon aus, dass es sich dabei um die Kamera, den Computer und das Handy des Toten handelt. Wahrscheinlich hat er auf dem Rathaus etwas fotografiert, das dem Mörder gefährlich werden könnte, also hat dieser gehandelt. Leider hat die Spurensicherung in der abgebrannten Wohnung bisher keine Spuren gefunden. Weder von einer Kamera noch von einem Computer. Wir können außerdem davon ausgehen, dass der Brand nach dem Mord gelegt wurde, aber nach der Obduktion sind wir da sicherlich noch schlauer.«

»Wenn ich Sie richtig verstehe«, unterbrach sie Meyer-Bast, »gehen Sie von acht möglichen Tätern aus, wenn man Frau Bobart mitzählt.«

»Ja, eine andere Möglichkeit sehe ich nicht, es sei denn, wir haben es mit zwei Mördern und zwei verschiedenen Motiven zu tun, was wir ja wohl ausschließen können.«

»Wieso eigentlich?«, meldete sich Schliemann. »Ich meine, der Mord an Kolbe kann doch tatsächlich ein ganz simpler Raubüberfall gewesen sein. Oder er wurde aus einem Grund ermordet, den wir noch nicht kennen.«

»Das, oder er hat was mit dem Tod von Franziska Gerber zu tun, jemand weiß davon und hat ihn daraufhin ausgeschaltet«, sagte Maren.

»Und wieso hat dann jemand seine Wohnung abgefackelt?«, fragte Petersen.

»Das kann er doch auch selbst inszeniert haben, wäre nicht der erste Versicherungsbetrug. Die Wohnung hat ihm ja gehört, und das Haus war sonst unbewohnt und ziemlich runtergekommen. So eine Wohnung wird man nicht so schnell los.«

»Diese Möglichkeit besteht natürlich; auch, dass der Mord an Kolbe nichts mit Franziska Gerbers Tod zu tun hat, ist denkbar, aber für mich sind das eindeutig zu viele Zufälle.« Charlotte fragte sich, wieso sich alle weigerten, das Offensichtliche zu akzeptieren. Diese Morde hingen zusammen, und der Täter ging skrupellos vor und würde vor weiteren nicht zurückschrecken.

»Gibt es denn mögliche Hinweise auf den Mörder?« Meyer-Bast reichte Bremer die Tasse mit der stummen Bitte, nachzuschenken.

»Tja.« Charlotte warf Maren einen kurzen Blick zu. »Wir haben alle Angestellten und die Eigentümer der Agentur befragt. Es gibt ein paar Auffälligkeiten, aber noch nichts Greifbares. Franziska Gerber war auf jeden Fall nicht beliebt, und wie das Arbeitsklima dort sonst ist, lässt sich noch nicht sagen. Nach meiner Auffassung war sie ein ziemlicher Störenfried. Das lag zum Teil wohl an ihrer Persönlichkeit. Sie war außerdem in psychotherapeutischer Behandlung. Mit der Therapeutin habe ich gesprochen. Sie hat bei ihr narzisstische und egozentrische Wesensmerkmale festgestellt, was allerdings für einen Großteil der Menschheit zutrifft. Aber sie hat auch gesagt, dass sie ihr bei der letzten Sitzung verändert vorgekommen war. Die Therapeutin hatte das Gefühl, irgendwas sei Franziska Gerber in den letzten Tagen vor ihrem Tod widerfahren. Sie hat aber nicht herausgefunden, was es war.«

»Nun«, Gesine Meyer-Bast hatte ihren Kaffee ausgetrunken und stand auf, »ganz offensichtlich gibt es in diesen Fällen noch eine Menge zu tun.« Charlotte wusste nicht recht, ob sie diese Worte als Kritik auffassen sollte. »Sie wissen sicherlich, wie vorzugehen ist«, fuhr die Chefin fort und sah Charlotte dabei an. »Wenn sich etwas Neues ergibt, erstatten Sie Bericht.« Sie sah auf die Uhr. »Ich habe noch einen Termin.«

Sie ging zur Tür, wo Julius bereits wartete, und verließ den Raum.

»Wer hat eigentlich den Kaffee bestellt, warst du das?« Bremer sah Charlotte fragend an.

»Nein«, antwortete die und nahm wohlwollend zur Kenntnis, dass die Chefin offensichtlich guten Kaffee liebte. Wenn Charlotte das nächste Mal in der Agentur war, und das würde bald sein, wollte sie unbedingt daran denken, sich das Fabrikat des Kaffeeautomaten zu merken.

»Zur Sache, Leute, die Chefin hat recht, es gibt eine Menge zu tun. Wir haben so gut wie keine Informationen über diesen Kolbe. Stefan, ich möchte, dass du mit seiner Schwester in Regensburg telefonierst, irgendwer muss es ja machen.« Schliemann, der bereits den Mund zum Protest geöffnet hatte, besann sich rechtzeitig und schwieg lieber. »Und frag sie gleich, ob sie uns irgendwie weiterhelfen kann«, vollendete Charlotte den Satz.

»Was soll die denn wissen, wenn sie in Regensburg wohnt und seit Jahren nichts von ihrem Bruder gehört hat?«

»Wer weiß. Ich glaube auch nicht, dass was dabei herauskommt, aber vielleicht kann sie ein bisschen über seinen Charakter plaudern. Das kann uns vielleicht weiterhelfen.« Charlotte lehnte sich seufzend zurück. »Es ist doch merkwürdig, dass dieser Mensch nirgends Spuren hinterlässt. Das lässt darauf schließen, dass er keine hinterlassen wollte. Warum nicht, das müssen wir rausfinden. Irgendwas stimmt nicht mit ihm. Was ist mit diesem Freund? Wie hieß der noch?«

»Rolf Zimbart«, antwortete Schliemann. »Den habe ich in Brüssel erreicht, aber der hatte nichts zu erzählen, wie gehabt. Wollte es gar nicht glauben, dass Kolbe ermordet worden sein soll. Fragte sich, wo er da bloß hineingeraten ist. Persönlich sprechen kann ich ihn frühestens in einer Woche, dann kommt er zurück. Und ich muss mich ja wohl auch erst mal um Kolbes Schwester kümmern.« Das klang ein bisschen vorwurfsvoll, aber Charlotte hörte einfach nicht hin. Schließlich schuldete ihr Schliemann was.

»Was hat die Befragung der Nachbarn in der Hildesheimer Straße ergeben?«

»Gar nichts«, sagte Bremer. »Aber ist das ein Wunder? Das Haus war ja sonst unbewohnt, und der Brand wurde am frühen Morgen gemeldet, wurde also nachts gelegt. Und wer kriegt mitten in der Stadt und in der Nacht schon mit, was im Nachbarhaus los ist. Es sei denn, du wohnst in einem Fünfhundert-Seelen-Dorf, wo alle alles von allen wissen.«

»Na gut, was gibt's Neues bei Frau Gerber?«

Bremer nahm einen Aktendeckel zur Hand und öffnete ihn.

»Tja, da gab es einige Auffälligkeiten in ihren Kontoauszügen. Sie hatte vor etwa einem halben Jahr eine Erbschaft gemacht in Höhe von etwa achtzehntausend Euro. Das Geld hat sie in den letzten Monaten komplett auf den Kopf gehauen. Bis vor acht Wochen war das Konto gerade mal ausgeglichen, aber seitdem sind ... Moment ... rund zweiundvierzigtausend Euro ... und jetzt kommt's«, Bremer hob den Zeigefinger wie ein Lehrer, der seiner ersten Klasse die Pausenregeln plausibel macht, »in *bar* eingezahlt worden. Achtmal fünftausend und einmal zweitausend.«

Bremers Ausführung hatte die gewünschte Wirkung. Alle schwiegen zunächst verblüfft.

Dann redete Schliemann. »Was sagt man dazu?«

»Ja«, Charlotte schürzte die Lippen, »da fragt man sich doch, wo das Geld herkommt.«

»Genau.« Das war Bremer.

»Ich denke mal, ich lehne mich nicht zu weit aus dem Fenster, wenn ich sage, dass sie das Geld von jemandem aus der Agentur bekommen hat. Und ich glaube nicht, dass dieser Jemand es ihr freiwillig gegeben hat, dann hätte er es ja überweisen können, wie es sich gehört. Hat er aber nicht.«

»Genau«, Petersen nickte, »und so was macht man ja wohl nur, wenn man anonym bleiben will.«

»Und das wird einen Grund haben. Wenn dieses Geld nicht aus dem Erbe ihrer Tante stammt, dann tippe ich auf Erpressung. Ich werde heute noch die Halbschwester von Frau Gerber befragen, was es mit diesem Erbe auf sich hat.«

Charlotte faltete die Hände und drehte Däumchen. »Was hast du über die Agentur gefunden?«

Bremer konsultierte wieder seine Akte.

»Nach meinen Informationen steht sie ganz gut da. Seit drei Jahren schreiben sie schwarze Zahlen, und sie wollen einen Ableger in Braunschweig eröffnen. Sechzig Prozent der Firma gehören Frieder Salzmann, der Rest Hans-Peter Sporck. Salzmann hat eine kranke Frau im Rollstuhl. Sie lebt im Heim, während er sich eine neue, jüngere, reichere angelacht hat. Auch nicht die feine Art.«

»Könnte es nicht sein, dass die Gerber ihn damit erpresst hat?«, fragte Maren. »Ich meine, dass er eine Geliebte hat?«

»Das wissen doch alle«, erwiderte Bremer. »Und warum sollte das Salzmann Angst machen? Der sieht nicht so aus, als würde er vor seiner kranken Frau zittern.«

»Das glaube ich auch nicht«, stimmte ihm Schliemann zu. »Da hätte die Gerber schon ziemlich skrupellos sein müssen, um der kranken Frau das zu stecken.«

»Sehe ich auch so.« Bremer fuhr fort. »Kommen wir zu Sporck. Er ist dreimal geschieden und wohnt in der Oststadt. Das sagt jedenfalls ›Tante Google‹. Sporck scheint ein ziemlicher Haudrauf zu sein, tanzt auf allen Partys, ist großzügiger Sponsor von Hannover 96 und Stammgast in der ›Nordkurve‹.«

»In der Fan-Kneipe? Das ist doch ganz in der Nähe vom zweiten Tatort«, sagte Charlotte. »Vielleicht war ja an dem Montag dort was los. Könnte gut sein, dass die beiden dort zusammen waren und dann zu Fuß an der Leine entlanggegangen sind, und dann muss am Sportplatz etwas passiert sein.«

»Außerdem haben die beiden sich gut gekannt. Und es war ja auch Sporck, der Kolbe mit auf die Kuppel genommen hat«, meinte Maren.

»Moment, Leute, nicht zu voreilig. Wie passt Franziska Gerber da rein?«

»Gar nicht.« Schliemann kicherte, wurde dann aber ernst. »Ich meine, sie muss doch nicht unbedingt da reinpassen, oder? Bis jetzt ist noch nichts bewiesen. Wir sind *ziemlich* sicher, dass jemand von den anderen neun Leuten, die oben waren, die Frau von der Kuppel geschubst hat, wir haben aber keinen Beweis und keine Ahnung, wer. Und wenn ihr mich fragt, das werden wir nie beweisen können. Wenn also der Täter, wenn es denn einen gibt, nicht geständig ist, dann war's das.« Schliemann beugte sich über den Tisch. »Vielleicht war es ja Kolbe selbst, der sie runtergestoßen hat, und jemand hat was gesehen und ihn daraufhin um die Ecke gebracht. Wir gehen immer davon aus, dass Kolbe etwas gesehen hat und deshalb sterben musste. Das ist doch gar nicht gesagt.«

Alle sahen Schliemann erstaunt an. Er äußerte sich selten so differenziert, wenn überhaupt. Man hatte bei Schliemann immer das Gefühl, dass alles ganz einfach und offensichtlich sein musste. Das lag wohl daran, dass er keinen Funken Phantasie besaß und meistens damit beschäftigt war, sein Image als Herzensbrecher aufrechtzuerhalten. So jedenfalls schätzte Charlotte ihn ein. Aber Charlotte war, was Schliemann anging, nicht objektiv. Sie mochte einfach keine Männer, die sich für unwiderstehlich hielten.

»Das mag stimmen oder auch nicht«, entgegnete sie. »Auf jeden Fall nimmst du dir ein Foto von Kolbe und fragst die Betreiber der ›Nordkurve‹, ob am Montag dort eine Veranstaltung war und ob er dort bekannt war und vielleicht mit Sporck gesehen worden ist. Vielleicht weiß ja einer der Gäste was. Frag auch im ›Courtyard‹ nach und in den anderen Kneipen in der Nähe. Björn, du und Maren, ihr befragt alle, die auf der Kuppel waren, nach ihrem Alibi für Montagabend. Und Thorsten, du machst weiter mit Gerbers Papieren und ihren Bankauszügen. Vielleicht kriegst du ja auch was über die Kontobewegungen der anderen Agenturmitglieder heraus.«

»Das sagst du so einfach«, murrte Bremer.

»Ich weiß, aber fragen kannst du doch. Wer nichts zu verbergen hat, wird nichts dagegen haben, dass du dich ein bisschen umschaust. Und wenn sich jemand absolut nicht in die Karten gucken lassen will, dann muss man sich fragen, wieso nicht. Dann werden wir eben auf andere Weise versuchen, an unsere Informationen heranzukommen.«

Wie genau das funktionieren sollte, das wusste sie auch nicht so genau. Auch die Polizei konnte nicht so einfach die Konten von unbescholtenen Bürgern durchforsten. Aber Charlotte war Pragmatikerin. Wenn es darum ging, einen Mörder zu überführen, würde sie Mittel und Wege finden. Sie hatte nichts gegen ein bisschen Mogelei. Es würde sie in ihren Ermittlungen vielleicht weiterbringen, und wem schadete es? Was nützten all die hübschen Gesetze, wenn sie die Bösen davonkommen ließen?

Charlotte stand auf. »Also, Leute, wir sind auf der Jagd.«

Eva Manitz arbeitete in der Galeria Kaufhof nahe der Marktkirche. Sie werde um ein Uhr in der Altstadt mit Kolleginnen zu Mittag essen, aber danach könne man sich zu einem kleinen Spaziergang Am Hohen Ufer treffen, was Charlotte sehr recht war.

Der Oktober zeigte sich immer noch von seiner besten Seite. Die Sonne schien sich in diesem Jahr einfach nicht mit dem Herbst abfinden zu wollen und strahlte beständig spätsommerlich aus einem blauen Himmel auf die dankbare Stadt. Die beiden trafen sich um Viertel vor zwei am Beginenturm.

Eva Manitz war eine große, vollschlanke Frau mit dunklen, streichholzkurzen Haaren. Sie trug einen schwarzen Hosenanzug mit weißer Bluse und war sorgfältig geschminkt. Ein herber, edler Parfümduft umgab sie. Eine attraktive, gepflegte Frau Ende zwanzig. Charlotte wusste sofort, dass die beiden Halbschwestern völlig unterschiedliche Persönlichkeiten waren – und das bezog sich nicht nur auf deren äußere Erscheinung.

»Frau Manitz.« Charlotte hielt ihr die Hand hin. »Danke, dass Sie gekommen sind.«

»Ja, was tut man nicht alles. Aber mit Franziska habe ich sowieso nur Ärger gehabt, wieso sollte das mit ihrem Tod plötzlich aufhören.« Charlotte fand es nicht besonders fair, als Ärger bezeichnet zu werden, beschloss aber, sich nicht provozieren zu lassen. »Sagen Sie, wieso wird eigentlich immer noch ermittelt? Ich dachte, Franziska hätte Selbstmord begangen.«

»Es gibt da einige Dinge, die noch nicht abschließend geklärt sind«, wich Charlotte aus. »Wenn ich das richtig verstehe, hatten Sie nicht allzu viel Kontakt mit Ihrer Halbschwester«, begann sie vorsichtig, während die beiden langsam durch die wärmende Nachmittagssonne am Leineufer entlangspazierten.

»Aber das bisschen hat vollkommen ausgereicht, das können Sie glauben«, schnaubte Eva Manitz. »Sie war ja fast zehn Jahre älter als ich, und wenn sie uns besuchte, oder besser, wenn sie ihren und meinen Vater besuchte, gab es jedes Mal Streit, obwohl meine Mutter sich wirklich bemüht hat.«

»Wann haben Sie denn Frau Gerber das letzte Mal gesehen?«

»Das war auf der Beerdigung meiner Tante vor einem halben Jahr. Und davor auf der Beerdigung meines Vaters vor sechs Jahren.«

»Sie hatten zu meinem Kollegen gesagt, Ihre Halbschwester habe sich wegen ihres schlechten Gewissens umgebracht. Was haben Sie damit gemeint?«

Eva Manitz zog die Stirn in Falten. »Ach ja? Meine Güte, das sagt man mal so dahin. Ein schlechtes Gewissen hatte Franzi garantiert nicht, obwohl sie allen Grund dazu gehabt hätte.«

»Was meinen Sie genau?«

Manitz blieb einen Moment stehen und musterte Charlotte.

»Ich verstehe nicht, wieso sich die Kripo für unsere Familienangelegenheiten interessiert.«

Charlotte räusperte sich. »Wir gehen davon aus, dass beim Tod Ihrer Halbschwester ein Fremdverschulden vorliegt.« Was Charlotte verschwieg, war die Tatsache, dass es dafür keinen handfesten Beweis gab, dass es möglicherweise nie einen geben würde.

Manitz bekam große Augen. »Wie? Sie meinen, sie ist ermordet worden?«

»Wahrscheinlich.«

Die beiden starrten einander an. Charlotte wartete auf eine Reaktion, die nicht kam.

Stattdessen nahmen beide ihren Spaziergang wieder auf. Die bunten, üppigen Nanas am Leineufer leuchteten fröhlich und ungerührt aller Tragik, die menschliches Miteinander hervorbrachte.

»Also ... ganz ehrlich«, sagte Eva Manitz leise, »Franziska war eine ziemliche Nervensäge, aber dass sie nun einer umbringt, das kann ich mir auch nicht vorstellen. Im Grunde war sie ein ziemlich armseliger Mensch.«

»Zu Ihrer beider Tante schien sie ein gutes Verhältnis gehabt zu haben.«

»Ha!« Manitz blieb wieder stehen. »Gutes Verhältnis. Sie hat meine Tante Dagmar systematisch von uns abgeschirmt, um sich das Erbe unter den Nagel zu reißen. So war das. Von wegen gutes Verhältnis. Tante Dagmar und ich, wir haben uns früher immer hervorragend verstanden, bis sie dann einen Schlaganfall hatte und nicht mehr ganz klar im Kopf war. Da hat Franziska ihr irgendeinen Floh ins Ohr gesetzt. Ich weiß nicht, was sie ihr für Lügen aufgetischt hat, jedenfalls wollte Tante Dagmar mich plötzlich nicht mehr sehen.«

»Das heißt, Sie sind bei der Erbschaft leer ausgegangen?«

»Allerdings.«

»Wissen Sie, wie hoch die Erbschaft war?«

»Na ja, keine Reichtümer, aber ein paar tausend Euro bestimmt. Tante hatte ja keine großen Ausgaben außer der Miete. Und in den letzten Monaten hat sie bei Franziska gewohnt. Nur die Pflege in den letzten zwei Jahren, die wird ihr Vermögen wohl um einiges dezimiert haben.«

»Was ist mit Ihrer Mutter?«

»Meine Mutter hat schon vor zwei Jahren wieder geheiratet und wohnt jetzt in Ostfriesland. Sie und Tante Dagmar, das lief nicht so optimal. Aber mit Franziskas Mutter war Dagmar auch nicht gerade ein Herz und eine Seele.«

Sie gingen bis zum Marstall und den Weg dann zurück.

»Können Sie sich vorstellen, wer Ihre Halbschwester hätte umbringen wollen?«

»Also, das ist vielleicht 'ne Frage. Natürlich nicht. Erstens hab ich keine Ahnung, was sie so getrieben hat, und zweitens: Selbst wenn, glauben Sie, ich gebe mich mit Leuten ab, von denen ich glaube, Sie könnten einen anderen umbringen?«

Charlotte lächelte sanft. »Glauben Sie mir, man sieht es ihnen nicht an.«

»Wieso fragen Sie dann?«, grantelte Manitz.

»Weil ich muss.«

Eine Weile schwiegen beide. »Kennen Sie Marianne Gerber?«, fragte Charlotte dann.

»Eigentlich nur vom Sehen. Wir hatten nicht viel miteinander zu tun, nur Franziska hat eben ihren Vater besucht.«

»Wie war Ihr Vater? Haben Sie sich gut mit ihm verstanden?«

Eva Manitz zuckte mit den Schultern. »Na ja, wie man sich

eben so mit einem Vater versteht, der sich nicht wirklich für einen interessiert.«

»War die Ehe Ihrer Eltern glücklich?«

Wieder Schulterzucken. »Normal, würde ich sagen.«

Charlotte fragte sich, was man darunter zu verstehen hatte. »Eine Freundin von Marianne Gerber hat sich ziemlich negativ über Ihren Vater geäußert.«

»Ach, Sie meinen bestimmt Frau Schrader. Ja, die hatte was gegen ihn und auch gegen Franziska. Ich glaube, da war mal was mit ihrem Sohn.«

Charlotte blieb stehen. »Mit wessen Sohn? Frau Schraders?«

»Ja, ich glaube Franziska und er waren mal zusammen, und dann hat's gekracht. Jedenfalls hat Frau Schrader mir das erzählt, als ich sie mal in der Stadt getroffen hab.«

»Tatsächlich. Wissen Sie, warum es gekracht hat?«

»Nein, ich weiß bloß, dass er jetzt mit einer Künstlerin zusammen ist.«

»Wie lange ist das her?«

»Das weiß ich nicht, ein paar Monate, vielleicht ein halbes Jahr. Aber Frau Schrader und mein Vater haben sich nie verstanden. Er hat mal eine Andeutung gemacht, dass er sie nicht ausstehen könne.«

Sie waren wieder am Beginenturm angelangt, und Eva Manitz reichte Charlotte die Hand.

»Ich muss jetzt zurück, hab sowieso schon überzogen. Ich hoffe, Sie finden den, der's getan hat. Ich mochte Franziska zwar nicht, aber dass sie so zu Tode kommt, hat sie nicht verdient.«

Die beiden verabschiedeten sich, und jede ging ihrer Wege. Charlotte stellte ihr Handy wieder an. Sie hatte mehrere Anrufe mit der Bitte um Rückruf aus dem ZK, die sie aufschob, und einen Anruf von Rüdiger, den sie sofort zurückrief. Sie erschrak, als sie seine Stimme hörte.

»Ist was passiert?«

»Jan ist verschwunden«, kam es gepresst vom anderen Ende.

»Wie meinst du das?«

»Er hatte heute Morgen eine wichtige Prüfung und ist nicht erschienen. Also hat sein Kumpel versucht, ihn zu erreichen, er hat sich aber bisher nicht gemeldet, und in seiner WG ist er nicht. Die

Mitbewohnerin sagt, dass sie ihn seit gestern Abend nicht gesehen hat. Heute Morgen gegen halb acht ist sie weggegangen, weiß aber nicht, ob er schon weg war oder noch in seinem Zimmer. Um acht war seine Prüfung, aber da ist er nicht aufgetaucht.«

Charlotte wusste zunächst nicht, was sie antworten sollte. »Hatte er einen Unfall?«

»Nein, habe ich bereits überprüft. Es gab seit gestern Abend keinen Unfall in der Innenstadt, in den ein junger Mann involviert war. Und es ist auch kein unbekannter junger Mann aus sonstigen Gründen in ein Krankenhaus im Stadtgebiet eingeliefert worden.«

Charlotte beobachtete die Passanten, die langsam an ihr vorbeischlenderten, als wäre die Welt in Ordnung. »Wo bist du jetzt? In seiner WG?«

»Ja.«

»Ich komme hin.«

Charlotte steckte ihr Handy weg, ohne sich um die anderen Anrufe zu kümmern.

Jan wohnte in einer Dreier-WG in der Nelkenstraße in Hannovers Nordstadt. Charlotte war in ein Taxi gesprungen, weil sie vom Zentralen Kriminaldienst zu Fuß in die Altstadt spaziert war. Als sie die zwei Treppen zu der kleinen Wohnung hinaufging, klopfte ihr Herz. Der Junge war anscheinend seit gestern Abend verschwunden. Und er war recht zuverlässig, würde eine Prüfung nicht einfach sausen lassen, und dass er per Handy nicht zu erreichen war, das war schon alles merkwürdig.

Die Tür zur Wohnung stand offen, von drinnen waren Stimmen zu hören. Charlotte klopfte und trat ein. Im Flur herrschte das übliche WG-Chaos: Schuhe lagen herum, und ein Wäscheständer voller Handtücher versperrte den Weg.

Die Stimmen kamen aus der Küche, eine weibliche und die von Rüdiger.

»Hallo!«, sagte Charlotte und betrat die Küche, wo Julia, eine der beiden Mitbewohnerinnen, mit Rüdiger am Tisch saß. Vor ihr lag ihr Smartphone.

»Hallo Charlotte.« Rüdiger war aufgesprungen.

»Gibt's was Neues?«

»Nein, wir wissen nicht, wo er ist.« Er sah auf die Uhr. »Wir warten auf den Hundeführer. Vielleicht hilft uns das weiter.«

Charlotte blickte die junge, etwas rundliche Studentin mit den hübschen braunen Augen fragend an.

»Und Amelie hat auch keine Ahnung?« Amelie war die dritte Mitbewohnerin.

»Nein«, antwortete Julia. »Ich hab sie eben angerufen. Sie hat keine Ahnung, wo Jan sein könnte, wundert sich allerdings auch, dass er nicht zur Prüfung gegangen ist. Sie sagt, er hat in den letzten Tagen wie verrückt dafür gebüffelt.« Julia zögerte. »Sie meint auch, da könnte was passiert sein.«

»Ja, was denn?«, fragte Charlotte, und Rüdiger, der in der kleinen, bemerkenswert ordentlichen Küche herumschlich wie ein Tiger auf der Pirsch, fuhr sich mit der Hand über den Nacken und schüttelte den Kopf.

»Ich fürchte, das ist meine Schuld«, sagte er. »Wir müssen eine Suchaktion einleiten.«

»Könntest du mich mal aufklären?« Charlotte wurde langsam ärgerlich. Was ging hier vor?

»Es geht um diese Vergewaltigungsserie, ich hab dir doch gesagt, dass Jan ... eins der Opfer kennt.«

»Ja, Nasrin«, warf Julia ein. »Ich kenne sie auch, und ich finde es fürchterlich, was da passiert ist.«

»Auf jeden Fall wollte Jan sich mal ein bisschen umhören. Ich weiß, das ist unprofessionell, aber er wollte es unbedingt, und ... schaden würde es ja auch nicht ... dachte ich wenigstens.«

»Du meinst, er ist irgendwie in diese Vergewaltigungsgeschichte reingerutscht?«

Rüdiger, der immer noch ruhelos hin und her wanderte, nickte.

Charlotte lehnte sich an die Spüle und dachte nach. Konnte das sein? War der Junge diesem Typen womöglich auf die Zehen getreten? Und ... welche Folgen konnte das haben? Darüber wollte sie lieber nicht nachdenken. Andererseits, er war ja erst wenige Stunden abgängig, vielleicht klärte sich ja alles noch ganz harmlos auf. Vielleicht ... ihr fiel einfach nichts ein, was diese Angelegenheit noch verharmlosen konnte. Es sei denn, Jan war bei einem Freund versackt, aber alle, die dafür in Frage kamen, hatten sie bereits abtelefoniert, und außerdem wäre er dann mittlerweile auch wieder aufgetaucht beziehungsweise per Handy erreichbar. Warum sollte er seine Anrufe ignorieren?

»Hast du sein Handy orten lassen?«

»Ja, ohne Erfolg. Der letzte Kontakt war gegen zwanzig Uhr gestern Abend mit einem seiner Freunde, haben wir schon überprüft. Und bis gegen Mitternacht war er mit einem seiner Kommilitonen, Franjo, zusammen. Er wohnt in der Lilienstraße, gleich hier um die Ecke. Die beiden haben für die Prüfung gelernt, und Franjo hat sich gewundert, weil sie sich für heute Morgen kurz vor acht verabredet hatten und Jan nicht aufgetaucht ist. Das passt doch nicht zu ihm.«

»Nein«, sagte Charlotte, die sich ihre Unruhe nicht anmerken lassen wollte. Dass sie sein Handy nicht orten konnten, war mehr als verdächtig.

»Hast du die Vermisstenanzeige aufgegeben?«

»Natürlich«, antwortete Rüdiger. »Kannst dir ja denken, was sie gesagt haben. ›Der ist doch bestimmt bei seiner Freundin versackt, haha.‹«

Das klang bitter. Charlotte musste schlucken.

»Hast du gesagt, dass er möglicherweise ...«

Sie stockte, ja was eigentlich? Entführt wurde, oder womöglich noch schlimmer? Charlotte zog es vor, diese Mutmaßungen für sich zu behalten. Rüdiger wusste sowieso Bescheid.

»Und du weißt nicht, ob er gestern nach Haus gekommen ist?«, fragte sie Julia, die nervös an ihren Fingernägeln knabberte.

»Nein, jedenfalls war er um halb zwölf nicht hier. Dann bin ich ins Bett gegangen.«

»Wir sind schon alle möglichen Wege abgegangen, ergebnislos«, mischte Rüdiger sich ein. »Wir müssten die Anwohner befragen, aber das dauert.« Er konsultierte wieder seine Uhr. »Wenn dieser Hundeführer doch endlich da wäre!«

Charlotte wusste nicht, was sie tun sollte. Einerseits konnte sie Rüdiger jetzt nicht allein lassen, andererseits konnte sie ihm auch nicht helfen. Wenn die Vermissten-Fahndung anlief, konnten sie nur warten.

Sie konnte es nicht fassen, dass sie sich um Jan sorgen mussten. Den gesunden, intelligenten Jan, der das blendende Aussehen und den Charme seines Vaters geerbt hatte. Dem alle Möglichkeiten offenstanden. Dieses unschuldige, fröhliche Wesen sollte jetzt plötzlich aus ihrer aller Leben herausgerissen werden?

Charlotte weigerte sich, ernsthaft daran zu glauben, dass ihm etwas zugestoßen war. Obgleich die Umstände kaum eine andere Interpretation zuließen.

Es klingelte. Charlotte atmete auf, das war bestimmt der Hundeführer. Sie und Rüdiger, der eins von Jans T-Shirts in der Hand hielt, stürmten gleichzeitig die Treppe hinunter.

In den folgenden zwei Stunden durchkämmten sie das Uni-Gelände in einem Umkreis von dreihundert Metern. Der Hund konnte Jans Fährte von der Lilienstraße aus bis etwa fünfzig Meter vor seiner WG in der Nelkenstraße verfolgen, verlor sie dann und nahm sie kurz vor der Haustür wieder auf. Das deutete darauf hin, dass Jan in ein Auto gestiegen war, das vor dem Haus geparkt war. Und wahrscheinlich nicht freiwillig.

Charlotte hatte unterwegs im ZK angerufen, Bremer aufgeklärt und ihn gebeten, sie vorerst zu vertreten. Dort wussten bereits alle, dass der Sohn ihres Kollegen möglicherweise entführt worden war. Einige Beamte waren schon dabei, die Anwohner in den betreffenden Straßen zu befragen. Außerdem hatte man einen Zeugenaufruf über die Medien auf den Weg gebracht.

Rüdiger und Charlotte hatten sich bei dem Hundeführer bedankt und ihn verabschiedet. Er war, sichtlich betreten darüber, dass er nicht helfen konnte, wieder abgezogen. Nun saßen die beiden zusammen mit Jans Mitbewohnerinnen Julia und Amelie hilflos in der WG-Küche. Was sollten sie tun?

»Gibt es in seinem Zimmer irgendeinen Hinweis? In seinem Computer?«, fragte Charlotte.

»Seinen Computer hat er mitgenommen«, antwortete Rüdiger, der ruhelos auf und ab ging, »und in seinem Zimmer kann ich nichts entdecken, was uns weiterhelfen könnte.«

Charlotte überlegte. »Vielleicht sollten wir mit Nasrin reden?«

»Ja, das hab ich auch schon überlegt, aber ich weiß nicht, ob man ihr das zumuten kann. Sie ist nervlich ziemlich mitgenommen.« Rüdiger sah Julia an. »Du kennst sie doch. Was meinst du? Vielleicht wäre es gut, wenn du mitkommst.«

»Also, Amelie, du kennst sie ja noch viel besser als ich«, sagte sie zu ihrer Freundin, die mit großen traurigen Augen still am Tisch gesessen hatte und die jetzt aufstand. »Ja, das wäre doch eine Möglichkeit. Jan wollte sie gestern Nachmittag noch besuchen, aber ich weiß nicht, ob sie ihn zu ihr gelassen haben.«

Wenig später waren die drei mit Rüdigers altem Citroën unterwegs zur MHH. Charlotte fiel Dr. Wedel ein. Wie es ihm wohl ging? Aber sie würde jetzt nicht darüber nachdenken, hatte keine Kraft für weitere Tragödien. Sie mussten Jan finden, das zuallererst.

Nasrin lag in einem Zweibettzimmer zusammen mit einer Magersüchtigen, bei deren Anblick Charlotte fast das Herz stehen blieb. Sie konnte einfach nicht verstehen, wie ein Mensch, dem jegliche Muskelmasse fehlte, noch in der Lage war, überhaupt die Hand zu heben. Charlotte hatte Rüdiger gebeten, zuerst sie und Amelie eintreten zu lassen. Wenn drei aufgeregte Menschen gleichzeitig in ihr Zimmer platzten, würde sie das vielleicht überfordern.

Er hatte zugestimmt, wenn auch zögernd. Als Charlotte das junge Mädchen in seinem Bett liegen sah, war sie zunächst völlig überwältigt von dessen Schönheit. Schwarze, glänzende Haare rahmten ein schmales Gesicht mit großen dunklen Augen, einer zierlichen Nase und einem ausdrucksvollen Rosenmund. Die beiden blieben stehen, Charlotte hielt sich im Hintergrund, und Amelie trat ans Bett.

»Hallo, Nasrin, wie geht es dir?« Nasrin starrte an Amelie vorbei Charlotte an.

»Wer sind Sie?«, fragte sie leise.

»Das ist Frau Wiegand von der Kripo. Sie möchte dich etwas fragen.«

Charlotte lächelte und kam vorsichtig näher. Die junge Frau wirkte schreckhaft wie ein Tier in der Falle. Sie wollte kein Porzellan zerschlagen. Der behandelnde Arzt hatte dem Gespräch zugestimmt. »Reden ist immer gut«, hatte er gesagt, »aber regen Sie sie nicht auf.«

Charlotte fragte sich zwar, wie das unter diesen Umständen möglich sein sollte, war aber gewillt, ihr Bestes zu geben.

»Ja, es geht um Jan Bergheim. Er war gestern Abend bei dir, nicht wahr? Ich darf doch ›du‹ sagen?«

Nasrin nickte. »Ja, er war nur kurz hier, weil er noch lernen musste.«

Charlottes Herz zog sich bei diesem Satz zusammen. »Weil er noch lernen musste.« Hoffentlich war das alles nicht umsonst gewesen. Das Lernen, das Wachsen und überhaupt.

»Kannst du mir sagen, worüber ihr gesprochen habt?«

»Warum ... fragt ihr denn nicht Jan selbst?« Nasrin sprach sehr gut Deutsch mit leichtem arabischen Akzent.

»Wir können ihn nicht finden.« Charlotte wusste nicht, wie sie diese Wahrheit schonender ausdrücken sollte.

Nasrin schaute misstrauisch von Charlotte zu Amelie. »Wieso nicht?«

»Es könnte sein, dass er ... etwas herausgefunden hat, das mit deiner ... Entführung zu tun hat.«

Nasrin schluckte. »Aber ... ich hatte ihm doch gesagt, dass ich darüber nicht reden will.«

»Hat er denn etwas dazu gesagt?«, fragte Charlotte.

»Ja, er hat mir ein Foto von irgendeinem Typen auf seinem Handy gezeigt und wollte wissen, ob ich mich an ihn erinnern kann. Aber ich kann es nicht. Das hab ich doch schon allen gesagt.« Sie fing an zu weinen.

»Ja, das verstehe ich.« Charlotte nahm die Hand des Mädchens und streichelte sie. »Kannst du mir den Mann auf dem Foto, das Jan dir gezeigt hat, beschreiben? Wie hat er ausgesehen?«

»Ich hab nicht so genau hingeguckt.« Nasrin schniefte. »Er hatte so eine Kappe mit Schirm auf. An das Gesicht kann ich mich nicht erinnern.«

»Und Jan hat vermutet, dass der Mann etwas mit ... deiner Entführung zu tun haben könnte?«

»Ich glaube schon.«

Jan war also tatsächlich jemandem auf der Spur gewesen. Und der hatte ihn aus dem Verkehr gezogen. Charlotte fühlte sich plötzlich krank, ihr wurde schwindelig, in ihrem Kopf rauschte es. Nein, das durfte nicht sein. Das würde ihr Leben aus den Fugen heben. Ihres und das von Rüdiger sowieso. Das konnte ... das durfte nicht sein!

Nasrin betrachtete Charlotte ruhig, schien zu spüren, wie es ihr ging.

»Es tut mir leid, ich hätte genauer hinsehen müssen. Ist ... ist es denn sicher, dass Jan ...?«

»Wir nehmen es an.«

Sie verabschiedeten sich. Amelie versprach, am nächsten Tag wiederzukommen, und Charlotte würde sie beide auf dem Laufenden halten. Dann verließen sie das Zimmer. Was sollte sie Rüdiger sagen?

Sie brachten Amelie nach Haus, wussten dann nicht, wohin, und beschlossen, zur Direktion zu fahren. Es war egal, wo sie auf Nachricht warteten, aber irgendwie fühlten sie sich dort im Moment am besten aufgehoben.

Rüdiger ging in sein Büro, um systematisch Jans Bekanntenkreis abzutelefonieren. Charlotte wusste nicht, wohin mit sich. Es war kurz vor sieben Uhr, und sie beschloss, ihre Anrufe abzuarbeiten. Einer war von Dr. Schneider, die ihr mitteilte, dass sich der Zustand von Dr. Wedel stabilisiert habe, man aber noch nicht mit ihm reden könne.

Schliemann hatte gemeldet, dass es nichts zu melden gab. Im »Courtyard« konnte sich niemand an die Gesichter von Kolbe oder Sporck erinnern, in der »Nordkurve« hingegen sei Sporck Stammgast, Kolbe kenne allerdings niemand. Er klappere die Kneipen im weiteren Umkreis ab und melde sich wieder.

Dann kam eine Meldung von Kramer. Er habe bezüglich der Wohnung von Franziska Gerber einen Verdacht. Charlotte möge ihn doch bitte anrufen.

Sie ging sofort zu Kramers Büro. Er war noch da, ebenso wie Bremer. Beide waren in ihre Arbeit vertieft. Bremer studierte einen Ordner, und Kramer hatte eine Kiste mit CDs, Büchern und DVDs vor sich. Bremer guckte sie über den Rand seiner Brille hinweg mitfühlend an.

»Gibt's was Neues?«

Charlotte würgte ein »Nein« heraus und wandte sich dann an Kramer, der nicht weniger sorgenvoll guckte, was Charlotte im Moment nicht wirklich guttat. Sie hätte optimistisches, konstruktives Lächeln vorgezogen.

»Was ist mit der Wohnung von Franziska Gerber?«, fragte sie unwirsch.

Kramer stieß sich in seinem Stuhl vom Schreibtisch weg und stand auf.

»Also, wir haben alles genau unter die Lupe genommen, und ich werde das Gefühl nicht los, dass jemand in der Wohnung etwas gesucht haben muss. Es war zwar ziemlich aufgeräumt, aber die Bücher und CDs scheinen aus den Regalen genommen und recht nachlässig wieder eingeordnet worden zu sein. Und das vor nicht langer Zeit, höchstens ein paar Tagen. Außerdem waren einige Schubladen ihres Schreibtisches ziemlich durchwühlt, und ihr Kleiderschrank machte ebenfalls den Eindruck, als hätte jemand darin herumgefuhrwerkt.«

»Könnte es ein Einbruch gewesen sein?«

»Wäre möglich. Es ist aber keiner angezeigt worden, hab ich schon überprüft.«

Charlotte, die bisher im Türrahmen gestanden hatte, trat nun ein, ließ die Tür aber offen, damit ihr nur ja keine Neuigkeit entging. Sie stützte sich auf dem Schreibtisch ab, fühlte sich plötzlich erschöpft.

»Ist alles in Ordnung?«, fragte Bremer. Die beiden Männer sahen sich an. »Wo ist Rüdiger eigentlich?«

»Er telefoniert Jans Bekanntenkreis ab«, antwortete Charlotte leise.

Alle schwiegen. Was sollten sie auch sagen?

»Zurück zu Franziska Gerbers Wohnung«, sagte Charlotte dann gepresst. »Das deutet alles auf einen Einbruch hin, und wenn sie ihn nicht gemeldet hat, dann ist daran irgendwas faul. Habt ihr Fingerabdrücke identifiziert?«

»Nein, nur ihre eigenen.«

»Also hat der Täter Handschuhe benutzt.« Charlotte überlegte einen Moment. »Die Nachbarin des Opfers, diese Frau Hagenau, hat ausgesagt, dass Gerber kurz vor ihrem Tod bei ihr geklingelt hat und wissen wollte, ob jemand nach ihr gefragt habe. Vielleicht hat das etwas damit zu tun. Sie hätte dabei ziemlich besorgt ausgesehen.«

»Das würde heißen, dass sie Angst hatte. Offensichtlich hat der Einbrecher, wenn wir mal davon ausgehen, dass es einer war, etwas Bestimmtes gesucht. Die Frage ist, ob er's gefunden hat.«

Irgendwo klingelte ein Telefon. Alle lauschten einen Moment.

Es wurde abgenommen. Sie warteten eine Weile, aber nichts geschah. Weiter im Text, sagte sich Charlotte, der das Herz fast aus dem Hals sprang. Sie zwang sich zur Ruhe.

»Also, seid ihr auf etwas Verdächtiges gestoßen?«

»Allerdings«, sagte Bremer und hielt ihr mit seiner behandschuhten Hand ein Blatt Papier hin. »Wenn er das gesucht hat, dann hat er's nicht gefunden.«

»Was ist das?«

»Das ist die Kopie eines Buchungsbeleges vom Februar dieses Jahres in Höhe von achttausendvierhundertdreiunddreißig Euro vom Konto der Agentur Salzmann & Sporck auf das Konto einer Sigrun Schade, Steuerberaterin in Hannover-Kirchrode. Nur dass es in Hannover-Kirchrode kein Steuerbüro dieses Namens mehr gibt. Frau Sigrun Schade ist zwar Steuerberaterin, übt diesen Beruf aber nicht mehr aus. Sie ist nämlich stolze zweiundneunzig Jahre alt und lebt in einem Pflegeheim in Vahrenwald.«

»Lasst mich raten, hinter Sigrun Schade verbirgt sich der Buchhalter von Salzmann & Sporck.«

»So isses. Er hat eine Vollmacht über das Konto. Die gute Sigrun ist nämlich seine Großtante.«

Charlotte verschränkte die Arme. »Das ist interessant. Wie kommt dieser Ausdruck in Gerbers Wohnung? Wo hast du ihn gefunden?«

»In ihren Ordnern, zusammen mit ihren eigenen Papieren. Cleveres Versteck. Könnte natürlich auch durch Zufall zwischen ihre Papiere geraten sein.«

»Warum sollte sie es dann abheften und aufheben? Nein«, Charlotte wandte sich langsam zur Tür, »sie hat diesen Ausdruck aus einem ganz bestimmten Grund aufgehoben. Und was liegt da näher als Erpressung? Ich möchte, dass ihr beiden euch diesen Typen vorknöpft.«

»Wie? Jetzt sofort?« Leo Kramer hatte offensichtlich noch andere Pläne für den Abend.

»Natürlich, und lasst euch nicht abwimmeln. Ich hab gleich gesagt, dass mit dem Kerl was nicht stimmt.«

Charlotte ging zu Rüdiger ins Büro. Er saß da, die Ellbogen auf dem Schreibtisch, die Stirn auf die gefalteten Hände gestützt. Als sie eintrat, hob er langsam den Kopf. »Ich fürchte, ich muss seine Mutter anrufen. Was soll ich ihr bloß sagen?«

»Kannst du nicht noch wenigstens diese Nacht abwarten, vielleicht finden wir ihn, und dann hast du sie ganz umsonst aufgeregt.«

»Glaubst du das?«

Die Frage klang, als hätte er bereits resigniert. Das war mehr, als Charlotte ertragen konnte. Wenn dieser Mann, die Quelle ihrer Kraft und ihrer Lebensfreude, jetzt aufgegeben hatte, woran sollte sie dann noch glauben?

»Rüdiger«, sagte sie schroff. »Es ist sinnvoller zu hoffen. Das fördert die Kreativität. Wenn du alles verloren gibst, dann könnten wir die Suche theoretisch ja einstellen.«

Er lächelte doch tatsächlich, wenn auch die Augen starr blieben. »Du weißt doch, wie es ist. Oder muss ich dir das wirklich erklären?«

Natürlich wusste Charlotte, was er meinte, aber sie wollte nicht darüber nachdenken. Was half es, sich den Worst Case auszumalen, wenn man nicht wusste, ob er wirklich eintreten würde. Auch wenn die Wahrscheinlichkeit nicht gerade gering war.

»Mach dir nichts vor. Wer immer ihn hat, warum sollte er ihn am Leben lassen? Du weißt so gut wie ich, dass solche Typen keine Gefangenen machen, um es mal militärisch auszudrücken.«

Es klopfte. Gesine Meyer-Bast stand in der offenen Tür. »Gibt es Neuigkeiten?«

Charlotte fragte sich, ob die Chefin wirklich so emotionslos mit der Sache umging, wie es den Anschein hatte. Aber sie hatte keine Kinder, wahrscheinlich hatte sie keine Ahnung, was Rüdiger gerade durchmachte.

»Nein.« Rüdiger stand auf. »Ich muss ihn suchen.«

»Es gibt keinen Ort im Umfeld Ihres Sohnes, den unsere Leute nicht bereits absuchen. Wir sind ständig in Kontakt mit den entführten Frauen, falls bei einer von ihnen die Erinnerung zurückkehrt. Gehen Sie nach Hause, vielleicht wird er dort auftauchen oder versuchen, Sie dort zu erreichen. Wir halten Sie auf dem Laufenden.«

»Gibt es denn noch keine Hinweise zu dem Phantombild?«, wollte Charlotte wissen.

»Doch, wir haben ein paar Zeugen, die die Frau erkannt haben wollen, wir gehen jedem Hinweis nach.«

Rüdiger stand immer noch vor seinem Schreibtisch. Er wollte seinen Sohn suchen, aber er wusste nicht, wo.

Meyer-Bast trat auf ihn zu. »Glauben Sie mir, ich weiß, was Sie durchmachen, wir werden ihn finden.«

»Ja, fragt sich nur ...« Rüdiger vollendete den Satz nicht.

Sie konnten nicht heimgehen. Heimgehen wäre zu normal gewesen. Heimgehen war Ordnung, Alltag, so als wäre das Leben noch so, wie es vor wenigen Stunden gewesen war. Und das stimmte nicht, nichts war mehr in Ordnung. Charlotte war sich nicht im Klaren darüber gewesen, wie sehr sie an dem Jungen hing. Dabei lebte er erst seit seinem vierzehnten Lebensjahr bei ihr.

Wenn sie an all die Jahre dachte, die sie mit Jan verbracht hatten, die wenigen gemeinsamen Urlaube am Strand auf irgendeiner südlichen Insel. Mallorca, wo Rüdiger und sie vier verregnete Tage einer Woche im Hotel verschliefen, während Jan sich mit den anderen Jugendlichen, dem Regen zum Trotz, auf Strandpartys und mit sonstigen dubiosen Unternehmungen die Zeit vertrieben hatte.

Und Weihnachten. Damals hatte Jan seine Vorliebe fürs Backen entdeckt und die Küche regelmäßig in einen postapokalyptischen Zustand versetzt. Er kaufte ganze Einkaufswagenladungen voller Krokant, Orangeat, Zitronat – bei dem Charlotte schon schlecht wurde, wenn sie nur den Namen hörte –, Schokostreusel, Marzipan, Mandeln, Nüsse, bunter Zuckerstreusel, Kuvertüre und was das Sortiment an Backzutaten sonst noch zu bieten hatte.

Dann, vorzugsweise an einem der Adventssamstage, wenn Rüdiger und Charlotte sich eines ihrer seltenen Faulenzerwochenenden vorgenommen hatten, stellte Jan Kerzen auf, nahm seinen Computer, ging auf YouTube und ließ alle Weihnachtslieder von Wham! bis Bing Crosby abspielen, konfiszierte den großen Küchentisch, knetete Teig, hantierte mit der Küchenmaschine und dem Nudelholz, stach Weihnachtssterne und Engel aus und verwandelte die Küche in ein Schlachtfeld.

Und Charlotte konnte nicht anders, sie musste dem armen Jungen helfen, wenn er in all seinen Backplänen unterzugehen drohte, obwohl sie Backen hasste. Und Plätzchenbacken zu Weihnachten erst recht. Am Ende solcher Backorgien hatten sie Kekse ohne Ende. Vanillekipferl, Spritzgebäck, Spritzgebäck mit Schokolade, Schokoladen-Weihnachtssterne mit Chili, die bei den Besuchern wildes Grimassieren verursachten, Butterplätzchen mit Zuckerstreuseln und Krokant, Zimtsterne und Kokosmakronen. Das Krümelmonster hätte seine reine Freude gehabt.

Charlotte bemerkte es nicht, aber ihr liefen die Tränen, wenn sie an diese Tage dachte. Sie und Rüdiger liefen durch die Stadt: List, Nordstadt, Steintor, »Faust«, »Bierbörse«, »Baggi«, »Glocksee«, »Chez Heinz«. Zeigten überall Jans Foto herum, trafen auf die Kollegen von der KFI, die das Gleiche taten. Dann saßen sie auf den Treppen der Uni und warteten. Auf irgendetwas, vielleicht ein Zeichen, das sie befreien würde von dieser Ungewissheit. Sie standen am Maschsee, starrten auf die Wasserfläche und machten sich dann auf, wollten nicht weiterdenken.

Gegen vier Uhr morgens nahmen sie ein Taxi in die Gretchenstraße, wo sie erschöpft auf das Wohnzimmersofa sanken. An Schlafen war nicht zu denken. Andrea kochte ihnen Hopfentee und versuchte, ihnen Hühnersuppe aufzudrängen. Hühnersuppe, das half immer.

Andrea gab ihr Bestes. Aber niemand wollte ihr Bestes. Sie alle wollten Jan.

FÜNF

Es war halb sechs, als das Telefon klingelte. Charlotte krümmte sich unwillkürlich zusammen. Sie und Rüdiger saßen immer noch eng umschlungen auf dem Sofa, waren in einen unruhigen Schlaf gesunken. Rüdiger sprang sofort auf, warf den Tisch um, auf dem das Telefon griffbereit gelegen hatte, und sammelte es fluchend vom Boden auf.

»Ja!«, rief er in den Hörer.

Charlotte hielt sich unwillkürlich die Ohren zu, ließ Rüdiger aber nicht aus den Augen. Das würde ihr Gelegenheit geben, die Wahrheit, wenn sie denn schrecklich war, sukzessive zu verdauen. Gesten ließen oft noch Raum für Interpretationen. Worte waren in solchen Situationen schonungslos, ließen keinen Kompromiss zu. Entweder Jan lebte oder nicht. Sie schloss für ein paar Sekunden auch die Augen, konnte … wollte der Wahrheit nicht ins Gesicht sehen und schämte sich dafür, dass sie Rüdiger in diesem Moment alleinließ mit seiner Angst.

Andrea erschien in der Tür, den Kragen ihres Morgenmantels hatte sie bis unters Kinn gezogen. Aber Rüdigers Gesicht verriet rein gar nichts. Er lauschte in den Hörer und schwieg. Charlotte stand auf, stellte sich neben ihn.

»Danke, ich komme sofort«, sagte er, warf den Hörer auf das Sofa und suchte auf dem Fußboden nach dem Autoschlüssel, der ebenfalls auf dem Tisch gelegen hatte.

»Was ist denn?«, fragte Charlotte angstvoll. Andrea stand immer noch regungslos in der Tür.

»Sie haben ihn gefunden«, sagte Rüdiger bereits im Weggehen.

»Lebt er?«, rief Charlotte.

»Ja, er lebt, aber er ist schwer verletzt. Sie bringen ihn in die MHH.« Er rannte ins Treppenhaus.

»Warte gefälligst!«, schrie Charlotte und stürmte hinter ihm her.

Glücklicherweise war um diese Zeit wenig Verkehr, sodass sie trotz Rüdigers rücksichtsloser Fahrweise unfallfrei in der MHH ankamen. Jan befand sich bereits im OP. Die Streifenwagenbesatzung, die ihn gefunden hatte, ein älterer Polizeioberkommissar mit einer jungen Kommissarin, wartete vor dem OP. Die Sanitäter des Rettungswagens waren bereits zum nächsten Einsatz unterwegs.

Rüdiger fiel den beiden Kollegen um den Hals, was dem Mann sichtlich peinlich war, der Polizistin nicht. Sie rieb sich ergriffen eine Träne aus dem Auge. Charlotte hielt sich zurück, gab beiden die Hand. Rüdiger hielt nach einem Arzt Ausschau, und einen Augenblick später betrat eine Frau im weißen Kittel den Warteraum und ging mit ernstem Gesicht auf Rüdiger zu.

»Borghoff mein Name«, sagte sie. »Ich nehme an, Sie sind der Vater?«

»Ja«, sagte Rüdiger leise. »Wie geht es ihm?«

»Ihr Sohn hat ziemlich was abbekommen. Man fragt sich, mit wem er sich angelegt hat. Er war unterkühlt, was wahrscheinlich ein Glück war, denn er hat innere Blutungen. Möglicherweise hat er einen Milzriss und ein paar gebrochene Rippen und auf jeden Fall eine schwere Gehirnerschütterung. Eine Wunde am Hinterkopf muss genäht werden. Nach meiner Einschätzung ist er übel zusammengeschlagen und dann einfach sich selbst überlassen worden. Ein Wunder, dass er überlebt hat.«

Charlotte suchte nach einem Stuhl. Sie fühlte sich plötzlich, als hätte jemand alle Kraft aus ihr herausgesaugt. Rüdiger stand immer noch am selben Fleck und rieb sich mit Daumen und Zeigefinger über die Augen.

Die Ärztin klopfte ihm begütigend auf die Schulter. »Sie können hier warten; wenn Sie noch Fragen haben ... ich bin gleich nebenan.«

Eine Weile blieb alles still. Die beiden Polizisten traten hilflos von einem Fuß auf den anderen und wussten offensichtlich nicht so recht, ob sie noch gebraucht wurden. Charlotte fing sich als Erste. Sie stand auf und ging auf den älteren Polizisten zu, der sich als Wolfgang Ahrens vorstellte.

»Wo haben Sie ihn gefunden?«

»Er lag an der Auestraße, neben einem kleinen Waldstück an der Ihme. Wir gehen davon aus, dass ihn jemand in der Nacht aus dem Auto geworfen hat. Die Spurensicherung ist schon vor Ort, und meine Kollegin hier ...«, er wies mit dem Kopf auf die junge Frau neben ihm, »... hat sich dort auch schon umgesehen, aber

nichts gefunden, was auf einen Kampf hindeuten würde. Deswegen nehmen wir an, dass er nicht dort ... zusammengeschlagen wurde.«
»Was glauben Sie, wie lange er dort gelegen hat? Und wie haben Sie ihn überhaupt gefunden? Es war doch dunkel, oder?« Rüdiger war hinzugetreten. Er war grau im Gesicht.
»Also, wie lange er dort gelegen hat, das wissen wir nicht. Wir haben ihn gesehen, weil eine Lederjacke am Straßenrand lag, die hat man ihm wohl hinterhergeworfen. Jedenfalls haben wir mal nachgeschaut und ... dann gleich die Rettung gerufen.«
»Hat mein Sohn irgendwas sagen können? War er ansprechbar?«
»Nein, tut mir leid, er war völlig weggetreten. Ist auch kein Wunder bei den ... ich meine ...« Offensichtlich traute sich der Beamte nicht, weiterzusprechen, und drehte verlegen seine Mütze in den Händen. »Wir hoffen, dass alles gut geht, und ... wär nett, wenn Sie uns auf dem Laufenden halten würden.«
Die Polizistin hatte Rüdiger die ganze Zeit unverwandt angesehen. Irgendwie fand Charlotte das beunruhigend. Womöglich hatten ihnen die beiden noch nicht alles gesagt.
Rüdiger ignorierte die dargebotene Hand, legte jedem einen Arm um den Hals und zog beide an sich.
»Sie haben meinem Sohn wahrscheinlich das Leben gerettet. Ich werde Ihnen das nie vergessen.«

Sie warteten noch über zwei Stunden. Dann endlich öffneten sich die Türen, und eine Phalanx von Ärzten und OP-Schwestern und was sonst noch alles zu einem OP-Team gehörte, betrat den Warteraum. Rüdiger und Charlotte sprangen auf. Der älteste aus der Gruppe ging mit einem strahlenden Lächeln auf Rüdiger zu. Charlotte unterdrückte ein aufsteigendes hysterisches Kichern.
»Sie sind der Vater, dieser Polizist, nicht wahr?« Und ohne auf eine Antwort zu warten, fuhr er fort. »Ihr Sohn wird's schaffen. Hat allerdings ganz schön was abgekriegt. Wenn alles gut geht, wird er keine bleibenden Schäden davontragen.«
»Was ist mit ihm passiert?«, fragte Rüdiger.
»Nun, er hat einen Schlag auf den Kopf erhalten, mit einem harten Gegenstand, und dann wurde er systematisch zusammengeschlagen, wenn Sie mich fragen. Und jemand hat mit schwerem Schuhwerk auf ihn eingetreten; die Art der Hämatome spricht

dafür, daher der Milzriss und die gebrochenen Rippen.« Der Chirurg klopfte Rüdiger auf die Schulter. »Aber ich denke, das heilt alles wieder. Am besten, Sie gehen jetzt zu Ihrem Jungen auf die Intensivstation. Er ist zwar noch bewusstlos, aber er wird sich bestimmt freuen, Sie zu sehen, wenn er aufwacht.«

Charlotte beschlich ein mulmiges Gefühl, als sie, von einer Schwester mit grünen Kitteln und Plastiküberschuhen versorgt, an mehreren Räumen mit belegten Intensivbetten vorbeigeführt wurden.

Zuerst war Charlotte sich nicht sicher, ob das tatsächlich ihr Stiefsohn war, der dort auf den weißen Laken lag, bewacht von einer nervös blinkenden Apparatemedizin. Er sah furchtbar aus. Seine Lider waren blau angelaufen und so geschwollen, dass die Augen kaum zu sehen waren. Die eine Seite seines Schädels war rasiert, und ein Verband war um die Stirn gewickelt. Die Lippen waren aufgesprungen, und die Nase war tamponiert. Charlotte schnappte nach Luft und ergriff Rüdigers Arm. Der stand wie gebannt und starrte fassungslos auf das rot-blau verquollene Gesicht seines Sohnes.

»Es sieht schlimm aus, ich weiß«, sagte die Schwester, die an der Bettseite Posten bezogen hatte, »aber das heilt wieder.«

Niemand antwortete ihr. »Wenn Sie Hilfe brauchen, dann klingeln Sie. Er wird noch eine Weile schlafen.« Die Schwester ließ sie allein, damit sie den Schock verdauen konnten.

Charlotte ergriff vorsichtig Jans verbundene Hand und führte sie an ihre Wange.

»Diese Schweine«, hörte sie Rüdiger flüstern. »Ich bringe sie um, das schwöre ich.«

Charlotte schloss die Augen. Sie hatte Angst, denn Rüdiger würde Ernst machen, so viel stand fest. Sie musste diesen Schläger finden, bevor er es tat, und das bedeutete, sie brauchte Verbündete.

Gegen halb elf wachte Charlotte auf. Sie saß am Bettrand ihres Stiefsohnes und war eingeschlafen. Ihr gegenüber saß Rüdiger. Hohläugig und bleich betrachtete er Jan, der friedlich schlief und regelmäßig atmete. Zumindest fand Charlotte, dass die Kurve auf dem Monitor nicht besorgniserregend aussah und dass das Piepen in gleichmäßigen Abständen ertönte.

Sie rieb sich über die Augen. »Wie geht's ihm?«

»Die Schwester sagt, sieht gut aus.« Rüdiger lachte hart. »Sieht gut aus! So ein Bullshit!«

Charlotte streckte sich und stand auf. Ihr Rücken tat weh und der Nacken auch. Aber sie fühlte sich trotzdem gut. Jan sah zwar schlimm aus, aber er würde es schaffen. Charlotte war immer etwas misstrauisch, was die Aussagen von Ärzten anging, aber manche Dinge glaubte sie, einfach weil sie sie glauben wollte.

»Lydia ist unterwegs«, sagte Rüdiger. »Sie wird mir die Schuld geben. Mir und meinem Beruf. Sie hat immer mir und meinem Beruf die Schuld gegeben. Und soll ich dir was sagen? Sie hat recht. Ich hätte ihn zurückhalten müssen.«

»Das ist Unsinn, und das weißt du.« Die beiden sprachen leise über Jans Bett hinweg. Charlotte hatte wieder seine Hand genommen. »Jan hat immer getan, was er für richtig hielt. Du hättest das nicht verhindern können.«

Rüdiger betrachtete liebevoll seinen Sohn. »Ich glaube, er mag sie wirklich, weißt du?«

»Was meinst du?«

Rüdiger sprach so leise, dass Charlotte mehr an seinen Lippen ablas, was er sagte, als dass sie ihn verstand. »Er ist verliebt, in Nasrin.«

»Oje«, sagte Charlotte. Verliebt sein war die eine Sache, aber verliebt sein in ein Mädchen aus einem gänzlich anderen Kulturkreis, das war ungleich komplizierter. Man konnte nur hoffen, dass allen Beteiligten das Wohlergehen der jungen Menschen am wichtigsten war und nicht das starre Festhalten an Konventionen.

Ihr Blick fiel auf Jans Gesicht, und es versetzte ihr einen Stich. Wie lange würde es wohl dauern, bis er wieder so aussehen würde wie früher? Wenn das überhaupt möglich war. Wenn sie ihn ansah, war es kaum vorstellbar. Und wie stand das Mädchen zu Jan? Als sie mit ihr gesprochen hatte, hatte Charlotte nicht den Eindruck gehabt, sie sei übermäßig besorgt. Vielleicht war das Ganze auch eine einseitige Geschichte, und das würde es nicht einfacher machen. Oder doch?

Charlotte seufzte. Sie sehnte sich nach einer heißen Dusche und einem Kaffee, aber sie wollte Rüdiger nicht allein lassen. Vor allem wollte sie nicht, dass Jan Dinge erzählte, mit denen sein

Vater im Moment nicht umgehen konnte. Falls Jan sich erinnerte und wichtige Hinweise geben konnte, dann musste sie das wissen und verhindern, dass Rüdiger eine Dummheit machte, die ihn möglicherweise nicht nur den Job kosten würde, sondern ... Aber sie würde das verhindern, auch wenn das hieß, dass sie hier festsaß, bis Jan aufwachte.

Ein Pfleger betrat den Raum.

»Guten Morgen, ich übernehme hier die Tagesschicht«, sagte er so laut und so fröhlich, dass Charlotte erschrak. Der Mann war entschieden zu gut gelaunt für diesen Job. »Wen haben wir denn hier? Du meine Güte, das sieht ja ziemlich schlimm aus, aber nichts Lebensbedrohliches, hab ich mir sagen lassen. Er wird wieder.«

Der Pfleger kontrollierte die Monitore. »Ich glaube, der junge Mann kann jetzt in den Aufwachraum. Wie wär's, wenn Sie eine kleine Pause einlegen, bis wir den Patienten umgebettet haben? Gehen Sie in die Cafeteria und essen Sie einen Happen. Sie sehen aus, als könnten Sie's vertragen.«

Rüdiger stierte den Pfleger an. »Ich gehe nirgendwohin«, zischte er. »Wenn er aufwacht, muss ich hier sein.«

Der Pfleger legte ihm die Hand auf die Schulter und sah ihn an, als wäre er ein Grundschulkind, dem man eine schwierige Mathematikaufgabe erklären müsste.

»Im Moment können Sie gar nichts tun, der Arzt wird gleich kommen und Sie sowieso rauswerfen. Gehen Sie was essen und kommen Sie in einer Stunde auf die Station, dann ist er vielleicht ansprechbar.«

Rüdiger zögerte, aber Charlotte nahm seinen Arm.

»Komm, du siehst aus, als würdest du jeden Moment den Löffel abgeben. Wenn Jan dich so sieht, regt er sich nur auf.«

Sie gingen hinunter und besorgten sich in einem der Cafés im Eingangsbereich Kaffee und Croissants. Nach einer Dreiviertelstunde standen sie wieder an Jans Bett. Der Junge war aufgewacht und blickte verwirrt umher.

»Was ist passiert?«, fragte Rüdiger sanft. »Wer war das? Kannst du dich erinnern?«

Zu viele Fragen. Jan schloss die Augen wieder.

»Bedräng ihn nicht so«, mahnte Charlotte, die aber genauso ungeduldig war wie Rüdiger.

In diesem Moment ging die Tür auf, und eine Frau in Jeans und roter Outdoorjacke betrat den Raum. Ihr schulterlanges weizenblondes Haar glänzte mit ihren dunklen Augen um die Wette.

Lydia, Jans Mutter, war angekommen.

»Wie geht's ihm?« Sie nickte Rüdiger und Charlotte kurz zu und trat an das Bett ihres Sohnes. »Oh Gott«, hauchte sie, warf ihre schwarze Handtasche auf den Boden, schob Charlotte zur Seite und nahm Jans Hand. Der Junge lächelte schwach. »Mein Junge, was haben Sie mit dir gemacht?« Sie sah Rüdiger an, der ihr gegenüber an der anderen Seite des Bettes stand. »Wie konnte das passieren?«

Rüdiger antwortete nicht. Das war keine Frage gewesen, sondern ein Vorwurf.

Charlotte fühlte sich fehl am Platze. Lydia beugte sich über ihren Sohn und streichelte sanft seine Wange.

»Kannst du reden?« Jan öffnete die geschwollenen Lippen und brachte ein krächzendes Lallen hervor.

Rüdiger hakte sofort nach. »Jan, wer war das? Kannst du ihn beschreiben?«

Jan schüttelte kaum merklich den Kopf.

»Waren es mehrere?«

Lallen und Kopfschütteln.

»Du weißt es nicht?«

Vorsichtiges Nicken.

»Waren sie maskiert?«, fragte Rüdiger.

Wieder Nicken, dann schmerzhaftes Stirnrunzeln.

»Lass ihn in Ruhe, du siehst doch, dass er dir nichts sagen kann.«

Charlotte musste Lydia zustimmen und war erleichtert, wenn auch mit schlechtem Gewissen. Sie beschloss, nach Hause zu fahren, sich eine ausgiebige Dusche zu genehmigen und dann zur Direktion zu fahren. Sie verabschiedete sich von Jan und versprach, am Nachmittag wiederzukommen. Der Junge schloss erschöpft die Augen. Wahrscheinlich wollte er nur in Ruhe gelassen werden.

Als sie auf den Flur trat, änderte sie ihre Meinung. Bevor sie nach Hause fuhr, würde sie Dr. Wedel besuchen. Sie ging zur Information, erfuhr die Zimmernummer ihres ehemaligen Rechtsmediziners und machte sich auf den Weg zum Fahrstuhl.

Dr. Wedel hatte den Luxus eines Einzelzimmers und saß in seinem Bett wie ein absoluter Herrscher auf seinem Thron. Ein sehr blasser Herrscher, der bestimmt nicht auf der Höhe seiner Kraft war, aber er schien glücklich, im Hier und Jetzt am Leben zu sein. Als er Charlotte erblickte, hob er die Hand und winkte sie heran.

»Ich hatte schon befürchtet, Sie hätten mich vergessen.« Er sprach sehr leise, sodass Charlotte Angst hatte, ihn zu überfordern.

Sie drückte seine Hand und setzte sich auf den verwaisten Stuhl, der neben seinem Bett stand.

»Meine Frau ist für ein paar Stunden nach Hause gefahren, damit ich mich ausruhen kann.« Er kicherte. »Meine Güte, wenn ich mich noch lange ausruhen soll, sterbe ich hier an Langeweile.« Er strahlte Charlotte an. »Ich bin echt froh, dass Sie da sind.«

»Ich freue mich auch, es scheint Ihnen besser zu gehen.«

»Aber ja, ich könnte Bäume ausreißen, sieht man das nicht?«

»Nein.«

»Ach, Sie waren schon immer ein kleiner Teufel.« Das klang ein bisschen wehmütig. Er streckte sich ein wenig. »Erzählen Sie, wie kommen Sie klar? Vertragen Sie sich mit dem Schneiderlein?«

»Weiß Dr. Schneider eigentlich, wie Sie über sie sprechen?«

»Natürlich nicht, das würde sie mir nie verzeihen. Und mir ist ... war ein gutes Verhältnis mit meinen Mitarbeitern immer wichtig, wie Sie wissen. Übrigens, wie geht es Ihnen? Sie sehen nicht besonders frisch aus.«

»Müssen Sie gerade sagen«, erwiderte Charlotte, die es für ratsam hielt, die Sache mit Jan für sich zu behalten. Womöglich würde Dr. Wedel sich aufregen, und das war das Letzte, was sie wollte. Allerdings musste sie ihn irgendwie auf die Leiche von Franziska Gerber ansprechen, hatte aber Skrupel, den kranken Mann damit zu behelligen.

»Wissen Sie«, begann er unvermittelt, »es ist gut, dass Sie gekommen sind. Ich wollte Sie anrufen, aber meine Frau hat es verboten. Sie meint, ich hätte mich schon genug aufgeregt, dabei macht es mich viel nervöser, wenn ich mich *nicht* mit Ihnen unterhalten kann.«

»Dann erzählen Sie mir was, wenn es Sie beruhigt.«

»Ist die Leiche schon freigegeben worden?«

»Nein, sie ist noch in der Rechtsmedizin.«

»Das ist gut, ich weiß nicht, ob das Schneiderlein mich richtig verstanden hatte, und bisher habe ich noch nicht mit ihr gesprochen ... meine Frau, Sie verstehen?«

Ja, Charlotte verstand nur zu gut. Sie sollte sich möglichst schnell aus dem Staub machen; wenn Renate Wedel sie hier erwischen würde, dann blühte ihr was.

»Also, Sie gehen am besten gleich in die Rechtsmedizin und schauen sich die Leiche noch mal gemeinsam genau an. Und zwar habe ich hinten am Hals, direkt am Haaransatz – dort, wo der Schädel nicht beschädigt war –, zwei schwache rötliche Punkte gefunden. Man muss schon genau hinschauen. Sie sind kaum zu sehen.«

»Aha, und was hat es mit diesen Punkten auf sich?«

»Nun, es kann sein, dass ich mich irre, aber aufgrund ihrer Anordnung könnten sie von einem Taser stammen.«

»Einem Elektroschockgerät?« Charlotte hob erstaunt die Brauen. »Und Sie meinen, diese Rötungen sind ihr kurz vor ihrem Tod zugefügt worden? Es kann doch sein, dass sie schon älter sind.«

»Möglich, ich tippe aber darauf, dass sie relativ frisch sind. Elektroschocks hinterlassen meist keine Spuren und lassen sich nur schwer nachweisen – was glauben Sie, warum das so ein beliebtes Folterinstrument ist?« Er grinste hinterhältig, und Charlotte hatte den Eindruck, dass er schon wieder ganz der Alte war. Es machte ihm schon wieder Spaß, sie zu ärgern.

»Das würde bedeuten, dass sie sich nicht wehren konnte, als sie über die Brüstung geschoben wurde.«

»Genau, diese Dinger verursachen sekundenlange Krämpfe, je nachdem, wie lange sie angesetzt werden, und nach der Spurenlage vermute ich, dass es in diesem Fall mehrere Sekunden waren.«

»Das würde erklären, warum sie nicht geschrien hat.«

»Allerdings, dazu wird sie kaum in der Lage gewesen sein.«

Es klopfte, und eine Schwester brachte das Mittagessen herein und wünschte einen guten Appetit. Dr. Wedel verdrehte die Augen, bedankte sich aber brav und wartete, bis sie wieder draußen war.

»Wetten«, sagte er, »heute gibt es fettarmes Hühnchen ohne Haut mit zwei Kartöffelchen und Mohrrüben in Buttermilchsoße und zum Nachtisch fettarmen Joghurt.« Er verzog den Mund. »Heute Morgen hatte ich Knäckebrot mit Diätmargarine und Diätmarmelade, eine Scheibe fettarmen Käse und dazu koffeinfreien Kaffee.« Er beugte sich ein wenig vor und winkte Charlotte mit dem Zeigefinger zu sich heran. »Ich flehe Sie an, holen Sie mich hier raus, wenn Sie nicht wollen, dass ich verhungere.«

Charlotte stand auf, sie hatte aufrichtig Mitleid mit Dr. Wedel. »Wenn Sie wieder gesund sind, lade ich Sie zum Essen ins ›Basil‹ ein. Ist das ein Angebot?«

Wedel seufzte tief und schloss genießerisch die Augen. »Ich nehme Sie beim Wort. Und jetzt gehen Sie am besten. Wenn meine Frau Sie hier findet, kann ich für nichts garantieren.«

Charlotte verabschiedete sich lachend und machte sich auf den Weg in die Rechtsmedizin, wo Dr. Schneider sie mit einem mürrischen Zug um den Mund empfing. Sie nahm Charlottes Vorschlag, sich den Kopf von Franziska Gerber noch mal genau anzusehen, nicht gerade mit Begeisterung auf, immerhin war nicht allzu viel davon heil geblieben.

Aber sie fanden die zwei Punkte, von denen Dr. Wedel gesprochen hatte, gut versteckt unter den blonden, blutverschmierten Haaren. Es war ein Wunder, dass er sie überhaupt entdeckt hatte.

Allerdings schien Dr. Schneider das nicht zu trösten. Sie guckte noch mürrischer als sonst, als wäre Charlotte schuld daran, dass sie selbst diese Kleinigkeit übersehen hatte. Dr. Wedel würde schwer zu ersetzen sein, das hatte Charlotte immer gewusst. Immerhin blieb die Hoffnung, dass das Schneiderlein durch diesen Fauxpas ein bisschen von seinem hohen Ross herunterkam.

Charlotte ließ sich von einem Taxi in die Gretchenstraße bringen und wäre unterwegs beinahe eingeschlafen.

Andrea empfing sie bereits an der Wohnungstür. »Wie geht's Jan?«

Charlotte schlüpfte aus ihren Schuhen und ließ sie einfach liegen. »Er ist aufgewacht, aber er kann kaum reden und sieht schlimm aus. Die Ärzte sagen, er wird wieder. Wollen wir's hoffen. Könntest du Kaffee kochen? Ich bin vollkommen erledigt.«

»Natürlich, aber Hühnersuppe wäre besser für dich.«

»Die nehm ich auch.« Charlotte verschwand im Schlafzimmer. Als sie nach einer knappen halben Stunde mit ihrem orangefarbenen neuen Outfit wieder die Küche betrat, staunte Andrea nicht schlecht. Sie starrte ihre Schwester sekundenlang an, bevor sie die Sprache wiederfand.

»Wen willst du denn beeindrucken?«

»Niemanden, ich hab bloß keine sauberen Klamotten mehr im Schrank«, blaffte Charlotte und setzte sich an den Tisch. Andrea stellte ihr einen Teller Suppe hin.

Als Charlotte den Löffel nahm, hielt sie einen Moment inne, legte ihn wieder zurück und schluchzte. Das war alles zu viel. Die heiße Dusche, die neuen Klamotten und eine fürsorgliche Schwester, die ihr Hühnersuppe servierte. Die Schleusen öffneten sich. Sie sprang auf und rannte zurück ins Bad, wo sie sich die Hände wusch, ihr Haar bürstete und dann noch mal die Hände wusch, bis das Schluchzen nachließ. Sie war selbst erstaunt über die Heftigkeit ihrer Reaktion.

Es war nicht das erste Mal gewesen, dass ihrer kleinen Familie Gefahr drohte, aber das hatte immer sie oder Rüdiger betroffen. Jan war, seit er bei ihr und seinem Vater lebte, immer ein selbstverständlicher Teil ihres Lebens gewesen. Es war ihr nie in den Sinn gekommen, dass sich das einmal ändern könnte. Ihr wurde bewusst, wie zerbrechlich das Glück war. Das hatte sie vergessen, aber die vergangene Nacht würde sie immer daran erinnern.

Sie ging zurück in die Küche, wo Andrea auf sie wartete. Charlotte löffelte ihre Suppe, Andrea beobachtete sie, ohne Fragen zu stellen. Erst als sie gemeinsam Kaffee tranken, redete Charlotte.

»Ich hoffe, dass Rüdiger keine Dummheiten macht. Ich habe ihn noch nie so zornig gesehen – und ich habe ihn schon *sehr* zornig gesehen, das kannst du glauben.«

»Was meinst du mit ›Dummheiten‹?«

»Ich ...«, sie schluckte, »... ich hab Angst, dass er den, der Jan das angetan hat, zu fassen kriegt und dann ...«

»Er wird sich schon wieder beruhigen.«

»Da bin ich mir nicht so sicher ... Vielleicht werde ich deine Hilfe brauchen.«

»Wie kann ich dir da helfen?«

»Ich weiß es nicht. Ich möchte nur, dass du Bescheid weißt.« Charlotte trank ihren Kaffee aus und stand auf. »Ich muss jetzt gehen.«

Sie umarmte ihre Schwester und machte sich auf den Weg zur Direktion.

Die Sonne hatte sich vorerst verabschiedet, und es regnete in Strömen. Als sie ihren Golf über den Schiffgraben und den Friedrichswall Richtung Waterloostraße steuerte, konnten die Scheibenwischer die Wassermassen, die auf ihre Windschutzscheibe prasselten, kaum bewältigen. Es kam Charlotte so vor, als würde der Himmel die Tränen weinen, die sie selbst – und sicher auch Rüdiger – sich in den letzten vierundzwanzig Stunden versagt hatte. Es war unsinnig, aber sie fühlte sich zutiefst erleichtert über diese heftige Äußerung der Natur. Die Erde drehte sich weiter. Alles war gut.

Als sie die KFI 1 betrat, wurde sie von Maren und Petersen empfangen.

»Wie geht es ihm? Konnte er schon etwas sagen?«, fragte Maren, nachdem sie Charlotte umarmt hatte.

»Wie geht es Rüdiger?« Das war Petersen.

»Jan ist übel zusammengeschlagen worden, aber die Prognose ist gut, die Ärzte meinen, er wird wieder ganz der Alte.« Erst jetzt, als sie es so öffentlich verkündete, kam die gute Nachricht auch bei ihr richtig an. »Rüdiger ist noch im Krankenhaus, zusammen mit Jans Mutter. Eine Aussage wird er wohl nicht machen können, zumindest vorerst nicht. Alles, was wir bis jetzt aus ihm rausbekommen haben, ist, dass er nichts weiß.«

»Das muss nichts heißen, vielleicht erinnert er sich später, wenn er sich ein bisschen erholt hat.«

»Können wir ihn besuchen?« Inzwischen war Bremer dazugekommen.

»In ein paar Tagen. Was gibt's hier Neues? Seid ihr weitergekommen mit unseren Mordfällen? Habt ihr mit Nolte gesprochen?«

»Wir kommen gerade aus der Agentur. Wir haben den Mann gestern Abend zu Hause nicht erreicht und haben es dann heute Morgen in der Agentur versucht, aber dort ist er noch immer krankgemeldet und nicht aufgetaucht. Leo ist gerade bei der Chefin, damit sie uns einen Durchsuchungsbeschluss besorgt.«

»Was sagen Salzmann und Co. zu der fingierten Überweisung?«

»Tja, die waren beide ziemlich verblüfft; Schliemann sitzt mit diesem Salzmann in der Agentur und ist dabei, alles durchzuforsten, was der gute Mann bisher an Buchungen vorgenommen hat. Also, sauber ist der nicht. Ich schätze, der hat sich vom Acker gemacht.«

»Okay, Thorsten und Maren, wir drei fahren gleich zu seiner Wohnung. Ich bin kurz bei der Chefin.«

Charlotte wollte sich zurückmelden und Meyer-Bast für ihre unkomplizierte Unterstützung danken. Sie wollte gar nicht darüber nachdenken, wie viele Wenns und Abers ihr Ex-Chef Ostermann wohl aus dem Hut gezaubert hätte, nur um für einen Angehörigen der Polizei nicht alle verfügbaren Suchmaßnahmen in die Wege leiten zu müssen. Am Ende würde ihm die Presse noch vorwerfen, seine Beamten bevorzugt zu behandeln. Nun, Charlotte stellte mit Genugtuung fest, dass die neue Chefin nicht vor der Presse katzbuckelte. Sie wollte noch nicht so recht daran glauben, aber wenn das so weiterging, würden sie in der KFI wunderbaren Zeiten entgegensehen.

Gesine Meyer-Bast zeigte sich denn auch hocherfreut über die relativ guten Nachrichten aus der MHH, hatte bereits mit dem Staatsanwalt telefoniert und gab grünes Licht für die Hausdurchsuchung bei Wilfried Nolte.

Keine fünfzehn Minuten nachdem Charlotte das Büro der Kriminalrätin betreten hatte, war sie mit Maren und Bremer unterwegs zur Vahrenwalder Straße.

Wie erwartet öffnete niemand. Nachdem Bremer dreimal geklingelt hatte, bat Charlotte ihn, die Tür gewaltsam zu öffnen. Aus der Nachbarwohnung trat ein älterer Mann vor die Tür, blieb auf der Fußmatte stehen und blies eine Wolke Zigarettenrauch in den Flur.

»Was ist denn da los?«, fragte er und ließ dabei seine gelben Zähne unter einem fransigen Schnurrbart sehen.

Keiner der drei Beamten antwortete. Sie betraten die Wohnung, wobei Bremer und Maren sich die Nase zuhielten. Hier hatte sich nichts verändert.

»Herr Nolte!«, rief Charlotte, während sie durch den vollgestellten Flur stolperten. Das Wohnzimmer, das sie noch vom letzten Besuch kannten, war unverändert chaotisch.

Maren hatte einen Blick in den Raum geworfen, der wohl die

Küche sein sollte, zumindest hatte sie unter dem Haufen Müll, der teilweise bis unter die Decke gestapelt war, etwas entdeckt, das wie ein Kühlschrank aussah. Sie öffnete ihn. Er war leer, bis auf einen aufgeblähten Tetrapak Vollmilch, den sie nicht anzufassen wagte, weil er zu platzen drohte. Das Badezimmer war ähnlich vollgestellt, allerdings war die Dusche ausgespart.

»Leute, kommt mal hierher!« Charlotte hatte die dritte Tür geöffnet, die vom Flur abging und in einen Raum führte, der wohl als Schlafzimmer gedacht war.

Maren und Bremer betraten hinter ihr den Raum, und dann sahen sie ihn. Er lag auf dem Bett in seinem Blut, trug immer noch denselben Bademantel, den er schon bei ihrem ersten Besuch getragen hatte. Maren würgte. Bremer ging zum Bett und legte naserümpfend die Finger an den gelben Hals. Nolte war tot. Neben dem Bett lagen mehrere leere Schachteln Paracetamol und Valium.

»Der hat sich ja einen netten Cocktail gemixt«, sagte Bremer und betrachtete das blutige Küchenmesser, das auf dem Boden vor dem Bett lag.

Charlotte zückte ihr Handy. Sie brauchten die Spurensicherung und Dr. Schneider. Die drei zogen sich zurück, und Charlotte wollte lieber nicht darüber nachdenken, wie lange die Spusi brauchen würde, um in diesem Sauhaufen die persönlichen Papiere des Toten oder so etwas wie einen Taser zu finden.

Um vier Uhr hatten sie nach Dr. Schneiders vorläufiger Einschätzung die Information, dass Wilfried Nolte seit etwa achtundvierzig Stunden tot war und es sich mit hoher Wahrscheinlichkeit um einen Suizid handelte. Die Obduktion stand aber noch aus.

Rüdiger hatte Charlotte angerufen und berichtet, dass Lydia bis auf Weiteres bei Jan bleiben würde. Ihm ging es besser, aber er hatte keinerlei Aussage bezüglich des oder der Täter treffen können, was Charlotte ungemein beruhigte. Rüdiger war in die Wohnung gefahren, hatte sich von Andrea bewirten lassen und würde am späten Nachmittag in der KFI 1 vorbeischauen.

Charlotte hatte Bremer, Maren und Petersen in den Besprechungsraum gebeten, um das weitere Vorgehen zu diskutieren. Leo Kramer war bereits zur Vahrenwalder Straße unterwegs. Seine Mannschaft würde in den nächsten Tagen damit beschäftigt sein, den Misthaufen aus Noltes Wohnung zu sichten und einen Zusammenhang zwischen seinem Selbstmord und dem Tod von Franziska Gerber zu finden, wenn es denn einen gab. Schliemann war in der Agentur immer noch damit beschäftigt, Noltes Computer zu durchleuchten. Sporck und Salzmann, die beiden Chefs, hatten sich anfangs ein bisschen geziert, die Erlaubnis dafür zu geben, aber als Schliemann die Worte »Staatsanwalt« und »Beschlagnahmung« fallen gelassen hatte, waren sie kooperativer geworden. Meyer-Bast hatte sich mit Julius ebenfalls eingefunden. In der Hand trug sie eine Kaffeekanne. Frau Kaiser folgte mit Kaffeebechern und einem Liter fettarmer Milch, was Charlotte mit einem Stirnrunzeln zur Kenntnis nahm. Sie mochte keine verdünnte Milch, weder pur noch im Kaffee. Erst recht nicht im Kaffee. Aber Frau Kaiser hatte ihre Prinzipien. Charlotte musste sich eingestehen, dass sie die Fürsorglichkeit von Gesine Meyer-Bast genoss, und sie glaubte, dass es ihren Teammitgliedern ähnlich ging. Es ging etwas Mütterliches von ihr aus, das gerade an trüben Tagen wie dem heutigen äußerst motivierend wirkte. Trübe war der Tag nicht nur, weil sie mittlerweile drei Todesfälle zu bearbeiten hatten, sondern auch, wenn man einen Blick aus dem Fenster warf. Es schüttete wie aus Kübeln.

Charlotte erzählte zunächst von ihrem Besuch bei Dr. Wedel und seinem Verdacht, dass Franziska Gerber vor ihrem Sturz mit einem Taser traktiert worden sein könnte, was die Tatsache erklären würde, dass sie sich nicht gewehrt und auch nicht geschrien hatte. Dann gab sie Dr. Schneiders Einschätzung der Todesumstände Wilfried Noltes wieder.

»Allem Anschein nach hat er einen Mix aus mehreren Packungen Paracetamol und Valium geschluckt und sich dann, um auch ganz sicherzugehen, noch die Pulsadern aufgeschnitten.«

»Das heißt, dass er's wirklich ernst gemeint hat«, warf Petersen ein, und Charlotte fragte sich, warum er bei diesen Worten so bedeutungsvoll nickte. Sie nahm sich vor, sich demnächst, wenn ihr Kopf wieder frei war, mal etwas intensiver mit Björn Petersen zu unterhalten.

»Also, laut Dr. Schneider stirbt man bei einer Überdosis Paracetamol an Leberversagen, aber es dauert lange und ist schmerzhaft. Und da die Leber keine Gerinnungsfaktoren mehr bildet, verblutet man leichter und muss nicht so tief schneiden. Der Mann hatte sich offensichtlich schlau gemacht, bevor er die Apotheken abgeklappert hat und sich diese Packungen Paracetamol besorgt hat.«

»Aber Valium ist doch verschreibungspflichtig«, unterbrach Maren.

»Das macht doch nichts, kann man doch über längere Zeit ansammeln. Wer will, findet immer Wege«, antwortete Petersen.

»Aber dann müsste er es ja schon seit Längerem geplant haben. Und dann ist es nicht wahrscheinlich, dass sein Selbstmord etwas mit Franziska Gerbers oder Kolbes Tod zu tun hat.«

»Nein, die Todesursache ist der Blutverlust, und wenn er das mit den Pulsadern nicht hingekriegt hätte, dann hätte das Paracetamol den Rest erledigt. Das Valium hat er wahrscheinlich nur zur Sedierung geschluckt, meint Dr. Schneider. Ich glaube auf jeden Fall, dass die drei Todesfälle im Zusammenhang stehen.«

Das fand Bremer auch. »Also, es ist ziemlich wahrscheinlich, dass Nolte Gerbers Mörder ist, und Kolbe hatte vielleicht was gesehen.«

»Wieso hat er ihn dann nicht angezeigt? Er hatte doch mindestens zwei Tage Zeit dazu«, überlegte Maren.

»Vielleicht hat Kolbe versucht, Nolte zu erpressen. Also musste Nolte ihn auch umbringen. Immerhin war bei Kolbe die Mordwaffe auch ein Küchenmesser. Und dann hat er es einfach nicht mehr ausgehalten. Die Schuldgefühle, die Ermittlungen, der Druck ist zu groß geworden, und da hat er sich eben verabschiedet.« Bremer rümpfte die Nase. »Und wenn man in Betracht zieht, wie der Mann gelebt hat, dann wundert einen eigentlich gar nichts mehr. Der war doch nicht ganz dicht.«

»Das ist aber noch kein Grund, ihn zum Mörder zu stempeln«, entgegnete Maren. »Es gibt eine Menge Messies, aber deswegen ist man ja nicht gleich ein Verbrecher.«

»Aber er hatte Schulden, und es ist sehr wahrscheinlich, dass Gerber ihn erpresst hat. Wozu sollte sie sonst diesen Buchungsbeleg zwischen ihren Papieren aufbewahrt haben? Außerdem haben wir noch diese dubiosen Kontobewegungen. Woher soll denn die Gerber das Geld sonst gehabt haben?«

Charlotte nahm sich von dem Kaffee, die Milch ließ sie weg. »Wenn ich das Gespräch mit Frau Manitz in Betracht ziehe, müssen wir davon ausgehen, dass die Gerber ziemlich geldgierig war. Immerhin hat sie sich rücksichtslos das Erbe der Tante unter den Nagel gerissen. Also hat sie bestimmt nicht nur Nolte erpresst, sondern womöglich auch noch andere. Außerdem hatte sie diese großen Beträge auf ihr Konto eingezahlt. Wir müssen die Agentur noch mal genau unter die Lupe nehmen. Da ist irgendwas faul. Zehn Leute waren am letzten Freitag auf dem Dach des Neuen Rathauses. Sieben sind noch übrig. Und einer von den neun Leuten, die neben Franziska Gerber oben waren, ist ein Mörder. Wir wissen nicht, ob es Kolbe war oder Nolte. Beides ist möglich. Aber ich denke, es ist einer von denen, die noch leben. Und wen haben wir da? Was wissen wir von ihnen? Da ist Salzmann, einer der beiden Chefs. Er war am Tatort, aber er hat kein Motiv, soweit wir wissen. Allerdings auch kein Alibi für den Mord an Kolbe, der ja irgendwann in der Nacht von Montag auf Dienstag stattgefunden hat. Wahrscheinlich gegen Mitternacht oder später, ganz einfach weil vorher dort noch zu viel Betrieb ist. Leider will oder kann sich Dr. Schneider nicht auf einen engeren Zeitraum festlegen. Also Salzmann sagt, er war in der Nacht zu Hause, wie immer. Zeugen: keine. Dann haben wir Sporck, den anderen Chef. Ein etwas cholerischer Typ, der sich gern mit schönen Frauen umgibt und mit dem Gerber nicht so gut klargekommen ist. Jedenfalls hat sich die Sekretärin der Agentur, diese Frau Kowalsky, so ausgedrückt. Man könnte mutmaßen, dass er was mit Franziska Gerber hatte oder dass sie sich übermäßig für ihn interessierte und er sich seiner aufdringlichen Liebhaberin entledigte, indem er sie einfach über die Brüstung geschoben hat.«

»Also, ist das nicht ein bisschen weit hergeholt?«, mischte sich Gesine Meyer-Bast zum ersten Mal ein. Sie sprach sehr sanft, wollte ihren Einwand wohl nicht als Kritik verstanden wissen.

Aber Charlotte fasste ihn auch nicht so auf. »Natürlich fehlt dafür jeder Beweis, ich erwähne es auch nur der Vollständigkeit halber, bei Cholerikern weiß man nie, wozu sie fähig sind. Ein Alibi für den Mord an Kolbe kann er jedenfalls auch nicht vorweisen, hat im Bett gelegen und geschlafen. Allein, sagt er.« Charlotte konsultierte ihre Unterlagen. »Wie auch immer, ich glaube, dass der Tod von Gerber kein Zufall war, wieso sollte sonst jemand einen Taser mit auf die Kuppel nehmen, wenn er nicht die Absicht hätte, ihn zu benutzen? Das passt irgendwie nicht zu Sporck. Dann haben wir Thomas Haller, den Grafiker, kein Motiv für den Mord an Gerber oder Kolbe. Aber ein – wenn auch wackliges – Alibi für den an Kolbe. Sagt, er war mit Freunden im ›Loretta's‹ essen. Okay, die bestätigen das zwar, aber das ›Loretta's‹ ist nicht weit vom Stadion entfernt, und er könnte sich sehr gut noch mit Kolbe dort getroffen haben. Er zählt also weiter zu den Verdächtigen. Und Frank Richter, der Texter-Kollege, der zwar das Büro mit der Gerber geteilt hat, aber das war's dann auch schon mit seiner Beziehung zu ihr, wie er sagt. Gemocht hat er sie nicht, das war offensichtlich, aber ein überzeugendes Motiv fehlt auch hier. Mit Kolbe hatte er nach eigenen Aussagen wenig zu tun, und ein Alibi hat er auch. Allerdings ebenfalls nicht wasserdicht. Er sagt, er war mit Manfred Bachlauf zusammen in der ›Ständigen Vertretung‹ an der Nord/LB. Sie waren bis kurz vor zwölf dort. Das heißt, beide hatten die Möglichkeit, von dort aus zum Stadion zu gehen, Kolbe zu treffen und ihm ein Messer in die Kehle zu rammen. Ein Motiv haben beide nicht, außer dass sie Franziska nicht leiden konnten und die sich bei Bachlauf ab und zu ihren Frust von der Seele geredet hat. Kann natürlich sein, dass sie ihm etwas erzählt hat, was wir nicht wissen, noch nicht.« Charlotte warf einen Blick in die Runde. Der Regen prasselte immer noch heftig gegen die Fensterscheiben. »Wie ihr seht, die Sache ist sehr komplex. Ich würde also vorschlagen, dass einer von euch eine Aufstellung macht, wer wann wo gewesen ist, ob es Zeugen für die Alibis gibt, wie es mit Motiven für den Mord an Gerber und/oder Kolbe aussieht, und sie an die Pinnwand hängt. Thorsten, darin bist du doch gut.«

Bremer guckte verdattert, freute sich aber über das Lob und versprach, das als Nächstes zu erledigen.

»Prima«, sagte Charlotte. Sie wusste, dass Thorsten lieber am Schreibtisch saß, als draußen in der Welt zu ermitteln. »Wer fehlt noch? Ach ja, Lea Bobart und Franz Klöckner. Die Bobart hatte Streit mit Gerber, das wissen wir, aber wir haben keine Ahnung, worum es dabei ging, und ein Streit unter Kollegen ist ja nicht sofort mit einem Mordmotiv gleichzusetzen. Für den Mord an Kolbe gibt's ebenfalls bisher kein Motiv. Und das Alibi ist sowieso wacklig, weil wir ja leider den Todeszeitpunkt nicht auf die Stunde genau bestimmen können. Aber die Bobart sagt, sie war mit ihrer

Freundin bis kurz vor dreiundzwanzig Uhr im ›6 Sinne‹, und die Freundin bestätigt das. Franz Klöckner hat für beide Morde kein Motiv und kein Alibi für den Mord an Kolbe. Er war an dem Abend zu Hause und hat gearbeitet. Zeugen: keine. So, das ist unser derzeitiger Wissensstand. Björn und Maren, ich möchte, dass ihr euch um die Kontakte von Nolte kümmert und seine Nachbarn befragt. Ich werde mich mal mit dem Sohn der Freundin von Gerbers Mutter unterhalten, vielleicht kann der uns noch ein bisschen über sie erzählen.« Sie stand auf. »Also, Leute, an die Arbeit.«

Sie nickte Meyer-Bast zu, die ebenfalls aufgestanden war, und verließ allen voran den Besprechungsraum.

Kai Schrader war Besitzer einer Kneipe an der Limmerstraße in Linden. Wenn man in Hannover erleben wollte, was Multikulti bedeutete, dann war die Limmerstraße der richtige Ort. Hier lebte und arbeitete eine bunte Mischung europäischer, afrikanischer und asiatischer Menschen auf engem Raum zusammen.

Das »Summerville« war eine Mischung aus englischem Pub und Worpsweder Künstleratelier. In einem offenen Kamin stand ein Gesteck aus Trockenblumen. Der Sims war mit Krügen und Bechern aus glänzendem Messing dekoriert. Wer das wohl putzte, fuhr es Charlotte durch den Kopf. Das Mobiliar war minimalistisch, an den Wänden hing Bildkunst aus Linien und geometrischen Formen. Auf Holzstühlen saßen hauptsächlich junge Leute an schmucklosen runden Holztischen, tranken Latte macchiato oder aßen Pizza. Die Speisekarte bot außerdem Pasta, Chicken Wings und Currywurst – Multikulti eben. Charlotte ging an die Bar, wo ein gut aussehender Mann mit dunklem, schulterlangem Haar und breiten Schultern Gläser polierte.

»Spreche ich mit Kai Schrader?«

Der Mann hörte auf zu polieren und sah Charlotte misstrauisch an. »Ja, wieso?«

Charlotte zeigte ihm ihren Ausweis, nahm sich einen von den Holz-Barhockern und setzte sich hin. »Haben Sie auch normalen Kaffee?«

»Normalen Kaffee«, wiederholte Schrader tonlos, als hätte sie ihn um ein Kilo Trüffel gebeten.

»Ja, Filterkaffee, wenn das geht. Und dann würde ich mich gern ein bisschen mit Ihnen unterhalten.«

Schrader hielt immer noch das Geschirrtuch mit dem Glas in der Hand und ließ seinen Blick durch die Kneipe wandern, als suchte er nach einer Ausrede. Aber da schien sich nichts anzubieten. Eine junge Frau wieselte emsig zwischen den Tischen umher und balancierte dabei ein riesiges Tablett durch den Raum wie ein Artist in der Manege.

»Okay, Kaffee ...«

Endlich regte sich Schrader. Er ging ans andere Ende der Bar und griff nach einer Kaffeekanne, bei deren Anblick Charlotte sich wünschte, besser einen Cappuccino bestellt zu haben. Filterkaffee schien langsam auszusterben. Was kein Wunder war, dachte Charlotte, wenn man den wahrscheinlich horrenden Preis der gewaltigen Kaffee-Apparatur in Betracht zog, die einen Großteil der Bar gegenüber vom Zapfhahn einnahm, aus dem deutsches Bier floss. Wer filterte da noch Kaffee?

Immerhin, sie war mutig genug, einen Schluck aus dem Becher, den Schrader ihr auf einer Untertasse servierte, zu probieren, und er schmeckte weniger bitter als befürchtet.

»Geht's etwa um Franziska?« Schrader schien das Thema nicht besonders zu behagen. Er schnitt eine Grimasse.

»Ja, nach meinen Informationen waren Sie mal mit ihr zusammen.«

»Mehr oder weniger.« Schrader ließ die Schultern hängen. »Und lange war's außerdem auch nicht, nur ein paar Monate. Und warum sie sich jetzt umgebracht hat, das weiß ich nicht, wirklich. Sie war zwar immer ein ziemlich unzufriedener Mensch, deswegen hat es mit uns auch nicht geklappt, obwohl ihre Mutter das gern gesehen hätte, aber Selbstmord?«

»Wir ermitteln wegen Mordes«, antwortete Charlotte und beobachtete Schrader genau.

Der lachte kurz auf. »Tatsächlich? Na ja, das glaube ich eher nicht.«

»Wieso nicht?«

Schrader hatte wieder angefangen, Gläser zu polieren. »Weil ... das würde ja heißen, jemand hätte sie vom Rathausturm geschubst. Das ist doch bescheuert.«

Charlotte trank ihren Kaffee aus. »Sie glauben gar nicht, wie viele bescheuerte Mörder es gibt.«

»Ja, und was wollen Sie jetzt von mir? Ich hab damit nichts zu tun, hab Franziska seit Monaten nicht gesehen.«

»Erzählen Sie mir ein bisschen von ihr. Warum haben Sie sich getrennt, und wie ist sie damit zurechtgekommen?«

Schrader stellte ein blitzsauberes Glas in ein Regal hinter der Theke und guckte einen Moment unentschlossen. Entweder er hatte nichts zu sagen, oder er wollte nichts sagen, fuhr es Charlotte durch den Kopf.

»Wissen Sie, es widerstrebt mir ein bisschen, schlecht über Tote zu sprechen, und wenn Franziska tatsächlich ermordet worden ist, dann ist das echt 'ne Sauerei.«

Charlotte lächelte über Schraders Ausdrucksweise. »Darf ich daraus schließen, dass Sie nicht viel Gutes über sie zu sagen haben?«

»Was heißt ›Gutes‹? Sie war tierisch eifersüchtig und hatte paranoide Züge. Irgendwann hatte sie jeden im Verdacht, sie zu übervorteilen oder zu benachteiligen. Wenn Sie mich fragen, war sie gestört.«

»Können Sie sich vorstellen, wer sie umgebracht haben könnte und warum?«

»Nein, wirklich nicht. Ich finde, man konnte sie eigentlich nicht ernst nehmen. Und mit wem sie in letzter Zeit zusammen war und was sie gemacht hat, das weiß ich nicht. Ich hab ... hatte seit Monaten nicht mehr mit ihr gesprochen.«

»Was war der Anlass für die Trennung?«

»Na, das ging schleichend. Und ehrlich gesagt, die Sache war mir von Anfang an nicht wirklich ernst. Außerdem ... hab ich diese Eifersucht nicht ausgehalten.«

»Dann gab es also keinen Grund dazu?«

»Nein.«

»Aha.« Charlotte legte ihre Karte auf den Tresen und stand auf. »Vielleicht fällt Ihnen ja noch was ein, dann informieren Sie mich bitte. Wo ist denn hier die Toilette?«

Charlotte stieg eine Wendeltreppe hinab und ging einen gut beleuchteten Korridor entlang. Sie sah es zuerst nur aus den Augenwinkeln, aber dann wurde sie auf ein Poster aufmerksam, das neben der Tür zur Herrentoilette hing. Es zeigte eine Frau in aufreizender

Pose, die nackt auf einem Stuhl saß. Die Rückenlehne zwischen den Beinen, die Unterarme auf der Rückenlehne abgestützt, lachte eine blonde Schönheit den Betrachter an. Charlotte war zunächst verwirrt, weil sie das Gesicht der Frau nicht mit dem Kontext in Einklang bringen konnte, aber dann erkannte sie es. Die Frau war Lea Bobart.

Charlotte hatte Mühe, die plötzlich aufwallende Müdigkeit niederzuringen. Was hatte das nun wieder zu bedeuten? Sie hatte das Gefühl, nur von Menschen mit zwei Gesichtern umgeben zu sein.

Als sie wieder an der Theke stand, war diese verwaist, nur die junge Frau bediente emsig an den Tischen. Charlotte fasste kurzerhand den Entschluss, sich zu verlaufen und in der Küche zu landen. Als sie hinter die Theke huschte und vorsichtig den Perlenvorhang, der als Sichtschutz vor dem Eingang zur Küche hing, beiseiteschob, hörte sie Schraders Stimme. Anscheinend telefonierte er, denn außer Schrader konnte sie niemanden hören.

»Ja, wieso gehst du nicht ran?«, hörte sie ihn wispern. »Diese Polizistin war gerade hier. Hast du ihr was gesagt?« Schweigen. »Also, ich hab nichts erzählt, am besten, wir lassen es jetzt so laufen. Was? ... Nein, ich muss jetzt Schluss machen ...«

»Kann ich Ihnen helfen?« Charlotte schrak zusammen und wandte sich um.

»Entschuldigung, ich hatte Herrn Schrader gesucht, aber er scheint beschäftigt zu sein.« Sie trat mit strahlendem Lächeln auf die junge Frau zu, die in ihrem schwarzen Outfit strenger und älter wirkte, als sie war. »Aber vielleicht können Sie mir helfen, ich hab vergessen zu zahlen.«

Die junge Frau musterte sie misstrauisch, und in diesem Moment wurde der Perlenvorhang zur Seite geschoben, und Schrader glotzte Charlotte bestürzt an.

»Sie sind noch da?«

»Ja.« Charlotte freute sich diebisch, dass er sich ertappt fühlte, hakte aber nicht weiter nach. Immerhin hatte sie in der Küche nichts zu suchen. »Ich hatte ja meinen Kaffee noch gar nicht bezahlt«, sagte sie stattdessen. »Tut mir leid.«

»Geht aufs Haus«, sagte Schrader.

»Nein. Danke.« Charlotte legte vier Euro auf den Tisch. »Stimmt so.«

Sie verließ das Lokal, rief in der Direktion an und ließ sich die Adresse von Lea Bobart geben.

Trotz ihrer bleiernen Müdigkeit parkte sie fünfzehn Minuten später ihren Golf an der Empelder Straße in Badenstedt. Sie wunderte sich, dass eine Frau wie Lea Bobart in dieser relativ ruhigen Gegend wohnte. Sie hätte sich Bobart eher in der Partygegend Hannovers vorgestellt, in Linden oder nahe der Innenstadt. Sie ging durch einen gepflegten, wenn auch kleinen Vorgarten, der zu einem anderthalbstöckigen grauen Reihenhaus gehörte, und klingelte. Nach einer halben Minute wurde die Tür geöffnet. Lea Bobart, die in schwarze Leggins, ein hautenges T-Shirt und Gymnastikschuhe gewandet war, öffnete die Tür.

»Oh«, sagte sie, als sie Charlotte sah. »Wie ... was ...?« Offensichtlich wusste sie nicht, wie sie ihre Frage formulieren sollte.

»Könnte ich Sie einen Moment sprechen? Es dauert nicht lange«, sagte Charlotte, die das Gefühl hatte, dass sie zum Narren gehalten wurde, und durchaus gewillt war, härtere Seiten aufzuziehen, falls Lea Bobart sich zieren sollte.

»Äh, ich trainiere gerade; wenn es Ihnen nichts ausmacht, dass ich weitermache.«

»Kein Problem.«

Charlotte folgte der jungen Frau, die in den Leggins eher mager wirkte als schlank, in einen Trainingsraum im Keller. Dort bestieg sie ein monströses Gestell vor einem mannshohen Spiegel an der Wand, das einem Fahrrad ohne Räder ähnelte; Crosstrainer nannte man das wohl. Charlotte kannte sich mit diesen Gerätschaften nicht so aus, war in dieser Beziehung auch nicht besonders neugierig. Bobart fuhr mit ihrem Training fort, ignorierte ihr Spiegelbild und beobachtete Charlotte lauernd.

»Also, was wollen Sie denn noch von mir wissen? Ich habe doch schon alles ausgesagt und zu Protokoll gegeben.« Sie schnaufte ein wenig, und auf ihrem Dekolleté glänzten Schweißperlen.

»Ich habe Sie heute auf einem Poster gesehen. Einem erotischen Poster, und würde gern wissen, wer Sie fotografiert hat und, vor allem, wieso es in der Kneipe von Kai Schrader hängt, der früher mal mit Franziska Gerber liiert war.«

Falls diese Frage Bobart aus der Ruhe brachte, ließ sie sich jedenfalls nichts anmerken. Sie trainierte unverdrossen weiter, wich jedoch Charlottes Blick aus.

»Ich verkaufe diese Bilder, das ist ja wohl nicht verboten. Außerdem wüsste ich nicht, was Sie das anginge.«

Charlotte lehnte sich an die weiße Kellerwand und verschränkte die Arme. Diese Barbiepuppe hatte ja wohl nicht gedacht, sie, die Erste Hauptkommissarin der KFI 1 Hannover, würde sich damit abspeisen lassen!

»Wie, sagten Sie, war der Name des Fotografen?«

Eine Schweißperle hatte sich in Bewegung gesetzt und kullerte langsam Richtung Bobarts Busen.

»Ich hatte ihn noch gar nicht gesagt, aber bitte, es ist ... war Jens Kolbe.«

»Wieso überrascht mich das nicht?«, fragte Charlotte scharf und ließ ihren Blick über das Weinregal schweifen, das fast eine ganze Wand einnahm.

»Das weiß ich doch nicht«, japste Bobart. »Das ist schon zwei Jahre her, und wir sind ... waren Arbeitskollegen.«

Die Schweißperle verschwand in der Ritze zwischen Bobarts üppigen Brüsten. Ob sie wohl einen Sport-BH trug?, fuhr es Charlotte durch den Kopf. Wahrscheinlich, ihre Brüste waren bemerkenswert wohlgeformt.

»Mehr nicht?«, kam sie auf ihr Thema zurück.

»Nein, mehr nicht.« Bobart stellte ihr Training ein, verließ den Crosstrainer und nahm ein Handtuch von einem Rohrgestell, das vor einer grünen Gymnastikmatte lag. Damit konnte man seine Bauchmuskulatur malträtieren, das hatte Charlotte auch schon versucht. Musste Jahrhunderte her sein. In einer Halterung an der Wand hingen Hanteln verschiedener Größe.

»Ich muss was trinken«, sagte Bobart, und Charlotte folgte ihr die Treppe hinauf. An der Garderobe im Flur hing eine Lederjacke.

Bobart betrat eine Einbauküche aus heller Eiche. Charlotte sah sich verwundert um.

»Ist das Ihr Haus?«

»Nein, gehört meiner Mutter, die ist im Heim. Hat Alzheimer.« Bobart trank gierig aus einer Flasche Volvic.

»Wohnen Sie allein hier?«

»Ja.« Bobart stellte die Flasche wieder in den Kühlschrank und warf die Tür zu.

»Wäre das dann alles? Ich hab's eilig, hab noch eine Verabredung.«

Aha, dachte Charlotte und beschloss, Nägel mit Köpfen zu machen.

»Seit wann haben Sie ein Verhältnis mit Kai Schrader?«

Zum ersten Mal geriet Bobart außer Fassung und starrte Charlotte sekundenlang an.

»Hat er etwas ...« Sie merkte zu spät, dass sie sich verraten hatte.

»Nein, hat er nicht«, antwortete Charlotte, »aber sein Name steht auf dem Briefkasten.«

Bobart biss sich auf die Lippen.

»Seit wann wohnt er hier?« Charlotte lehnte sich gegen den Küchentisch.

Bobart wurde zahm. »Hören Sie, er ist hier nicht gemeldet, wir suchen sowieso was anderes in der Innenstadt, aber die Preise für was Eigenes ... Es dauert eben, bis man was gefunden hat.«

»Wem sagen Sie das«, antwortete Charlotte. »Es interessiert mich nicht, wo Ihr Freund gemeldet ist. Franziska Gerber und Jens Kolbe sind ermordet worden. Ihr Kollege Nolte hat sich umgebracht. Ich will, dass Sie mir endlich die Wahrheit sagen.«

Bobart griff nach einem Stuhl und setzte sich. Das Handtuch legte sie sich um den Hals.

»Hören Sie«, begann sie, »das hat alles nichts mit Franziskas Tod zu tun. Es stimmt. Kai hat sich meinetwegen von ihr getrennt, aber ich war nur der Auslöser, nicht der Grund. Franziska war ... na, ich weiß überhaupt nicht, wieso Kai sich mit ihr abgegeben hat. Sie war ja ganz hübsch, aber eben total schwierig. Wir haben uns auf einer Party in der Agentur kennengelernt. Herr Sporck ... unser Chef hatte Geburtstag, und ... er ist immer ziemlich großzügig. Kai war auch da, das heißt, eigentlich wollte er Franziska abholen, aber dann ist er auf ein Bier geblieben, weil er Jens auch kannte, und ... da ist es eben passiert.«

Das war interessant. Jens Kolbe und Kai Schrader kannten sich also.

»Wissen Sie, woher die beiden sich kannten?«

»Natürlich, Jens hat die Fotos für Kais Cocktailkarte gemacht.«

»Wann war das?«

»Oh, da müssen Sie Kai fragen, ist schon ein paar Jahre her. Ich glaube, es war zur Eröffnung des ›Summerville‹, und das gibt's schon ein paar Jahre.«

»War Kai Schrader der Grund für den Krach mit Franziska Gerber am Tag vor ihrem Tod?«

Bobart spielte mit dem Handtuch.

»Ja, sie fing immer wieder davon an, konnte sich einfach nicht damit abfinden, aber was sollten wir denn machen? Gegen Gefühle kann man nichts ausrichten, oder?«

Sie blickte Charlotte an, als erwartete sie eine Antwort.

»Was hat es mit dem Poster in der Kneipe auf sich?«

»Ach, das war nur so ein Gag. Ich verkaufe die natürlich nicht, aber Kai war so begeistert davon und meinte, es wäre vielleicht ... irgendwie ...«

»Okay, seit wann sind Sie zusammen?«

»Seit einem Vierteljahr.«

»Hat Jens Kolbe öfter solche Fotos geschossen?«

Bobart druckste herum. »Ja, aber ich glaube, davon wusste das Finanzamt nichts.«

»Zeigen Sie sie mir.«

Bobart erhob sich widerwillig, verließ die Küche und kam eine Minute später mit einer Mappe zurück, die sie Charlotte in die Hand drückte. Die warf einen flüchtigen Blick hinein, sie würde sich die Bilder später genauer ansehen. Soweit sie das beurteilen konnte, waren sie ziemlich gut. Damit ließ sich bestimmt Geld verdienen. Bobart hatte ohne Zweifel ein Talent als Model und das passende Aussehen dazu. Manche Leute waren eben vom Glück geküsst.

»Kennen Sie noch andere seiner Kundinnen?«

»Jens hat am liebsten Männer fotografiert, er war schwul. Er hatte aber auch viele weibliche Kundinnen. Jedenfalls hat er das gesagt.«

Aha, dachte Charlotte, dann war wohl was dran an dem Gerücht, dass Frauen sich lieber von schwulen Männern fotografieren ließen, weil sie sich dann ungezwungener fühlten. Ihr kam ein Gedanke.

»Kann es sein, dass er auch Franziska Gerber fotografiert hat?«

»Aber ja, haben Sie denn keine Fotos gefunden?«

Das hatten sie nicht, und genau darüber wunderte sich Charlotte jetzt, aber das behielt sie für sich.

»Gibt es sonst noch etwas, das wir wissen müssten? Es ist Ihnen hoffentlich klar, dass Sie sich strafbar gemacht haben, indem sie diese Informationen zurückgehalten haben?«

Bobart kniff die Lippen zusammen. »Aber das hat doch wirklich nichts mit ihrem Tod zu tun!«

»Woher wollen Sie das wissen?« Charlotte war aufgestanden und ging zur Tür. »Sie kommen morgen früh um acht Uhr zur Direktion und geben Ihre Aussage zu Protokoll. Und Ihren Freund bringen Sie mit.«

»Aber morgen ist Samstag«, protestierte Bobart, zog aber gleich darauf den Kopf ein. »Okay, okay, wir kommen.«

Charlotte warf die Haustür hinter sich zu. Immer diese Heimlichtuerei! Sie war wütend. Wütend und müde. Wahrscheinlich war sie so wütend, weil sie so müde war. Sie beschloss, einen kurzen Abstecher in die MHH zu machen und dann ins Bett zu fallen.

Als Charlotte das Zimmer ihres Stiefsohnes betrat, saß seine Mutter an seiner Seite. Beinahe wäre sie ihrem Impuls gefolgt und hätte den Raum wieder verlassen, als sie bemerkte, dass Rüdigers Ex-Frau, in deren Gegenwart Charlotte sich immer klein und unscheinbar fühlte, allein mit ihrem Sohn war. Sie räusperte sich.

»Hallo«, sagte sie und nickte Lydia kurz zu. Meine Güte, sie war immer noch genauso schön wie auf dem Hochzeitsfoto, das Rüdiger in seinem Schreibtisch aufbewahrte. Charlotte fragte sich unwillkürlich, ob das Veranlagung war oder ob sie über geheimes Wissen verfügte, das sie nicht altern ließ. Aber sie war nicht hier, um über die Schönheit von Rüdigers Ex nachzugrübeln, rief sie sich zur Ordnung.

»Wie geht's dir?«, fragte sie Jan, der sich offensichtlich freute, sie zu sehen.

»Wo lala«, antwortete er und kicherte ein bisschen.

Es schien ihm besser zu gehen. Charlotte lächelte und wandte sich an Lydia, die sie kritisch betrachtete.

»Wo ist Rüdiger?« Ihr war ein bisschen mulmig zumute, denn sie hatte den ganzen Tag keine Nachricht von ihm erhalten, obwohl sie ein paarmal versucht hatte, ihn zu erreichen.

»Er ist heute Nachmittag verschwunden und noch nicht wieder aufgetaucht. Was er vorhatte, hat er mir nicht verraten. Ich nehme an, es gab wichtigere Dinge zu erledigen, als Jan beizustehen.«

»Äh, ja.«

Charlotte wusste nicht, was sie sagen sollte. Wahrscheinlich hatten die beiden wieder gestritten. Wenn man Rüdiger glauben wollte, dann konnte Lydia nicht anders. Charlotte fragte sich, wie ihre neue Ehe funktionierte. Wie hieß der Mann doch gleich? Und die Tochter? Jan hatte eine Halbschwester, und Charlotte wusste nicht mal, wie sie hieß. Sie fragte sich plötzlich, wieso Jan so wenig Kontakt zu seiner Mutter hatte. Natürlich, Lydia wohnte mit ihrer neuen Familie in Würzburg, das war ziemlich weit weg von Hannover. Und das Mädchen ... hieß sie nicht Emily? Ja, genau, Emily war noch klein. Ging sie schon zur Schule?

Charlotte beschloss zu improvisieren. »Wie geht's der Familie?«, fragte sie diplomatisch.

»Schlecht, sieht man das nicht?« Lydia wies mit dem Kopf auf ihren Sohn. »Oder meinst du Christopher und Emily? Denen geht's gut.«

Zicke, dachte Charlotte und wandte sich an Jan. »Ist dir zwischenzeitlich etwas eingefallen? Hast du jemanden erkannt?«

Jan verdrehte seine geschwollenen Augen, was furchterregend aussah. »Nein«, er schluckte, »hatte waf überm Koff.«

»Dir hat jemand einen Sack über den Kopf gestülpt?«

»Genau.«

»War das vor deiner Wohnung?«

Nicken.

»Waren es mehrere?«

»Weif nich, kann wein.«

Lydia, die Charlotte gegenübersaß, seufzte gelangweilt. »Musst du jetzt auch noch damit anfangen, das hat Rüdiger doch schon mit ihm durchexerziert.«

Genau das hab ich befürchtet, und deswegen fange ich jetzt damit an, dachte Charlotte, sagte aber nichts, beschloss, Lydia einfach zu ignorieren.

»Bist du in einem Auto gewesen?«, fuhr Charlotte mit ihrer Inquisition fort.

Wieder ein Nicken.

»Weißt du noch, wie lange du unterwegs warst?«

Kopfschütteln.

»Hat jemand etwas gesagt, oder hast du bestimmte Gerüche wahrgenommen oder Geräusche?«

»Nee.«

Lydia stand auf. »Also, Jan, ich werde jetzt zum Hotel fahren. Wenn du mich brauchst, sag der Schwester Bescheid, sie soll mich anrufen. Morgen früh komme ich wieder.«

Sie streichelte ihrem Sohn über die Stirn und küsste ihn sanft, was Charlotte einen Stich versetzte. Diese Eifersucht war dumm. Dumm und egoistisch, das war ihr klar, aber sie konnte sich nicht dagegen wehren. Ihre beiden Männer waren nun mal das Wichtigste in ihrem Leben, und sie wollte so gern auch das Wichtigste in deren Leben sein. Aber das war unrealistisch, zumindest bei Jan.

»Überanstrenge ihn nicht«, sagte Lydia, als sie die Tür schon geöffnet hatte. »Vielleicht sehen wir uns ja morgen.«

»Pww.«

Das kam von Jan, als sich die Tür hinter seiner Mutter geschlossen hatte. Charlottes Herz hüpfte. Klang das etwa nach Erleichterung? Sie entspannte sich und setzte sich auf Jans Bett.

»Was war das für ein Typ, den du fotografiert hast? Hat der etwas mit den Vergewaltigungen zu tun?«

Jan verschluckte sich und musste husten. Charlotte half ihm auf und fuhr die Rückenlehne nach oben. Ihr Herz verkrampfte sich, als sie sah, wie schmerzhaft jede Bewegung für ihn sein musste.

»Wie gepf Nafrin?«, wollte Jan wissen, als er wieder zu Atem gekommen war.

»Ich glaube, sie hat sich ein bisschen erholt. Soll sie dich mal besuchen?«

»Nein!« Die Heftigkeit, mit der Jan antwortete, war für Charlotte ein deutlicher Hinweis, dass der Junge sich tatsächlich verliebt hatte und von seiner Herzensdame nicht in seinem derzeitigen Zustand gesehen werden wollte.

»Okay«, schmunzelte sie, »zurück zu dem Typen. Wieso hast du ihn fotografiert?«

»Den hab ich foma woanderf gewehen, da wah er aba annerf auf.«
»Wieso anders?«
»Weif ich nich mehr wo genau, war auf 'ner Party ... glaub ich.«
»Könntest du ihn eventuell beschreiben?«
Kopfschütteln. Jan schloss erschöpft die Augen. »Er hatte 'ne Müpfe auf.«
»Hast du das Foto vielleicht in der Dropbox abgespeichert oder jemandem geschickt?«
»Nich daf ich wüfte. If mein PePfe weg?«
»Ich fürchte ja. Wo hast du den Typen fotografiert?«
»Inner Uni«, murmelte Jan, ohne die Augen zu öffnen.
»Wieso glaubst du, dass er was mit den Entführungen zu tun hat?«
Jan überlegte. »Daf ... weif ich nich mehr, aber irgendwaf war da.«
»Hast du noch andere im Verdacht, die etwas mit diesen Vorfällen zu tun haben könnten? Hast du mit jemandem über diese Sache gesprochen?«
Es war zwar unwahrscheinlich, aber immerhin bestand die Möglichkeit, dass der Typ auf dem Foto gar nichts mit dem Überfall auf Jan zu tun hatte. Dann jagte sie hier einem Phantom hinterher.
Jan antwortete nicht, schüttelte nur schwach den Kopf.
Charlotte beschloss, ihn in Ruhe zu lassen. »Nur eine Frage noch: Hast du Rüdiger das alles erzählt?«
Jan nickte. »Er komm nomal.«
»Okay, dann lass ich dich jetzt allein. Du bist sicher müde.« Sie nahm eine Schnabeltasse mit einer hellroten Flüssigkeit vom Nachttisch. Wahrscheinlich Hagebuttentee. In Krankenhäusern gaben sie einem immer Hagebuttentee zu trinken. Sie hielt Jan die Tasse hin. »Möchtest du?«
Der rümpfte die Nase. Charlotte verstand ihn nur zu gut, sie mochte diese gesunden Tees auch nicht.
»Also, bis morgen, erhol dich gut.« Sie streichelte sanft über die blutunterlaufene Wange und musste schlucken. Wenn sie diese Kerle in die Finger bekam ...

Rüdiger musste Charlotte kräftig schütteln, bis sie endlich wach wurde, und dann wäre sie beinahe vom Sofa gerollt. Sie konnte sich gerade noch fangen, setzte sich hin und rieb sich über die Augen.

»Wie spät ist es?«

»Halb zwölf.« Er ließ sich neben sie fallen, legte seinen Kopf auf die Lehne und schloss die Augen.

»Meine Güte, warum kommst du so spät?« Charlotte musterte ihn und fand, dass er noch schlimmer aussah als ihr Spiegelbild, das sie am Abend vor dem Badezimmerspiegel das Fürchten gelehrt hatte.

»Ich war noch bei Jan und hatte anschließend noch ein Treffen mit Julika.« Er legte seinen Unterarm auf die Stirn.

Aha, dachte Charlotte, Treffen mit Julika. Sie beschloss, die Sache professionell anzugehen.

»Gibt's was Neues?«

»Nein, aber am Dienstagabend steht die Literatenfete in der Uni an. Wir hoffen, dass sich dann etwas tut.«

»Meinst du wirklich, der traut sich noch mal? Bei der Polizeipräsenz?« Charlotte hatte da ihre Zweifel.

»Was sollen wir machen?«, murmelte Rüdiger. »Wir haben keine heiße Spur. Leider kann Jan keine verwertbare Aussage machen. Er hat nichts gesehen. Und selbst wenn er etwas gesehen hätte, könnten wir nicht sicher sein, dass der Überfall was mit den Missbrauchsfällen zu tun hat. Vielleicht war Jan auch nur zur falschen Zeit am falschen Ort.«

Charlotte war zwar einerseits erleichtert, dass im Moment keine Gefahr bestand, dass Rüdiger irgendwem an die Gurgel ging, um den Überfall auf seinen Sohn zu rächen. Aber sie hätte sich natürlich gewünscht, dass dieser Typ mit Jans Hilfe aus dem Verkehr gezogen werden könnte.

»Komm, wir sind zu müde zum Denken. Jan lebt und wird wieder gesund, das ist das Wichtigste.« Sie stand auf und suchte nach ihren Latschen. »Willst du noch was essen?«

Aber Rüdiger antwortete nicht. Er war bereits eingeschlafen.

***

Sie trank einfach nicht. Er hatte sie schon die ganze Zeit beobachtet. Die Frau war extrem kommunikativ, quatschte mit jedem, und sie gefiel ihm. Sogar ausnehmend gut. Er lächelte bei dem Gedanken, wie schnell ihr die Selbstsicherheit abhandenkommen würde, wenn sie erst in seiner Gewalt war. Und dass er sie besitzen würde, war so sicher wie Schnee in der Arktis. Aber merkwürdigerweise trank sie einfach nicht. Wenigstens nicht so wie andere, die sich einen Drink bestellten, einen Schluck davon nahmen und ihn dann irgendwo abstellten und unbeaufsichtigt ließen.

Das machte die Sache komplizierter, allerdings hatte er ja noch andere Möglichkeiten, und auf die musste er eben zurückgreifen. Entkommen würde sie ihm nicht, so viel war sicher. Er musste nur abwarten. Irgendwann würde sie sich auf den Heimweg machen.

Hauptsache, es kam ihm nicht irgendein Armleuchter in die Quere. So wie dieser betrunkene Typ, der sie gerade anmachte. Oh Gott, was für ein Anfänger! Lass die Finger von der Frau, die ist eine Nummer zu groß für dich, Freundchen. Die lässt dich glatt unterm Arm verhungern.

Sie stieß den Typen verächtlich weg. Er hatte sie richtig eingeschätzt. Sie warf einen Blick auf die Uhr, er musste sich bereithalten, das sah nach Aufbruch aus. Vielleicht würde sie gleich noch mal zur Toilette gehen.

Er fand, Frauen gingen oft zur Toilette, wogegen im Grunde nichts einzuwenden war. Im Gegenteil, es kam ihm sogar entgegen. Von Nachteil war allerdings, dass sie das oft nicht allein taten, woran seine Mission schon so manches Mal beinahe gescheitert wäre.

Sie zahlte, nahm ihre Handtasche und ging zum Ausgang. Er folgte ihr unauffällig vor die Tür. Es war halb drei Uhr morgens. Die Straße war leer. Sie drückte auf ihrem Handy herum, telefonierte. Er blieb noch einen Moment im Eingang stehen, damit sie ihn nicht bemerkte.

Das Überraschungsmoment war wichtig, wenn er sein Alternativprogramm abzog. Es gab Frauen, die mit Pfefferspray herumsprühten, und das wollte er auf keinen Fall riskieren. Sie steckte das Handy weg und stöckelte langsam los. Er folgte ihr.

SECHS

Als Charlotte um kurz vor neun am Samstagmorgen die Küche betrat, erwartete Andrea sie an einem reich gedeckten Tisch. Sie hatte Frühstück gemacht. Ein traditionelles kontinentales mit weich gekochtem Ei, Aufschnitt, Käse, Brötchen, Marmelade, Orangensaft und natürlich Kaffee. Sie wusste, dass Charlotte und Rüdiger das liebten und sehr selten bekamen. Charlotte war gerührt und hätte beinahe geheult. Ihre Nerven lagen immer noch ziemlich blank. Sie ging zu ihrer Schwester und umarmte sie fest.

»Du bist ein Schatz«, murmelte sie in Andreas graue Haare, die sie wie eine Trophäe trug.

»Ich weiß«, antwortete ihre Schwester und legte die Zeitschrift über Naturheilkunde, in der sie gelesen hatte, zur Seite. »Ich hätte auch ein englisches machen können, aber das ist mir dann doch zu proteinlastig. Ertrag ich nicht am frühen Morgen. Nicht mal dann, wenn ich's gar nicht essen muss.«

Charlotte setzte sich auf einen der neuen Stühle mit dem weichen dunklen Polster. Sie hatte die harten Holzstühle satt, und als Jan ausgezogen war, hatten sie neue gekauft, auf denen man problemlos einen ganzen Abend lang sitzen konnte. Das war nützlich, vor allem bei ihren sehr seltenen Raclette-Abenden mit Charlottes Freundin Miriam und ihrem Mann Lukas. Manchmal fragte sich Charlotte, wie es sich wohl anfühlte, wenn man keine Verpflichtungen hatte. Keinen Arbeitsplatz, an dem man pünktlich erscheinen musste, keine schulpflichtigen Kinder, auch keine betagten, hilfsbedürftigen Eltern zu versorgen waren. Charlotte war im Grunde überzeugt davon, dass so ein Leben grauenvoll langweilig sein musste, auch wenn es ihr im Moment als das einzig Erstrebenswerte erschien.

»Du solltest mal Urlaub machen, und Rüdiger auch. Siehst aus wie ein Zombie«, sagte Andrea und goss Charlotte Kaffee ein.

»Ich fühl mich auch so.«

Andrea nahm einen Schluck von ihrem Tee. Charlotte runzelte die Stirn.

»Was trinkst du denn da? Riecht wie 'n Heuhaufen.«

Andrea kicherte. »Nicht ganz, Cistus-Tee – man sagt ihm eine antivirale Wirkung nach.«

»Ach, bist du krank?« Charlotte bekam ein schlechtes Gewissen. Sie hatte sich kaum um ihre Schwester gekümmert, obwohl sie wirklich Kummer hatte.

»Noch nicht, deshalb trink ich den Tee ja.«

Charlotte drehte ihre Kaffeetasse in den Händen. »Also ich bin auch noch nicht krank. Soll ich den jetzt auch trinken?«

Andrea ignorierte Charlottes Spott, sie war daran gewöhnt. »Wolfram hat angerufen«, sagte sie stattdessen.

Charlotte hätte sich beinahe verschluckt. »Na, der traut sich was! Ich hoffe, du bist nicht wieder eingeknickt.«

Andrea zog die Schultern hoch. »Es geht ihm schlecht ...«

»Das will ich hoffen! Was ist mit deinem Geld?«

»Er zahlt es zurück, sagt, es war ein Notfall und er musste schnell handeln. Da hat er sich eben einfach das Geld von mir geliehen. Seine Schwester ist in Schwierigkeiten.«

»Sag bloß, und jetzt bist du in Schwierigkeiten. Ist das vielleicht besser?« Charlotte war ärgerlich. Einerseits, weil sie diesem Wolfram noch nie über den Weg getraut hatte, und andererseits, weil Andrea so ein naives Schaf war und sich immer wieder bequatschen ließ.

Andrea spielte mit ihrer Tasse. »Du hast ja recht. Aber ... ich liebe ihn nun mal.«

»Liebe.« Charlotte verdrehte die Augen und nahm sich ein Brötchen. »Du bist kein Teenager mehr, Andrea.«

»Ich weiß, aber er ist nicht schlecht. Nur ... schwach.«

»Was heißt das jetzt?« Charlotte hatte sich Butter auf ihr Brötchen geschmiert und je eine Scheibe Wacholderschinken und Emmentaler darauf gehäuft. »Du flüchtest dich wieder in seine offenen Arme? Offen vor allen Dingen für Geld.«

»Dein Sarkasmus ist nicht gerade konstruktiv.«

»Sarkasmus ist nie konstruktiv«, sagte Charlotte mit vollem Mund. »Was ist mit der Praxis? Ich denke, du willst sie aufgeben und dir was Kleineres suchen.«

Andrea zuckte mit den Schultern. »Wir machen sie wieder auf. Die Praxis ist etabliert, und wir haben eine Menge Patienten. Besonders Wolfram ... du hast keine Ahnung, was der für einen Zulauf hat. Fast wie ein Guru.«

Charlotte hörte auf zu kauen. »Genau!«, antwortete sie mit vollem Mund. »So kommt er mir auch vor. Und Gurus haben es nun mal so an sich, ihrem Gefolge das Geld aus der Tasche zu ziehen.«

Andrea wischte ein paar Krümel vom Tisch und stand auf. »Du bist blind geworden für das Gute im Menschen. Dein Beruf hat dich kaputt gemacht, du siehst immer und überall nur Verbrecher.«

»Nicht immer und überall, nur da, wo sie sich geradezu vor meiner Nase auf dem Präsentierteller räkeln.«

»Weißt du, diese Geschichte mit Jan, die hat mich ziemlich geschockt. Ich musste an Florian denken und daran, dass ich so wenig Kontakt zu ihm habe. Weniger als du zu deinem Sohn, der nicht mal deiner ist. Ich meine ... du weißt schon, was ich meine ...«

Charlotte sah ihre Schwester vorwurfsvoll an. Ja, natürlich wusste sie, was Andrea meinte. Jan war nicht ihr Sohn, was hieß, sie hatte ihn nicht geboren, was aber nicht hieß, dass sie ihn nicht heiß und innig liebte.

Andrea umarmte Charlotte. »Tut mir leid, ich weiß ja, dass das im Grunde ganz egal ist, und ich weiß, wie sehr du an Jan hängst. Ihr versteht euch so gut, dass ich manchmal neidisch werden könnte ... ich mit meinem leiblichen Sohn, zu dem ich kaum Kontakt habe. Und das ist der Haken. Wolfram hat einen guten Draht zu Florian, fast besser als sein Vater, und das ... möchte ich ihm erhalten.«

Charlotte schwieg und bereute ihre harten Worte ein bisschen, was nicht bedeutete, dass sie nicht vollkommen im Recht war, was ihre Meinung zu diesem Wolfram betraf. Sie war fest davon überzeugt, dass Andrea einen Fehler machte, wenn sie jetzt klein beigab. Der Mann würde sie wieder enttäuschen, und je länger die Beziehung dauerte, umso schmerzhafter würde es für alle Beteiligten werden. Aber machte es Sinn, ihrer Schwester das zu sagen? Würde sie ihr überhaupt glauben? Eher nicht.

Manche Erfahrungen musste man einfach selbst machen, vor allem dann, wenn Gefühle im Spiel waren, die einem etwas vorgaukelten, das nicht da war. Sie stand auf und gab ihrer Schwester einen Kuss auf die Wange.

»Vielleicht hast du recht. Mach einfach, was du für richtig

hältst, aber sorg wenigstens dafür, dass er dir dein Geld zurückgibt. Okay?«

»Ich pass schon auf mich auf.«

Die beiden umarmten sich, und Andrea ging ins Gästezimmer, um ihr Pendel und die Bachblüten einzupacken. Ihr Stiefneffe sollte wenigstens in den Genuss ihrer Therapie kommen, bevor sie den Jungen ganz und gar der Schulmedizin überließ.

Charlotte hatte gerade Kaffee nachgefüllt, als Rüdiger mit vor Sorge geweiteten Augen in der Tür erschien.

»Ist was mit Jan?«, fragte sie mit erstickter Stimme.

»Nein, Jan geht's gut, aber Julika ist verschwunden.«

Sie machten sich gemeinsam auf den Weg zur Direktion. Jan würden sie später besuchen. Im Moment war seine Mutter noch bei ihm. Wahrscheinlich war es ihm sowieso unangenehm, wenn sich sein Vater, seine Mutter, seine Stiefmutter und eventuell noch seine Stieftante um sein Bett versammelten.

Nun saßen sie im Auto, und Rüdiger chauffierte geistesabwesend Richtung Waterloostraße. Als er eine hellrote Ampel überfuhr, ohne es zu bemerken, meuterte Charlotte.

»Was machst du denn? Ich verstehe ja, dass du dir Sorgen um Julika machst, aber wenigstens haben wir Jan lebend zurückbekommen. Entspann dich mal.«

»Es war meine Idee, sie als Lockvogel einzusetzen. Ich hätte sie gestern Abend einfach ins Bett schicken sollen.«

»Aber sie war doch nicht allein.«

»Eben doch! Das ist ja das Problem.« Er versetzte dem unschuldigen Lenkrad einen Schlag.

Charlotte erschrak. »Aber wie konntest du das zulassen?«

»Hab ich ja nicht. Sie waren zu zweit. Matz Klinger war ihr zugeteilt. Und er sagt, er hat sie nicht aus den Augen gelassen. Sie sind nach unserem Treffen noch ins ›Capitol‹ gegangen, und dann, um zwei, wollten sie wie verabredet Feierabend machen. Matz hat sie vor ihrer Wohnung an der Dragonerstraße abgesetzt und ist dann nach Hause gefahren. Anscheinend ist sie nicht in ihre Wohnung gegangen, sondern noch ins ›Acanto‹. Du weißt doch, wie das ist mit diesen jungen, ehrgeizigen Polizisten, die immer meinen, sie könnten die Welt im Alleingang retten! Heute

Nacht um drei Uhr sieben hat sie vom ›Acanto‹ ihren letzten Anruf getätigt. Fernabfrage ihres Festnetz-Anrufbeantworters. Seitdem ist sie verschwunden. Matz und Martin haben sich von ihrer Nachbarin einen Schlüssel zu ihrer Wohnung besorgt. Sie war nicht da, das Bett war unbenutzt. Auf dem Weg vom ›Acanto‹ zu ihrer Wohnung muss ihr jemand aufgelauert haben. Es ist ganz ähnlich wie bei Jan.«

Charlotte schwieg. Sie dachte an ihre ersten Jahre als Polizistin. Meine Güte, sie war voller Elan gewesen, hatte wirklich gedacht, aus dieser Welt eine bessere machen zu können. Aber war das nicht das Vorrecht der Jugend, zu glauben, dass sie alles besser machen könnte als die Generationen vor ihr? Dieser Ehrgeiz war löblich, aber auch gefährlich.

Sie parkten vor der Direktion und begaben sich direkt in den Besprechungsraum, wo sich die ganze Truppe versammelt hatte. Matz Klinger, ein junger, schüchterner Kommissar mit dunklen Augen, kam Rüdiger sofort entgegen.

»Ehrlich, das war anders abgesprochen. Ich hab sie vor ihrer Wohnung abgesetzt. Hätt ich das gewusst, ich hätte doch gewartet, bis sie drin ist, aber ...«

Charlotte befürchtete, der junge Mann würde in Tränen ausbrechen.

Gesine Meyer-Bast betrat – heute ohne ihren Hund – den Raum und bat alle, Platz zu nehmen, was in Anbetracht der großen Zahl der Beamten, die zugegen waren, ausgeschlossen war. Die meisten hatten allerdings sowieso keine Ruhe, sich zu setzen. Rüdiger, der neben der Chefin stand, wandte sich an seine Kollegen.

»Herrschaften, ich danke euch zunächst mal für euren Einsatz bei der Suche nach meinem Sohn, dem es mittlerweile besser geht. Leider gibt es wieder einen Notfall. Unsere Kollegin Julika ist offensichtlich ebenfalls das Opfer einer Entführung geworden. Heute Morgen um drei Uhr sieben hat sie ihr Handy zum letzten Mal benutzt, seitdem haben wir keine Ortung mehr. Matz und Martin haben bereits mit den Besitzern des Clubs gesprochen und werden als Nächstes die Kameras überprüfen und versuchen, möglichst viele Personen zu identifizieren. Wenn wir Glück haben, folgt der Täter seinem Muster und setzt Julika irgendwo in der Nähe der Eilenriede oder am Stadtpark oder an den Gärten aus.«

In diesem Fall war es von Nachteil, dass Hannover die grünste Stadt Europas war. Hier gab es jede Menge Parkanlagen und Grünflächen, da konnten schon ein paar Stunden vergehen, bis jemand gefunden wurde, den man dort – warum auch immer – ausgesetzt hatte.

»Eure Aufgabe«, fuhr Rüdiger fort, »ist es, jeden einzelnen Anwohner der Dragonerstraße zwischen Julikas Wohnung und dem ›Acanto‹ zu befragen. Vielleicht hat irgendwer was gesehen oder gehört. Falls es Neuigkeiten gibt, gebt ihr mir Bescheid, ich informiere dann alle. Ich nehme an, die Presse ist bereits benachrichtigt?« Er sah die Kriminalrätin fragend an.

»Ja, die Vermisstenmeldung war bereits in den Nachrichten. Wir haben allerdings nicht lanciert, dass Julika Torin undercover unterwegs war. Niemand weiß, dass sie Polizistin ist. Möglicherweise wäre das für sie von Nachteil. Es soll Täter geben, die einen besonderen Hass auf Polizisten haben, das muss ich Ihnen ja nicht erklären.«

Dieser Aussage folgte zustimmendes Gemurmel und dann der allgemeine Aufbruch. Charlotte sah, wie Gesine Meyer-Bast auf Rüdiger zukam.

»Sorgen Sie um Himmels willen dafür, dass die junge Frau gefunden wird. Es wirft ein seltsames Licht auf meine Amtsführung, wenn innerhalb weniger Tage nach meinem Antritt eine Angehörige aus meinem Stab und ein Angehöriger eines Angehörigen entführt werden.« Sie nickte den beiden zu und verließ dann ebenfalls den Raum.

Rüdiger blickte ihr schweigend nach.

»Da hat sie recht«, sagte Charlotte in dem Versuch, einen Scherz zu machen, merkte aber gleich, dass Rüdiger nicht zum Scherzen aufgelegt war. »Wie kann ich helfen?«, fragte sie deshalb, obwohl sie wusste, dass sie nichts ausrichten konnte.

»Wenn ich dich brauche, melde ich mich«, sagte Rüdiger und folgte den anderen hinaus.

Charlotte seufzte und begab sich zunächst in Bremers Büro, dem sie die Aktenmappe mit Lea Bobarts Fotos auf den Schreibtisch legte. Sie hoffte, dass er noch auftauchen würde, obwohl er gestern einen Junggesellenabschied gefeiert hatte. Aber er war pflichtbewusst und außerdem ziemlich harmlos – zumindest seit er verheiratet war. Charlotte konnte ihn sich kaum in einem Szenario à la »Hangover« vorstellen. Sie ging in ihr Büro, wo sie alle Protokolle, Aufzeichnungen und bisherigen Erkenntnisse zu ihren drei Todesfällen noch mal durchgehen wollte. Sie war überzeugt davon, etwas zu übersehen. Es konnte doch nicht sein, dass sie nicht imstande war, aus mittlerweile nur noch sieben verdächtigen Personen einen Mörder herauszupicken.

Am frühen Nachmittag gab es noch keine Erkenntnisse über den Verbleib Julika Torins, was die Stimmung in der KFI nicht gerade hob. Bremer war wie erwartet vor einer Stunde aufgetaucht, zwar mit rot unterlaufenen Augen, aber mit dem redlichen Vorsatz, sich nützlich zu machen. Vielleicht hatte er aber auch einfach nur Krach mit seiner Angebeteten. Charlotte hatte ihn gebeten, sich Bobarts Fotos anzusehen und im Internet nachzuforschen, ob Kolbe seine Fotokünste auf einer Webseite feilbot. Die Fotos fanden Bremers Wohlwollen, was seine Motivation offenbar steigerte, und er machte sich an die Arbeit.

Charlotte hatte über zwei Stunden an ihrem Computer gehockt und versucht, das Puzzle zusammenzusetzen, aber es war ihr nicht gelungen. Sie wussten, dass Franziska Gerber ein schwieriger Mensch gewesen war. Bis jetzt hatte Charlotte niemanden ausfindig machen können, der sie wirklich gemocht hatte – mit Ausnahme ihrer Freundin Kathrin Hildebrandt, der sie am Tag vor ihrem Tod eine E-Mail geschrieben hatte, in der sie ihre Freundin um ein Treffen bat, weil sie ihr »etwas zu erzählen« hatte.

Also musste sie eine Entdeckung gemacht haben, die sie ihrer Freundin aber nicht mehr mitteilen konnte, weil sie am Tag darauf ermordet worden war. Sie hatten in ihrem Haus keinen Computer gefunden, obwohl sie einen besessen hatte, denn sie hatte die Mail nicht von ihrem Firmencomputer aus geschrieben. Ein Handy oder Smartphone hatten sie ebenso wenig gefunden. Die Überprüfung ihrer Gespräche hatte keine Erkenntnisse gebracht. Unter den Papieren des Opfers hatten sie den Computerausdruck eines Kontoauszugs gefunden, der darauf hinwies, dass ihr Kollege Wilfried Nolte Gelder aus der Agentur veruntreut hatte. Dass Nolte sich wenige Tage später umbrachte, sprach dafür, dass Gerber ihn erpresst hatte und er möglicherweise ihr Mörder war.

In der Wohnung hatte die Spusi keine Hinweise gefunden, allerdings den Verdacht geäußert, dass die Wohnung durchsucht worden war, und zwar kurz vor Gerbers Tod. Jemand hatte etwas gesucht, wahrscheinlich etwas, das dem Einbrecher gefährlich werden konnte, falls es in die falschen Hände gelangte. Dafür sprach auch, dass ihr Computer verschwunden war. Und dieser Jemand hatte einen Schlüssel besessen, denn die Wohnungstür wies keinerlei Spuren einer gewaltsamen Öffnung auf. War das auch Nolte gewesen? Womöglich hatte er nach dem Computerausdruck gesucht. Und dann war da dieser Jens Kolbe, der drei Tage nach dem Mord an Gerber in der Nähe des Stadionbades erstochen wurde und dessen Wohnung kurz danach in Flammen aufgegangen war.

Für Charlotte bestand kein Zweifel daran, dass Kolbes Mörder und der Brandstifter ein und dieselbe Person waren. Es fiel ihr allerdings schwer, sich vorzustellen, dass Nolte auch Kolbe umgebracht haben sollte. Ein Frontalangriff mit einem Messer passte nicht zu einem Typen wie Nolte. Ihm hätte sie eher einen Schuss in den Rücken zugetraut.

Natürlich konnte auch Kolbe Gerbers Mörder gewesen sein, aber das glaubte Charlotte ebenso wenig. Dagegen sprach, dass seine Kamera verschwunden war. Wieso? Natürlich, weil der Mörder darauf verräterische Bilder vermutete. Möglicherweise hatte Kolbe festgehalten, was sich an jenem Freitagmorgen auf der Rathauskuppel zugetragen hatte. Besonders merkwürdig war, dass sie auf Kolbes Anruferlisten nichts Verdächtiges gefunden hatten. Wahrscheinlich hatte er ein zweites Handy besessen, möglicherweise deshalb, weil er sich sozusagen auch steuerfrei als Fotograf verdingt hatte.

Die Spurensicherung war immer noch dabei, die ausgebrannte Wohnung zu untersuchen. Bislang ohne Erfolg. Wer immer sich des Zeugen entledigt hatte, hatte gründliche Arbeit geleistet, damit nur ja keine Spur in seine Richtung führte. Kolbe schien sehr zurückgezogen gelebt zu haben, hatte nur hin und wieder Kontakt mit den Kollegen in der Agentur gehabt.

Dann war da noch die Sache mit Lea Bobart und Kai Schrader. Charlotte fand es durchaus nachvollziehbar, dass Franziska Gerber ihrer Kollegin das Leben ein bisschen schwer machen wollte.

Schließlich hatte sie ihr den Freund ausgespannt. Die Frage war, ob Bobart in der Lage war, auf diese Weise einen Mord zu begehen. Das war eher unwahrscheinlich. Und der Mord an Kolbe passte noch weniger zu einer Frau, aber vielleicht hatte Schrader das erledigt. Aber würde man einen Zeugen beseitigen, nur um eine Freundin zu schützen, die seine Ex umgebracht hatte? Möglicherweise hatte Gerber auch Bobart und Schrader erpresst. Aber womit?

Das Gleiche galt allerdings auch für die anderen Angestellten der Agentur. Was war mit Franz Klöckner, den Charlotte eitel fand und auch ziemlich überheblich? Mit Thomas Haller, den Bobart nicht mochte, und Frank Richter, dem gut aussehenden Texterkollegen von Gerber? Sie alle hatten vier Dinge gemeinsam: Sie mochten Franziska Gerber nicht, waren zur Tatzeit am Tatort, und sie alle hatten keine sicheren Alibis für den Mord an Kolbe, aber auch kein erkennbares Motiv. Jedenfalls war das der derzeitige Stand der Erkenntnisse.

Das Gleiche traf auch auf Peter Bachlauf und die beiden Chefs der Agentur zu. Bei Bachlauf bestand allerdings die Möglichkeit, dass er etwas wusste, denn immerhin hatte sich Gerber ab und zu bei ihm ausgeheult. Frieder Salzmann hatte zwar zugegeben, die Idee mit der Kuppel gehabt zu haben, aber Charlotte glaubte nicht, dass er den Vorschlag gemacht hätte, wenn es tatsächlich seine Absicht gewesen wäre, eine seiner Angestellten auf diese Weise ins Jenseits zu befördern. Fehlte nur noch der cholerische Hans-Peter Sporck, mit dem Franziska laut Pia Kowalsky nicht so gut klargekommen war, warum auch immer.

Und dann war da noch diese Sache mit dem Taser. So ein Ding müsste sich doch finden lassen. Allerdings war Wedel in dieser Hinsicht nicht eindeutig gewesen. Er hatte nur den Verdacht geäußert, dass so ein Gerät benutzt worden war. Aber die Erfahrung hatte gezeigt, dass Wedel mit seinen Einschätzungen meistens richtig lag.

Charlotte streckte sich, fuhr den Computer herunter und sah auf die Uhr, halb drei. Ihr Magen knurrte, und sie beschloss, in der Markthalle ein spätes Mittagessen einzunehmen. Vielleicht hatten Thorsten und Rüdiger ja Zeit, mitzukommen. Bremers Büro war leer, aber sein Autoschlüssel lag auf dem Schreibtisch neben der blauen Mappe. Aha, Thorsten war also schon weg, und Rüdiger war ebenfalls nirgends zu finden. Die Inspektion war sowieso wie ausgestorben. Entweder hatten die Beamten sich ins Wochenende verabschiedet, oder sie beteiligten sich an der Suche nach Julika, also ging Charlotte allein.

Sie nahm den Weg über die Hardenbergstraße, überquerte die Leine und bog dann links in die Culemannstraße ein, wo sie gedankenverloren den Turm und die Kuppel des imposanten Neuen Rathauses betrachtete. Der Maschteich lag friedlich unter dem wolkenverhangenen Himmel.

Nichts deutete mehr auf den grausamen Tod hin, den Franziska Gerber hier gefunden hatte. Die Menschen gingen wie üblich ihrer Wege, waren mit ihren eigenen Problemen beschäftigt oder freuten sich auf den Samstagabend. Vielleicht würde man mit Freunden zusammensitzen, ins Konzert gehen oder einfach einen Abend vor dem Fernseher verbringen. Was ging die Menschen der Tod einer jungen Frau an, der schon mehr als eine Woche zurücklag? Erinnerte man sich überhaupt noch daran?

Natürlich, die Medien hatten ausführlich über den Sturz berichtet, ebenso wie über den Mord an der Arena. Aber im Grunde war das alles schon wieder Schnee von gestern, die Menschen würden sich erst wieder dafür interessieren, wenn man ihnen einen Mörder präsentieren konnte. Bis dahin mokierte man sich höchstens über die Unfähigkeit der Polizei, für die Sicherheit der Bürger zu sorgen.

Charlotte fröstelte und zog die Jacke enger um ihre Schultern. Es war kühler geworden, der Herbst hatte Einzug gehalten. Sie ging am Platz der Göttinger Sieben vorbei in die Karmarschstraße, wo sie wenig später die Markthalle betrat.

Sie aß Spaghetti carbonara, trank ein kleines Glas Pinot grigio und gönnte sich zum Nachtisch eine Portion Tiramisu und einen Cappuccino. Das sollte reichen bis zum Abend, dachte sie und löffelte den Rest vom Milchschaum aus ihrer Tasse. Nur gut, dass Andrea nicht hier war, um die Zutaten ihrer Gemüselasagne auszupendeln und die katastrophale Ernährung ihrer Schwester zu kommentieren. Charlotte war fest davon überzeugt, dass Andrea sich das Leben unnötig schwer machte. Natürlich, sie war trotz ihrer disziplinierten Ernährung nicht so schlank wie Charlotte, die sich gönnte, wonach ihr der Sinn stand. Aber kam es darauf an?

Soweit Charlotte wusste, war Andrea immer gesund und munter gewesen, bis sie angefangen hatte, ihre Aufmerksamkeit auf das Essen zu konzentrieren. Seitdem litt sie unter Gewissensbissen, wenn sie sich – was sehr selten vorkam – ein Stück Buttercremetorte oder Schokoladenkuchen gönnte. Sie ließ sich ums Verrecken nicht davon abbringen, dass sie nur vom Schnuppern schon ein Kilo Speck ansetzte.

Charlotte fand, dass sie maßlos übertrieb, aber vielleicht konnte sie ja wirklich nicht mitreden. Laut Andrea hatten Bohnenstangen keine Ahnung, wie es war, wenn man sein Leben lang gegen ein paar Kilos kämpfte und stets verlor.

Charlotte hatte Rüdiger angerufen, um sich nach dem Stand der Suche nach Julika zu erkundigen. Bis jetzt gab es keine Neuigkeiten. Rüdiger war ziemlich kurz angebunden gewesen, aber war das ein Wunder? Julika hatte in seinem Team mitgearbeitet, und er fühlte sich verantwortlich. Charlotte würde es nicht anders gehen.

Sie begab sich, etwas träge von der üppigen Mahlzeit, zum Ausgang, als ihr Handy surrte. Eine Nachricht vom Kriminaldauerdienst. Sie hatten Kolbes Wagen gefunden. Er stand am Boulevard der EU auf dem Expo-Gelände, ganz in der Nähe des ehemaligen holländischen Pavillons. Er war einer Streife aufgefallen, weil das Nummernschild verdreckt war. Sie hatten ihn sich genauer angesehen, die Blutflecken auf dem Beifahrersitz bemerkt und dann festgestellt, dass er auf der Fahndungsliste stand.

Leo Kramer war mit seinen Leuten bereits dabei, den schwarzen VW Touran zu untersuchen, als Charlotte eine halbe Stunde später am Expo-Gelände eintraf. Sie war überrascht, hätte einem Typen wie Kolbe eher einen Sportwagen zugetraut und keine Familienkutsche, aber offensichtlich hatte Jens Kolbe den Wagen aus praktischen Erwägungen gewählt. Die Rücksitze waren ausgebaut, um eine umfangreiche Fotoausrüstung mit Stativen und Beleuchtung zu transportieren. Offensichtlich hatte Kolbe Hausbesuche gemacht. Das war naheliegend, denn in seiner Wohnung hatte nichts auf die Existenz eines Ateliers hingedeutet.

»Habt ihr schon was Interessantes gefunden?«, fragte Charlotte und ging um das Auto herum.

»Na ja, die Blutspuren würde ich schon als was Besonderes

bezeichnen. Sieht aber nicht so aus, als wäre im Wagen jemand verletzt worden, eher so, als hätte jemand etwas auf den Sitz gelegt, das mit Blut verschmiert war.«

»Da heißt, der Wagen könnte von seinem Mörder hierhergefahren worden sein?«

»Das ist gut möglich.«

Charlotte sah sich um. Der holländische Pavillon, Attraktion der Expo 2000, ragte verlassen in den bewölkten Himmel. In den übrigen Gebäuden am Boulevard hatten Büros verschiedener Firmen ihre Heimat gefunden. Alle Angestellten mussten befragt werden, aber das musste wohl bis Montag warten. Allerdings hatte Charlotte wenig Hoffnung, dass jemand etwas gesehen hatte. Wahrscheinlich hatte der Mörder den Wagen noch in der Mordnacht in der Dunkelheit hier abgestellt.

Aber wie war er dann von hier fortgekommen? Um diese Uhrzeit fuhren keine öffentlichen Verkehrsmittel in die Stadt. Möglicherweise war er eine Weile gelaufen und dann in die erste Bahn Richtung Innenstadt gestiegen. Oder er war zu einem der Messehotels in der Nähe gegangen und hatte dort per Handy ein Taxi bestellt.

Sie mussten also die Taxizentralen anrufen und in den Hotels nachfragen, ob jemand am Dienstagmorgen dort eingecheckt hatte, die Kameras der Bahnlinien überprüfen und ebenso die Busfahrer, die an dem besagten Morgen Dienst hatten. Vielleicht war ja jemandem etwas aufgefallen. Das hieß, sie brauchte mehr Leute.

Bis Montag hatten sie hoffentlich eine Spur von Julika gefunden, sodass Meyer-Bast ihr Unterstützung zuteilen konnte. Sie blickte auf die Uhr. Zwanzig nach fünf.

Heute und morgen konnte sie nichts mehr ausrichten. Sie würde die Spusi ihre Arbeit tun lassen und sich bis Montag gedulden müssen. Sie verabschiedete sich von Leo und seinen Leuten und stieg in ihren Wagen, um ein paar Krankenbesuche zu absolvieren.

Sie traf Jan allein an. Das zweite Bett in seinem Zimmer war immer noch leer. Lydia war fast den ganzen Tag bei ihm gewesen, bis ... ja, bis Andrea mit ihrem Pendel aufgekreuzt war. Merkwürdigerweise hatte Lydia nichts gegen Andreas Behandlung einzuwenden gehabt, was Charlotte ziemlich verblüffte. Lydia hatte die beiden allein gelassen und sich noch mal für den Sonntagvormittag angekündigt. Danach müsse sie wieder nach Würzburg.

Jan versuchte zu grinsen, als er von Andreas Therapiemethoden erzählte. Sie hatte ihm die meisten ihrer Bachblütenfläschchen – von denen es immerhin achtunddreißig gab – in die Hand gedrückt, eins nach dem anderen, und jedes einzelne mit ihrem Pendel ausgetestet. Zwei Fläschchen hatte sie ihm dagelassen und ihm dann noch ein paar Kügelchen aufgenötigt. Also hatte Jan eine Handvoll geschluckt, was Andrea ihm schwer verübelt hatte, weil nach ihren Worten Masse eben nicht immer Klasse war. Charlotte hörte sich Jans etwas beschwerlichen Bericht amüsiert an. Immerhin hatte Andrea ihm aufgetragen, alles zu tun, was die Ärzte ihm sagten. Da konnten ein paar Kügelchen und Bachblüten zusätzlich nicht schaden.

Jan sah besser aus, die Schwellung um die Augen war zurückgegangen, und er konnte sich etwas besser artikulieren, obwohl es immer noch schmerzhaft war, denn er hätte sich fast die Zunge abgebissen.

»Waf macht Nafrin?«, fragte er nach einer Weile. »If wie noch hier?«

»Ich hab keine Ahnung«, gab Charlotte zu. »Soll ich es für dich rausfinden?«

»Nee, muf nich wein.« Er schaute einen Moment gedankenverloren aus dem Fenster.

»Möchtest du etwas sagen?«, fragte Charlotte.

»Weif nich, der Typ aufm Foto ... ich glaub, der if oft auf Feten. Un wieht immer anderf auf.«

»Was meinst du damit?«

»Na, der verkleidet wich, auch alf Frau. Un ihr wucht doch 'ne Frau, oda?«

»Allerdings, aber woher willst du wissen, dass die Frau in Wirklichkeit ein Mann ist, der sich verkleidet?«

»Nagellack, grün. Daf if mir wieder eingefallen. Erf hab ich die Frau auffer Fete gewehn, mit Brille un dunklen Haarn, da if wie immer mitn Händen wo durch ...« Jan fuhr sich mit der Hand, in der noch immer eine Braunüle steckte, durch die kurzen Haare. »Und dann inner Vorlewung faf ein Typ vor mir, der daf auch immer machte. Mit kurpfn Haarn, aber dem gleichen Nagellack. Fand ich komif.«

Charlotte stutzte. »Und wieso bist du jetzt so sicher, dass die Frau auf der Party und der Mann in der Vorlesung dieselbe Person sind? Grüner Nagellack ist ja nicht so außergewöhnlich. Das kann doch auch ein anderer Typ, der auf so was steht, gewesen sein oder eine andere Frau.«

»Nich bei den Händen. Total lange Finger.« Jan lachte auf, bis das Lachen in ein Husten überging. Er verzog das Gesicht. »Un dann won komifen Ring am gleinen Finger. Daf warn diewelben Hände.«

»Wie sieht der Mann aus?«

»Blonde kurpfe Haare, wompf normal, wo grof wie ich ... glaub ich.«

»Und das Gesicht?«

»Weif ich nich, er hat mich nich angeguckt und hatte diewe Müpfe auf. Defwegen hab ich ja daf Foto gemacht, war aber nich von Nahem.«

Wenn Jans Überlegungen zutrafen, dann war der Täter äußerst clever, dachte Charlotte. Niemand würde Verdacht schöpfen, wenn eine Frau eine andere, die womöglich einen betrunkenen Eindruck machte, begleitete.

Charlotte musterte ihren Stiefsohn. Offensichtlich hatte er das kriminalistische Gespür seines Vaters geerbt. Wer schöpfte schon Verdacht, nur weil sich jemand mit langen Fingern, grünem Nagellack und einem komischen Ring durch die Haare fuhr? Die Tatsache, dass Jan überfallen worden war und man sein Smartphone und den Computer gestohlen hatte, bewies, dass er die Zeichen richtig gedeutet hatte.

»Sah die Frau mit dem Nagellack so aus wie die auf dem Phantombild?«

»Wo ähnlich.«

»Kannst du dich erinnern, was der Mann für Kleidung getragen hat?

»Inner Vorlewung daf Übliche, Jeamf und T-Firt. Und auffer Fete ... weif ich nich mehr, war wo voll. Auf jeden Fall grünen Nagellack, komifen Ring un lange farpfe Haare.«

»Was war das für ein Ring? Kannst du ihn beschreiben?«

Jan seufzte. »Ich glaub, Wilber un wo vadreht.«

Das war immerhin etwas, überlegte Charlotte, wenn auch nicht viel. Sie suchten nach einem blonden Mann in Jeans und T-Shirt, mit langen Fingern, grün lackierten Nägeln und einem verdrehten silbernen Ring am kleinen Finger. Irgendetwas hatte sich geregt in Charlottes Unterbewusstsein, aber sie konnte es nicht fassen. Wahrscheinlich sah sie einfach im Moment den Wald vor lauter Bäumen nicht mehr.

Sie ergriff Jans Hand. »Hör zu, ich kümmere mich darum und werde Rüdiger berichten. Er hat mir gesagt, er will auf jeden Fall noch vorbeikommen.«

Sie überlegte noch, ob sie Jan bitten sollte, diese Sache Rüdiger gegenüber nicht zu erwähnen, entschied sich aber dagegen. Sie wollte ihn nicht unnötig beunruhigen, und außerdem wäre es Rüdiger gegenüber ziemlich unfair. Diese Angelegenheit musste sie anders regeln.

Es war kurz vor neunzehn Uhr. Wenn sie Dr. Wedel noch besuchen wollte, musste sie sich sputen. Hoffentlich war er noch wach. Sie verabschiedete sich von Jan mit dem Versprechen, morgen wiederzukommen und herauszufinden, wie es Nasrin ging.

Der Besuch bei Dr. Wedel fiel nur kurz aus, da seine Frau mit Argusaugen darüber wachte, dass keine beruflichen Themen angeschnitten wurden, was Dr. Wedel wahrscheinlich mehr Stress bereitet hatte, als wenn sie sich über ihren Fall hätten austauschen können. Aber die Menschen hatten unterschiedliche Vorstellungen von Stressvermeidung, und Charlotte hatte weder Kraft noch Lust, sich darüber zu streiten. Und am Samstagabend schon gar nicht.

Sie überzeugte sich, dass es mit ihrem Ex-Rechtsmediziner bergauf ging, und verabschiedete sich dann. Bevor sie allerdings nach Hause fuhr, wollte sie sich nach Nasrin erkundigen. Sie ging in die Psychiatrische Abteilung, wo sie Nasrin nach einer kleinen Odyssee im Aufenthaltsraum fand. Sie saß mit einer platinblonden jungen Frau zusammen an einem Tisch. Als Nasrin Charlotte erblickte, stand sie auf und kam auf sie zu.

»Wie geht es Jan? Ich hab gehört, dass er ... zusammengeschlagen wurde.«

»Es geht ihm wieder ganz gut. Er liegt noch auf der Inneren und hat nach dir gefragt.« Charlotte ging mit Nasrin zum Tisch, wo die Platinblonde sie neugierig musterte.

»Das ist Merle, meine Freundin, und das ist eine Polizistin.« Nasrin warf ihre dunklen Haare zurück.

»Hat sie nicht tolle Haare?«, schwärmte Merle. »Warum sollte sie die verstecken, frag ich Sie?«

»Keine Ahnung«, antwortete Charlotte.

»Woher kommst du denn eigentlich genau?«

»Aus dem Iran, Teheran.«

»Ach«, sagte Charlotte erstaunt, »und dann studierst du in Deutschland ... allein?«

»Tja, das ist mal 'n Ding, oder?« Merle freute sich diebisch über Charlottes Verblüffung.

»Ja, mein Vater ... hat großes Vertrauen zu mir ... und er sagt, dass ich reisen und mich bilden muss. Bildung ist für ihn das Wichtigste überhaupt. Im vorigen Semester war ich in Italien.«

»Und dein Vater ist Iraner und ... ihr lebt in Teheran?«

Nasrin nickte. »Und jetzt hab ich meine Familie enttäuscht«, sagte sie leise.

»Ach ja?« Merle schien das Ganze ziemlich aufzuregen. »Was hast du denn gemacht, verrat mir das mal!«

Nasrin spielte mit einer Serviette, die auf dem Tisch lag, und antwortete nicht.

»Stimmt genau, gar nichts hast du gemacht. Du hast keine Schuld, genauso wenig wie die anderen Frauen, denen so was zustößt, oder Jan.« Sie sah Charlotte herausfordernd an. »Oder fühlt der sich vielleicht schuldig?«

»Nein, warum auch?«

»Na bitte!« Merle streichelte ihrer Freundin die Hand, die immer noch mit der Serviette spielte. »Vergiss das bloß nicht! Wir Frauen müssen zusammenhalten!«

Charlotte verkniff sich ein Grinsen. Sie hatte geglaubt, dass die Feministinnen ausgestorben waren, aber das war offensichtlich ein Irrtum. Diese zierliche, blondierte junge Frau, deren dunkle Augen großzügig mit Kajal betont waren, entsprach nur nicht mehr dem Bild, das Charlotte bisher mit Feministinnen verbunden hatte. Das waren ungeschminkte Frauen mit langen, allenfalls hennagefärbten Haaren gewesen, die ihre BHs verbrannten, mit bequemen, weiten Kleidern herumliefen oder Hosenanzüge trugen. Charlotte befürchtete, dass sie dem Puls der Zeit rettungslos hinterherhinkte.

»Ich dachte immer, dass iranische Frauen ein Kopftuch tragen müssen.« Charlotte konnte sich diese Äußerung einfach nicht verkneifen.

»Im Iran müssen wir das auch.«

»Ja, total krank, wenn sie da einer von diesen Sittenwächtern mit Nagellack erwischt, wird sie eingesperrt. Das muss man sich mal vorstellen.« Merle schlug sich mit der flachen Hand vor die Stirn.

Apropos Nagellack, dachte Charlotte. »Nasrin, kann ich dich etwas fragen? Wir nehmen an, dass der Mann, der dich entführt hat und der Jan überfallen hat, ein und dieselbe Person ist und dass er sich als Frau verkleidet auf Partys rumtreibt.«

»Wirklich?« Nasrin zerknüllte die Serviette. »Ich weiß aber nicht mehr, was passiert ist. Das macht mich noch wahnsinnig.«

»Kannst du mir erzählen, woran du dich erinnerst?«

Nasrin rieb sich die Stirn. »Das hab ich doch schon gesagt. Mir war irgendwie schwindlig, und ich bin zur Toilette gegangen. Ich hatte mich noch gewundert, weil ich doch gar keinen Alkohol getrunken hatte. Na ja, ich hab ein bisschen Wasser getrunken, aber es ist nicht besser geworden. Und dann ... ist alles weg, bis ich im Krankenhaus aufgewacht bin.« Sie zog die Nase hoch.

»Kannst du dich an eine Frau erinnern, die du nicht kanntest? Vielleicht hat sie dir geholfen.«

Nasrin überlegte. »Also, ja, da war eine Frau, die ... hat mich irgendwie angesprochen, und ich glaub, die hat mich auch festgehalten, aber dann ...«

»Weißt du noch, wie sie ausgesehen hat? War es die Frau auf unserem Phantombild?«

Nasrin nahm ihre Haare hinter dem Kopf zusammen, legte sie sich über die Schulter und begann, sich einen Zopf zu flechten. Für schöne Frauen wie Nasrin war das Leben doppelt gefährlich, dachte Charlotte. Wahrscheinlich war sie durch ihre charismatische Unschuld für den Täter noch attraktiver gewesen.

»Schon möglich, sie war dunkel und ... ich glaube, ziemlich groß, aber mehr weiß ich nicht.« Nasrin hatte einen dicken Zopf geflochten und warf ihn auf den Rücken. Die schwarzen Augen in ihrem kleinen Gesicht wirkten wie zwei tiefe, stille Seen. Kein Wunder, dass Jan verliebt war, fuhr es Charlotte durch den Kopf.

»Und du hast keine Ahnung, wer dir die K.-o.-Tropfen ins Getränk gemischt hat?«

»Nein, es war doch so voll.«

»Okay.« Charlotte erhob sich und verabschiedete sich von den beiden Frauen. »Vielleicht hast du ja Lust, Jan zu besuchen. Ich glaube, er würde sich freuen«, sagte sie und lächelte der resoluten Merle zu.

Sie hatte das Gefühl, dass Nasrin bei dieser Freundin in guten Händen war. Sie würde es schon schaffen.

Bevor sie in ihr Auto stieg, rief sie Rüdiger an. Leider gab es keine Neuigkeiten, obwohl die Kollegen mit allen verfügbaren Kräften nach Julika suchten.

Charlotte beschloss, nach Hause zu fahren, sich Pizza zu bestellen und eine Flasche von dem guten Grande Toque zu öffnen, einem leckeren Rotwein, den sie vor ein paar Jahren aus dem Luberon in Frankreich mitgebracht hatten und seitdem immer wieder nachbestellten. Sie musste sich ablenken, wollte an gar nichts mehr denken und ihre Gedanken neu ordnen. So wie man einen Computer ausschaltete und neu startete, wenn er abgestürzt war und nichts mehr ging.

Die Sache mit Jan hatte ihre Gedanken durcheinandergewirbelt, und jetzt kam noch die Sorge um Rüdiger hinzu. Sein Sohn war nur knapp dem Tod entronnen, und nun war seine Kollegin, für deren Einsatz er sich verantwortlich fühlte, verschwunden. Es war zwar nicht bewiesen, dass die beiden Entführungen etwas miteinander zu tun hatten, aber für Charlotte stand es außer Zweifel: Jan und Julika waren von derselben oder denselben Personen entführt worden. Und diese Personen waren auch für die Entführung der vier Frauen vorher verantwortlich. Einer von ihnen war mit großer Wahrscheinlichkeit der Typ, den Jan fotografiert hatte. Womöglich würde man Rüdiger von der Sache abziehen, weil er involviert war. Charlotte hoffte das sogar. Andererseits war sie nicht sicher, ob Rüdiger sich darauf einlassen würde. Das würde das Problem nur vergrößern, denn er würde alles daransetzen, die Täter zu finden, zur Not auch ohne Ermittlungsauftrag.

Sie fuhr die Walderseestraße an der Eilenriede entlang. Es war bereits dunkel und für einen Samstagabend relativ wenig Verkehr.

Zwei Streifenwagen parkten am Straßenrand. Wahrscheinlich drehten die Beamten auf der Suche nach Julika ihre Runden. Charlotte war eigenartig zumute, noch vor zwei Tagen war sie voller Angst mit Rüdiger durch Hannover gestreift, auf der Suche nach Jan. Sie hatten ihn gefunden, und er lebte. Sie verspürte eine tiefe Dankbarkeit gegenüber einem gnädigen Schicksal.

In der Gretchenstraße fand sie wie üblich keinen Parkplatz, obwohl sie einen Anwohnerausweis hatte, und kurvte zehn Minuten lang durch die Straßen, bevor sie sich am Wedekindplatz entnervt ins Halteverbot stellte.

Als sie nach dem kurzen Marsch zur Gretchenstraße ihre Wohnungstür öffnete, schlug ihr der vertraute Lavendelduft entgegen, und ganz entgegen Andreas Gewohnheit saß sie im Wohnzimmer vor dem Fernseher.

»Habt ihr sie gefunden?«, fragte sie und kam Charlotte, die die Speisekarte vom Pizza-Bringdienst von der Pinnwand in der Küche geklaubt hatte, in ihrem Hauskleid entgegen.

»Nein, bisher nicht. Ich wollte Pizza bestellen, welche möchtest du?«

Sie drückte ihrer wenig begeisterten Schwester die Speisekarte in die Hand.

»Echt, ich kann uns doch auch schnell Nudeln mit roter Soße machen.«

»Vollkorn?«, fragte Charlotte misstrauisch.

»Halb und halb.«

»Okay.« Je zur Hälfte Vollkorn- und Weißmehlspaghetti war der klassische Kompromiss, auf den Charlotte sich gern einließ.

»Ich mache eine Flasche Rotwein auf und helfe dir.«

Sie ging auf den Balkon, wo sie im Herbst, Frühling und auch während frostfreier Perioden im Winter ihren Wein lagerten.

Sie entkorkte eine Flasche Grande Toque, füllte zwei Gläser und gesellte sich zu ihrer Schwester, die in der Küche einen Topf mit Wasser aufgesetzt hatte und Zwiebeln und Knoblauch hackte. Der erste Schluck Wein versöhnte Charlotte wieder ein bisschen mit dem Leben.

»Kommt Rüdiger auch?«, fragte Andrea, während sie Olivenöl in einen Topf gab.

»Ich hab keine Ahnung.« Charlotte ließ ihren Wein im Glas

kreisen und nahm noch einen Schluck. »Er fühlt sich verantwortlich. Für das, was mit Jan passiert ist, und auch für Julikas Verschwinden.«

»Würde dir auch nicht anders gehen.«

»Wahrscheinlich nicht. Aber Tatsache ist, dass Jan getan hat, was er für richtig hielt, und Julika ebenfalls. Rüdiger kann nichts dafür, dass die Welt nun mal schlecht ist, ebenso wenig wie du oder ich.«

Der Duft von gebratenen Zwiebeln mit Knoblauch erfüllte die Küche. Andrea gab eine Dose Tomaten in den Topf, gemischte Kräuter, Salz, Pfeffer und etwas Zucker dazu und ließ das Ganze dann leise köcheln. Charlotte schaltete die Dunstabzugshaube ein und ging ins Wohnzimmer. Kaum hatte sie nach der Hannoverschen Allgemeinen gegriffen, surrte ihr Handy.

Es war Leo Kramer von der Spusi. »Ich war bis jetzt damit beschäftigt, das, was wir in Kolbes Auto sichergestellt haben, zu sichten.« Er schwieg, als ob er dafür von Charlotte ein Lob erwartete.

Aber Charlotte war nicht in Stimmung, irgendwen dafür zu loben, dass er den gleichen Einsatz zeigte wie sie selbst oder Rüdiger oder die anderen Beamten, die mit der Suche nach Julika beschäftigt waren und bestimmt keinen Feierabend hatten, und ein Wochenende schon gar nicht.

»Ja, und?«

»Ich dachte nur, vielleicht möchtest du wissen, dass wir in einer der Taschen eine Perücke gefunden haben.«

Charlotte verschluckte sich an ihrem Wein und hustete. »Eine mit dunklen Locken?«, fragte sie heiser.

»Eine mit dunklen Locken«, wiederholte Kramer ein bisschen theatralisch.

»Oh«, sagte Charlotte. »Das ist interessant.«

Dann schwieg sie, weil plötzlich ein paar Teile des Puzzles an ihren Platz rückten.

»Bist du noch da?«

»Äh, ja.« Charlotte schämte sich ein bisschen für ihre Biestigkeit. »Danke, Leo, super, dass du mich gleich angerufen hast. Hast du Rüdiger Bescheid gegeben?«

»Noch nicht, ich schick euch gleich das Foto. Aber wir müssen sowieso erst die Laborberichte abwarten, dann können wir sichergehen.«

Die beiden verabschiedeten sich. Charlotte wartete und grübelte. Als sie das Foto aufrief, war sie ziemlich sicher, dass es sich um dieselbe Perücke handelte, die die Person auf dem Phantombild trug. Was hatte das zu bedeuten? War Kolbe am Ende an den Entführungen beteiligt gewesen und deshalb umgebracht worden? Möglicherweise hatte sein Tod gar nichts mit Franziska Gerbers Tod zu tun, und sie waren alle auf dem Holzweg.

Sie stand auf, steckte die Hände in ihre Jeanstaschen und wanderte durchs Wohnzimmer. Wenn sie sich bewegte, konnte sie besser denken. Vielleicht hatte der Mörder ihm die Perücke aber auch bloß untergeschoben? Immerhin hatte er ja Kolbes Wohnung abgebrannt, wahrscheinlich um irgendwelche Spuren zu verwischen, warum sollte er dann mit seinem Auto nicht genauso verfahren? Womöglich hatte er diese Spur ja absichtlich gelegt, um die Polizei in die Irre zu führen. Dass die Polizei auf der Suche nach einer Person mit schwarzen Locken war, das musste er auf jeden Fall mitbekommen haben. Schließlich hatten die Beamten das Foto ja überall herumgezeigt. Sie blieb stehen und blickte auf das Hochzeitsbild ihrer Eltern, das auf dem Vertiko stand. Aus der Küche drang das Brummen der Abzugshaube zu ihr herüber.

Vielleicht urteilte sie aber auch zu schnell, es war immerhin möglich, dass sie mit ihren Mutmaßungen komplett danebenlag und Kolbe mit diesen Entführungen nichts zu tun hatte. Der Besitz einer schwarzlockigen Perücke allein sagte noch gar nichts, und bei Fotografen war das wahrscheinlich auch nichts Besonderes. Da musste das Labor Klarheit schaffen, wenn die sichergestellte DNA und die Fingerabdrücke aus dem Wagen ausgewertet waren. Aber das würde noch dauern. Sie nahm ihren Marsch wieder auf.

Ob Jan in diesem Wagen transportiert worden war? Wenn ja, würden sie auch das bald wissen. Dann hatte Kolbe womöglich auch Jan zusammengeschlagen. Aber das konnte nicht sein, denn Kolbe war seit Montagnacht tot, und Jan war erst zwei Tage später entführt worden. Und es konnte auch nicht Kolbe sein, den er mit seinem Handy fotografiert hatte, denn zu dem Zeitpunkt, als Jan das Foto geschossen hatte, war Kolbe ebenfalls schon tot gewesen. Vielleicht war Kolbe ja auch nur ein unschuldiger Zeuge gewesen, der zufällig zwischen die Fronten geraten war, weil er Dinge gesehen und vielleicht auch fotografiert hatte, die für den Täter gefährlich werden konnten. Genau wie Jan.

Charlotte schluckte, als ihr das Bild des toten Kolbe wieder vor Augen trat. Am Ende hätte dasselbe auch Jan passieren können. Am Ende war das vielleicht sogar beabsichtigt gewesen. Was, wenn der oder die Täter erführen, dass Jan noch lebte? Womöglich war er immer noch in Gefahr. Reflexartig griff sie zum Telefon, um für Jan Personenschutz zu beantragen.

Allerdings ... warum hätten sie ihm dann einen Sack über den Kopf stülpen sollen? Das tat man doch nur, wenn man nicht erkannt werden wollte. Und wenn man vorhatte, jemanden zu töten, brauchte man keine Angst davor zu haben, dass er einen wiedererkannte. Charlotte entspannte sich ein wenig. Also hatte der Täter wohl nicht vorgehabt, ihn umzubringen.

Aber wieso dann Kolbe? Und was war mit Julika? Lebte sie noch?

»Essen ist fertig!«, scholl es aus der Küche, und Charlotte fuhr zusammen. Ihr schwirrte der Kopf. Sie beschloss, vorerst nicht mehr über diese Sache nachzudenken, nahm ihr Glas und ging zu ihrer Schwester, die liebevoll den Tisch gedeckt hatte. In der Mitte leuchteten vier Teelichter auf Untertassen um die Wette.

»Für jeden ein Licht«, sagte Andrea und strahlte.

Charlotte, die gewöhnlich nichts für die esoterischen Anwandlungen ihrer Schwester übrighatte und sich eher über sie lustig machte, nahm sich vor, diese Dinge in Zukunft nicht mehr zu belächeln. Vielleicht hatte die Angst um Jan sie dafür empfänglicher gemacht.

»Ja«, antwortete sie. »Für jeden ein Licht.«

***

Sie konnte sich nicht bewegen, das war das Erste, was sie registrierte, und dass sie erbärmlich fror. Sie öffnete die Augen, um sie herum war Dunkelheit. Ihre Blase drückte, sie wollte aufstehen und zur Toilette gehen, aber ihre Beine gehorchten ihr nicht. Wieso nicht?

Sie versuchte sich umzudrehen, was ebenfalls nicht gelang. Als sie realisierte, dass sie festgeschnallt war, geriet sie in Panik, zerrte an den Fesseln, was wehtat. Immerhin, sie konnte atmen und versuchte zu schreien, aber es kam nur ein Krächzen heraus. Sie musste husten, verschluckte sich, weil sie sich nicht aufrichten konnte, hustete noch mehr, keuchte, versuchte, ihre Lunge mit Luft zu füllen.

Nach einer gefühlten Ewigkeit ließ der Hustenreiz nach, aber immer noch kämpfte sie um Sauerstoff, schnappte nach Luft. Ihr wurde schwindelig, und ihr Herz polterte so heftig, dass sie Angst hatte zu kollabieren. Langsam ausatmen, hämmerte sie sich ein, um nicht zu hyperventilieren. Sie lebte, und wer immer sie hier gefangen hielt, hatte noch etwas mit ihr vor.

Die Panik drohte sie wieder zu überrollen. Sie versuchte, sich auf ihren Atem zu konzentrieren, spitzte die Lippen und blies langsam die Luft aus ihren Lungen. Wenn sie sich beruhigt hatte, würde sie versuchen zu schreien. Irgendwer würde sie hören, egal, wer und egal, was er mit ihr vorhatte. Vielleicht konnte sie verhandeln. Alles war besser als das hier.

SIEBEN

Irgendwann in der Nacht sank Rüdiger aufs Bett. Charlotte, die sich in einem unruhigen Schlaf hin und her gewälzt hatte, machte Licht und sah blinzelnd auf die Uhr. Halb drei.

»Neuigkeiten?«, fragte sie leise.

»Nein«, antwortete Rüdiger ebenso leise.

Schlechtes Zeichen, dachte Charlotte, sagte aber nichts. Rüdiger wusste genauso gut wie sie, dass die ersten achtundvierzig Stunden nach einem Verbrechen entscheidend sein konnten. Danach sanken die Chancen einer Aufklärung kontinuierlich ab. Sie schmiegte sich an ihn, streichelte seine Brust.

»Vielleicht wird sie im Morgengrauen gefunden. Irgendwo am Straßenrand, genau wie die anderen.«

Rüdiger ergriff ihre Hand und hielt sie fest. »Wenn es derselbe Täter ist wie bei den anderen«, murmelte Rüdiger. »Wir haben Leute ausfindig gemacht, die gestern Nacht zur selben Zeit im ›Acanto‹ waren. Julika haben wir auf einer Kamera erkannt, aber eine Person wie auf unserem Phantombild war nicht dabei, und gesehen hat sie auch niemand.«

»Vielleicht hat der Täter ja sein Outfit gewechselt und ist jetzt blond oder rot, was auch immer. Es gibt viele Möglichkeiten, sich zu tarnen. Und wenn Jan recht hat, dann solltet ihr euch vielleicht auf grün lackierte Fingernägel konzentrieren.«

»Das haben wir, aber das ist auf den Kameras nicht zu erkennen. Außerdem kann man Nagellack entfernen.«

»Hast du das Foto von Leo bekommen, von der Perücke? Es könnte die von der Person auf dem Phantombild sein. Und wenn das so ist, dann hängen deine Fälle und meine zusammen.«

»Möglich«, sagte Rüdiger schläfrig. »Ich muss schlafen, gute Nacht.« Er küsste ihre Hand und schloss die Augen.

Charlotte löschte das Licht. Es dauerte lange, bis sie wieder einschlief.

Auch der Sonntag brachte keine Spur von Julika. Rüdiger war früh aufgestanden und ohne Frühstück in die KFI gefahren. Alle waren in der Stadt unterwegs und suchten nach Julika, hofften, sie würde irgendwo wieder auftauchen, ebenso wie die anderen wieder aufgetaucht waren. Charlotte konnte nichts anderes tun, als auf die Ergebnisse aus dem Labor zu warten.

Am frühen Nachmittag fuhr sie mit Andrea in die MHH, wo sie Jan besuchten, der sich zusehends erholte. Seine Mutter hatte sich bereits verabschiedet und war wieder nach Würzburg unterwegs. Andrea überprüfte den Bestand seiner Bachblüten und Kügelchen und ermahnte ihn, die Einnahme konsequent durchzuführen. Lydia hatte ihm ein neues Smartphone besorgt, und Jan war vollauf damit beschäftigt, seine zahlreichen Nachrichten zu beantworten.

Wie schnell sich die Zeiten änderten, dachte Charlotte. Als sie selbst zwanzig war, waren Handys Luxusartikel gewesen und so groß, dass man sie höchstens in der Anzugjacke, aber keinesfalls in einer Jeanstasche verstauen konnte. Wer damals ein Handy besaß, der stellte es gern zur Schau. Es steckte dann meistens erfolgreichen oder auch pseudoerfolgreichen Männern in der vom stattlichen Gewicht der Geräte derangierten Hemdtasche. Es wurde sogar gemunkelt, dass mancher sich extra anrufen ließ, damit das keinesfalls handliche Handy nicht völlig sinnentleert aus der Brusttasche ragte.

Heute war diese Technik so selbstverständlich wie elektrische Zahnbürsten oder Kühlschränke. Exoten waren höchstens solche, die sich ihr verweigerten.

Andrea wollte Jan gerade sein Spielzeug wegnehmen, als es klopfte und gleich darauf Nasrin in der Tür stand.

»Oh«, sagte sie und wollte schon wieder gehen, »ich kann auch später wiederkommen.«

»Nein, nein«, beeilte sich Charlotte zu versichern, »komm nur, wir wollten gerade gehen. Vielleicht kannst du Jan ja von seinem Handy ablenken.«

Sie zwinkerte Andrea zu, die aber nichts davon mitbekam, weil sie von Nasrins Anblick völlig gefangen war. Jan ging es wohl ähnlich. Er fuhr sich reflexartig durch die Haare und machte große Augen. Das Handy lag auf seiner Bettdecke.

»Hallo.« Nasrin trat an Jans Bett und schenkte ihm ein strahlendes Lächeln. »Wie geht's dir?«

»Äh, gut. Und dir?« Jans Lächeln war nicht ganz so strahlend, was der Tatsache geschuldet war, dass seine Mimik noch nicht so recht funktionierte.

»Also, wir lassen euch dann mal allein.«

Charlotte und Andrea verabschiedeten sich. Als sie das Zimmer verlassen hatten, stieß Andrea einen tiefen Seufzer aus.

»Meine Güte, so ein schönes Mädchen, und ich wette, sie hat keine Ahnung davon, wie sie auf Männer wirkt. Das macht sie noch attraktiver.«

»Das denke ich auch«, sagte Charlotte. »Auf jeden Fall ist Jan bei ihr in den besten Händen. Wir sollten zum Annateich fahren und in der ›Alten Mühle‹ Torte essen. Was hältst du davon?«

»Torte?« Andreas Augen blitzten. »Gute Idee.«

★★★

Gleißendes Licht traf schmerzhaft auf ihre Augen. Sie blinzelte, wollte sehen, wissen, wo sie sich befand, was mit ihr geschehen war.

»Wer ist da? Wo bin ich?«, schrie sie dem Lichtstrahl entgegen. Der wanderte langsam ihren Körper hinab, sie sah, dass sie nackt war, kein Wunder, dass sie fror. Der Strahl fuhr langsam wieder hinauf, bis er ihr Gesicht erreichte. Sie versuchte, etwas zu erkennen, aber hinter dem Licht war nur Schwärze. Schwärze und Stille. Etwas blitzte auf. Stahl, ein Messer näherte sich ihrer Kehle. Sie schrie, zerrte an ihren Fesseln. Eine Hand legte sich auf ihren Mund.

»Still!«, befahl die Schwärze. »Sonst muss ich das Messer benutzen.«

Sie schwieg, ihr Körper bebte vor Angst und Kälte. Das Messer lag auf ihrer Kehle, dann lösten sich die Fesseln. Ihre Arme gehorchten ihr wieder, dann auch die Beine. Sie wurde an den Haaren hochgerissen, etwas Warmes rann ihren Hals hinab. Blut.

Schlotternd ließ sie sich führen, setzte mechanisch einen Fuß vor den anderen, der Strahl beleuchtete eine kahle Wand und eine Toilette. Sie wurde zum Becken gestoßen, der Lichtstrahl fokussierte sie. Es war ihr egal, sie benutzte die Toilette.

Danach wurde sie in einen anderen Raum geführt, die Tür

schloss sich hinter ihr. Wieder umgab sie Dunkelheit, aber sie war allein. Sie schlang die Arme um ihre Brust, ihre Zähne schlugen aufeinander. Dann flammte Licht auf.

ACHT

In der KFI ging es am Montagmorgen chaotisch zu. Julika wurde immer noch vermisst. Die Beamten liefen herum, als wären sie auf einer Beerdigung. Vielleicht waren sie das ja auch, dachte Charlotte, als sie sich zu Kramer, Bremer, Petersen und Maren in den Besprechungsraum begab. Schliemann war anscheinend noch nicht aus dem Wochenende zurück. Na gut, er hatte sich ziemlich engagiert an der Suche nach Julika beteiligt. So viel Uneigennützigkeit hatte Charlotte ihm gar nicht zugetraut, aber vielleicht wollte er sich auch nur als Retter aufspielen.

Kaum hatte sie den Satz zu Ende gedacht, fragte sie sich, weshalb sie so ein Misanthrop war. Wahrscheinlich weil sie mit Menschen so viele schlechte Erfahrungen machte, andererseits, was erwartete sie denn? Dass man bei der Kripo gute Erfahrungen mit Menschen machte? Dann wäre sie besser in ein Kloster gegangen. Wobei das mit den guten Erfahrungen dort ja wohl auch keine Selbstverständlichkeit war. Zumindest hatte sie von mancher Klosterschülerin schon wahre Horrorgeschichten gehört. Natürlich auch solche, die davon erzählten, wie nett die Nonnen gewesen waren. Aber Charlotte fand, das war für Ordensfrauen, die gern über Nächstenliebe dozierten, ja wohl selbstverständlich.

»Morgen, Leute«, begrüßte sie ihre kleine Truppe und stellte fest, dass heute kein Kaffee und keine Kekse auf dem Tisch standen. Aber das war unter diesen Umständen verzeihlich. Ihre Chefin hatte wichtigere Dinge im Kopf, als die Belegschaft mit Kaffee zu versorgen.

Maren saß blass, mit dunklen Ringen unter den Augen, an ihrem Platz. Charlotte wusste, dass sie und Julika befreundet waren und in derselben Handballmannschaft spielten.

»Ich weiß, dass es im Moment schwer ist, sich auf unseren Fall zu konzentrieren, aber wenn wir uns hängen lassen, hilft das Julika auch nicht. Außerdem haben wir schon drei Tote, ich möchte nicht, dass es noch mehr werden.«

»Genau.« Leo Kramer öffnete seinen Hemdkragen. »Und da kommt unser Kolbe mit der Perücke ins Spiel. Es ist doch wohl mehr als wahrscheinlich, dass der was mit diesen Entführungen zu tun hatte.«

»Wir haben zwar noch keine Ergebnisse aus dem Labor«, wandte Charlotte ein, »deswegen sollten wir auch noch andere Optionen offenhalten, schließlich gibt es viele solcher Perücken, aber im Grunde bin ich derselben Meinung. Das wäre schon ein komischer Zufall. Und es ist nicht anzunehmen, dass jemand ohne sein Wissen sein Auto benutzt hat. Darum habe ich Rüdiger vorgeschlagen, die Untersuchung gemeinsam fortzusetzen. Er bespricht das gerade mit der Chefin.«

Die Tür ging auf, und Martin Hohstedt, gefolgt von Lothar Wulf, betrat den Besprechungsraum. Im Gegensatz zu den anderen wirkte Hohstedt ausgeglichen. Er schien sich Julikas Verschwinden nicht besonders zu Herzen zu nehmen.

Wulf dagegen schon. Er war einer der fähigsten Ermittler der KFI 2 und konnte – ähnlich wie Rüdiger – die Konfrontation mit Grausamkeit nur schwer aushalten. Charlotte mochte ihn und hieß ihn mit einem Lächeln in der Runde willkommen.

Hohstedt fläzte sich neben Charlotte, Wulf ging ans andere Ende des Tisches, wo Maren und Petersen saßen.

»Morgen allerseits.« Hohstedt tippte sich an die Stirn, als würde er seine Kompanie begrüßen. Charlotte fragte sich, wo Rüdiger blieb.

»Also, Leute«, setzte Hohstedt an und schlug mit ausladender Geste seine Akte auf, »Rüdiger hat mich gebeten, euch schon mal Bericht zu erstatten.« Bremer und Charlotte wechselten einen Blick. »Äh, wie ihr wisst«, fuhr Hohstedt unbeirrt fort, »haben wir bisher vier Entführungsfälle, die alle nach demselben Muster abgelaufen sind. Opfer sind vier junge Frauen. Die erste, Elena Martínez Gil, ist eine spanische Austauschstudentin, sie ist bereits Anfang September entführt worden, konnte sich aber zunächst an nichts erinnern und hat gedacht, sie wäre einfach nach der Party versackt, und hat sich deshalb nicht gemeldet. Nachdem dann eine junge Frau aus Wernigerode – Marisa Lübbe, sie studiert im dritten Semester Wirtschaft an der Uni Hannover – Anzeige erstattet hat, hat sich auch die Martínez Gil gemeldet. Lübbe hatte sich am Samstagmorgen nach einer Fachbereichsfete völlig verwirrt an der Waldchaussee wiedergefunden und sofort Verdacht geschöpft. Sie war dann so clever, gleich Anzeige gegen unbekannt zu erstatten.« Schliemann, der sich mittlerweile ebenfalls eingefunden hatte, ließ einen Seufzer los, lehnte sich zurück und streckte seine Beine unter dem Tisch aus, was ihm einen missbilligenden Blick von Hohstedt eintrug. »Die Dritte im Bunde«, Hohstedt war etwas lauter geworden, »ist Hannoveranerin, Juliane Wächter, Wirtschaftsstudentin im ersten Semester. Ihre Entführung liegt schon zwei Monate zurück, sie hatte damals ebenfalls noch keinen Verdacht geschöpft und sich erst gemeldet, als wir an der Uni das Phantombild publik gemacht haben. Bei ihr lag der Fall allerdings ein bisschen anders. Sie war vorher mit Freunden in der ›Bierbörse‹ gewesen und wurde am nächsten Morgen von einem Jogger an der Bernadotteallee gefunden, der dann per Handy einen Notruf abgesetzt hat.« Hohstedt fuhrwerkte gewichtig in seiner Akte herum. »Und dann kommen wir zu unserer kleinen Nasrin Afarid …«

Charlotte schnaubte. »Sprich nicht von der Frau, als wäre sie ein Baby.« Es ärgerte sie, dass Hohstedt die junge Frau nicht ernst zu nehmen schien.

»Also«, erwiderte Hohstedt ungehalten, »benehmen tut sie sich jedenfalls so. Sie ist von einer Streife an der Nienburger Straße gefunden worden. Und zwar ohnmächtig, woraufhin sie dann in die MHH verfrachtet wurde, wo die Vergewaltigung festgestellt wurde und … genau wie bei Marisa Lübbe K.-o.-Tropfen im Urin gefunden wurden. Blöd ist nur, dass die junge Dame …«, Hohstedt unterbrach sich und grinste Charlotte an, »… die Vergewaltigung bestreitet und auch keine Anzeige erstatten will, weil sie glaubt, dass sie ihre Familie ›entehrt‹ habe.«

Hohstedt rollte mit den Augen und hob beide Hände, um sein Unverständnis zu unterstreichen.

»Stattdessen«, fuhr er fort, »hat sie Tabletten geschluckt und liegt, soweit ich weiß, immer noch in der Psychiatrischen Abteilung der MHH.«

»Und der oder die Täter haben keine DNA hinterlassen?«, vergewisserte sich Maren.

»Nein. Vielleicht hat er oder haben sie ja ein Ganzkörperkondom benutzt.« Hohstedt wollte sich ausschütten. Die anderen guckten betreten.

»Aber die Frauen waren doch mit Freunden und Bekannten

unterwegs. Haben die denn nichts gesehen?«, wandte Lothar Wulf ein. »Irgendwer muss die Opfer doch abgeschleppt haben. Gibt's da keine Zeugen?«

»Eben nicht«, widersprach Hohstedt. »Sie sagen übereinstimmend, dass sie zur Toilette gegangen sind, weil ihnen schummrig war, und von dort kommen sie nicht zurück. Das heißt, sie werden auf der Toilette vom Täter erwartet und abgefangen.«

»Das würde Jans Theorie ja stützen«, sagte Schliemann.

»Genau«, sagte Charlotte. »Das finde ich persönlich am plausibelsten.«

»Außerdem ist es unverdächtig, wenn sich eine Frau um eine andere kümmert, die anscheinend total betrunken ist. Dass sie K.-o.-Tropfen intus hat, weiß ja kein Mensch.« Mit Frauen kannte Schliemann sich offenbar aus.

»Dann sollten wir also davon ausgehen, dass das Gesicht auf dem Phantombild zu einem Mann gehört, der sich als Frau verkleidet hat, und dass er womöglich auch ganz anders aussehen könnte. Blond oder rot.«

»Genau«, sagte Hohstedt. »Das hatte ich ... hatten Rüdiger und ich auch schon überlegt.«

»Könntest du vielleicht mal zu den Ermittlungsergebnissen kommen?« Maren, die ebenso wie Charlotte wenig Sympathie für den Kollegen Hohstedt aufbrachte, trommelte ungeduldig mit den Fingern auf den Tisch. »Hat eine von den Frauen das Gesicht auf dem Phantombild erkannt? War es das von Kolbe? Und wenn nicht, wer oder was ist es dann?«

»Tja, ob es Kolbe war, wissen wir nicht. Wir haben den Opfern eine Fotomontage von ihm mit der Perücke vorgelegt. Die Aussagen sind vage. Eindeutig erkannt hat ihn keine der Frauen. Natürlich haben wir wie üblich jede Menge Hinweise bekommen, denen wir immer noch nachgehen, aber bis jetzt haben wir keine Spur. Wie auch, wir wissen ja gar nicht, ob da noch eine andere Verkleidung im Spiel ist und sich die Frauen bloß nicht mehr erinnern.«

»Und was ist mit dem Nagellack und dem Ring?«

»Das bringt uns nicht weiter«, erwiderte Hohstedt. »Wir können ja nicht durch die Gegend laufen und nach Leuten mit grünem Nagellack und einem silbernen Ring suchen.« Hohstedt tippte sich an die Stirn. »Wo sollten wir da anfangen? Rüdiger und ich glauben, dass wir damit nur schlafende Hunde wecken. Grünen Nagellack und einen Ring kann man schnell loswerden, und dann ist der Täter gewarnt.«

Charlotte stützte den Kopf in die Hände. »Also von der Statur her hätte Kolbe auch als Frau durchgehen können, er war ziemlich schlank und nicht besonders groß, nur eins fünfundsiebzig ...«

»Wieso ist das klein?«, protestierte Hohstedt. »Ich bin auch eins fünfundsiebzig.«

Maren kicherte.

»Also, Kollegen.« Charlotte klopfte mit den Knöcheln auf den Tisch, um die Aufmerksamkeit der anderen von Hohstedt ab- und auf sich zu lenken. »Ich fasse noch mal kurz die bisherigen Informationen im Fall Gerber zusammen. Von den neun Leuten aus der Agentur, die gleichzeitig mit Gerber auf der Kuppel waren, leben noch sieben. Das sind: Frank Richter und Lea Bobart. Sie und Richter waren Texter-Kollegen von Franziska Gerber, wobei die beiden Frauen sich nicht ausstehen konnten. Kurz vor Gerbers Tod hatten sie eine heftige Auseinandersetzung, und Gerber hatte allen Grund, die Bobart zu hassen, denn die hatte ihr nämlich ihren Liebsten ausgespannt.«

»Das war aber doch schon einige Zeit her«, sagte Schliemann. »Und wenn so was einen Mord nach sich zieht, dann läge der Fall ja wohl umgekehrt, und die Bobart wäre das Opfer.«

»Das ist wahrscheinlich«, stimmte Charlotte zu. »Ich glaube auch nicht, dass Bobart die Gerber von der Kuppel geschubst hat. Sie ist zwar körperlich ziemlich fit, aber sie hat, soweit wir wissen, kein plausibles Motiv.«

»Aber sie hat sich von Kolbe ablichten lassen«, meinte Bremer. »Vielleicht gab es da irgendwelche Eifersüchteleien.«

»Möglich, aber welche? Mir fällt dazu nichts ein. Dann haben wir Thomas Haller, Grafikdesigner, die beiden Chefs, Frieder Salzmann und Hans-Peter Sporck, und den Illustrator Franz Klöckner, der Gerber ebenfalls nicht mochte. Wer fehlt noch ... ach ja, Peter Bachlauf, der ist für die Produktion zuständig. Ziemlich eingebildeter Typ, sieht aus wie Johnny Depp und hält sich für was Besonderes. Aber das ist nur meine persönliche Meinung. Ein handfestes Motiv für den Mord an Gerber haben wir bisher nicht herausfinden können. Alles, was wir wissen, ist, dass sie im Kollegenkreis nicht beliebt war. Auch ihre Halbschwester Eva Manitz mochte sie nicht und bezeichnet Franziska als geldgierige Erbschleicherin, die auch vor Betrug nicht zurückschreckte. Der Kollege Bachlauf, bei dem sich die Gerber öfter über die Kollegen beschwert hat, beschreibt sie als neidisch, nörglerisch und notorisch beleidigt. Diese Einschätzung hat auch die Psychologin Frau Dr. Langer vertreten, bei der Gerber seit einiger Zeit in Behandlung war. Bemerkenswert ist aber, dass Dr. Langer bei Gerber während des letzten Behandlungstermins eine Veränderung festgestellt hat. Sie sei gedankenverloren und ängstlich gewesen. Konkrete Angaben dazu konnte Dr. Langer nicht machen.«

»Was ist mit dem Einbruch in ihre Wohnung?«, wandte Kramer ein. »Wir haben zwar keinen Beweis dafür, weil es keine Einbruchsspuren gab, aber ihre Schränke wirkten irgendwie notdürftig in Ordnung gebracht, so als hätte sie jemand durchwühlt.«

»Stimmt, Leo, gut, dass du drauf hinweist«, sagte Charlotte. »Es könnte genauso gut sein, dass sie selbst irgendetwas gesucht hat. Für einen Einbruch spricht allerdings die Tatsache, dass die Gerber ihre Nachbarin gefragt hat, ob sich jemand nach ihr erkundigt hätte. Und das hat sie möglicherweise getan, weil ihre Wohnung durchsucht worden ist. Außerdem haben wir keinen Computer gefunden. Sie hat aber die Mail an ihre Freundin vom Computer aus geschrieben.«

»Warum hat sie den Einbruch dann nicht angezeigt?«, fragte Maren.

»Genau das ist die Frage, die für uns interessant ist. Wenn tatsächlich eingebrochen wurde, dann hat der Täter entweder nichts Wertvolles entwendet oder etwas entwendet, von dem niemand wissen soll und das nicht in die Hände der Polizei gelangen soll. Und dazu gehörte dann wohl auch der Computer.«

»Ich finde, dass die Einbruchsspuren fehlen, weist doch darauf hin, dass jemand einen Schlüssel benutzt hat«, sagte Maren. »Und wo kommt man leichter an einen Schlüssel als am Arbeitsplatz unter Kollegen, wo jeder seine Habseligkeiten herumliegen lässt. Man greift sich den Schlüssel und hat den ganzen Tag Zeit, die betreffende Wohnung auszuräumen oder zu durchsuchen.«

»Ich sag ja«, warf Charlotte ein, »irgendwie führen alle Spuren zu dieser Agentur. Nehmen wir mal an, dass Kolbe der Einbrecher war und Gerbers Mörder. Wer ist dann sein Mörder? Einer von diesen sieben, darauf möchte ich wetten«, beantwortete sie selbst ihre Frage. »Und den gilt es zu finden. Ich bin mir sicher, dann finden wir auch Julika.« Als der Name fiel, hielt Charlotte einen Moment inne. Als Maren ungeduldig mit den Füßen scharrte, beeilte sie sich fortzufahren. »Von den sieben hat, wie ich schon sagte, nach unseren Informationen keiner ein plausibles Motiv und keiner ein solides Alibi. Zur Charakterisierung unseres Opfers sollten wir vielleicht noch unseren Messie-Buchhalter Wilfried Nolte heranziehen. Immerhin hat er sich umgebracht, weil die Gerber ihn wahrscheinlich erpresst hat. Und wer einen erpresst, der erpresst womöglich noch andere. Und genau das ist unser Motiv. Die Gerber wusste etwas, und deshalb musste sie sterben. Dafür spricht auch die E-Mail, die sie kurz vor ihrem Tod an ihre Freundin geschickt hat und in der sie sagt, dass sie ihr etwas Wichtiges zu erzählen hätte.« Charlotte seufzte und lehnte sich zurück. »Tja, das wär's von meiner Seite.«

Ihren Ausführungen folgte Schweigen. Jeder hing für einen Augenblick seinen Gedanken nach.

»Aber«, meinte Bremer dann, »Kolbes Mörder kann doch auch irgendwer sein, der große Unbekannte.«

»Irgendwo müssen wir ansetzen«, antwortete Charlotte, »und die Agentur ist für mich der Dreh- und Angelpunkt. Da passieren mir zu viele merkwürdige Dinge.«

In diesem Moment öffnete sich die Tür, und Rüdiger und Kriminalrätin Meyer-Bast betraten den Besprechungsraum. Das Team hielt kollektiv den Atem an. Immerhin hatte die Chefin gerade erst ihren Dienst angetreten, und schon waren zwei Katastrophen über die KFI hereingebrochen. Wie würde die Kriminalrätin mit dieser ersten Krise umgehen? Würde sie – wie Vorgesetzte das gern taten – die Schuld bei den Mitarbeitern suchen und sie der Presse zum Fraß vorwerfen oder sich vor ihre Ermittler stellen und den Druck der Öffentlichkeit aushalten?

Rüdiger setzte sich neben Wulf, während Meyer-Bast stehen blieb. Sie senkte den Blick, verschränkte die Arme und ging hinter der Stuhlreihe auf und ab. Etwas, das sie mit Ostermann gemein hatte, dachte Charlotte. Wenn sie unter Stress stand, musste auch sie offenbar in Bewegung bleiben.

»Herrschaften ...«, sagte die Kriminalrätin, ohne aufzublicken, »ich muss keine Rede darüber halten, wie ernst die Lage ist, das wissen Sie selbst. Ich weiß, dass Sie ihr Bestes geben, auch wenn der Eindruck manchmal täuschen mag ...«

Was meint sie denn damit, fragte sich Charlotte und sah Rüdiger fragend an. Der schien sie aber gar nicht wahrzunehmen und las in seiner Akte, als hoffte er, in den Tiefen der Protokolle seine vermisste Kollegin zu finden.

»Wie auch immer, ich habe um elf Uhr dreißig eine Pressekonferenz einberufen, an der auch Herr Bergheim teilnehmen wird. Wir haben eine Fotomontage des Ermordeten mit der Perücke, die in seinem Wagen gefunden wurde, und ein Foto von seinem Wagen online gestellt und werden diese Beweisstücke auch im Fernsehen und den Printmedien veröffentlichen. Wir können nur hoffen, dass uns einer von den vielen Hinweisen, die dann zweifellos eingehen werden, zu dem Komplizen und/oder Mörder von Kolbe führt und damit zu Julika Torin.« Die Kriminalrätin blieb stehen. »Ich hoffe, dass wir unsere Kollegin lebend finden werden.« Damit drehte sie sich um und verließ den Raum. Betretenes Schweigen machte sich im Team breit, bis Rüdiger das Wort ergriff.

»Ich nehme an, Martin hat euch bereits über die Details aufgeklärt. Leider haben wir bisher keine heiße Spur. Sobald es Ergebnisse aus dem Labor gibt, wird Martin sie euch mitteilen.«

Alle standen auf und machten sich an die Arbeit.

***

Sie stand inmitten eines kahlen Raumes und wurde von mehreren Scheinwerfern angestrahlt. Es war unmöglich, etwas zu erkennen, sie versuchte, sich aus dem Lichtfokus zu entfernen, doch die Stimme befahl ihr, sich nicht vom Fleck zu rühren, also umschlang sie ihre nackten Brüste und ging in die Knie. Der Steinboden schmerzte, aber vielleicht war es besser zu bleiben, wo sie war, immerhin war es hier warm.

Langsam schälte sich aus der Schwärze eine maskierte, dunkel gekleidete Gestalt und bewegte sich auf sie zu, umrundete sie, betrachtete sie. Irgendetwas trug die Gestalt in der Hand, Julika konnte nicht erkennen, was es war.

Reiß dich zusammen, sagte sie sich. Du bist Polizistin, und eine gute. Du wirst diesem Typen keine Gelegenheit geben, dir etwas anzutun, und du wirst nicht in diesem Loch verrotten.

Aber der Typ schien sich seiner Sache ziemlich sicher zu sein, denn immerhin hatte er ihre Fesseln gelöst. Wenn er sie vergewaltigen wollte, hätte er das einfacher haben können. Aber vielleicht liebte er ja auch das Risiko.

Das konnte er haben, sie hatte eine lange und intensive Ausbildung im Nahkampf hinter sich. Was immer der Typ mit ihr vorhatte, leicht würde sie es ihm nicht machen. Noch hielt er Abstand, umrundete sie weiter.

Diese Maske ... Julika glaubte, das Gesicht zu kennen. War das ein Schauspieler? Irgendwie erinnerte sie das grinsende Gesicht an jemanden, den sie kannte. Die Gestalt kam näher, Julika stellte sich auf die Zehenspitzen, stützte sich mit den Händen ab wie ein Gorilla und blieb in der Hocke, zum Sprung bereit. Sie ließ ihren Gegner keinen Moment aus den Augen.

Komm nur, dachte sie, ich bin bereit. Sie spannte die Muskeln und setzte zum Sprung an. Aber darauf schien der Maskierte nur gewartet zu haben. Er wich zur Seite, und im selben Moment durchfuhr sie ein lähmender Schmerz. Wehrlos sank sie zu Boden, während die grinsende Maske auf sie herabblickte.

Sie war unfähig, sich zu rühren. Deshalb fühlte er sich so sicher, fuhr es ihr durch den Kopf, als er sich über sie beugte und mit dem Ding näher kam. Nicht noch einmal diesen Schmerz, flehte sie wortlos, reden konnte sie nicht. Sie würde alles tun, was er wollte, aber nicht noch mal diesen Schmerz.

★★★

»Das solltest du dir ansehen.«

Charlotte, die in ihrer Ungeduld mit dem Labor telefoniert hatte – natürlich erfolglos, es gab noch keine Ergebnisse –, sah Bremer erwartungsvoll an.

»Hast du was gefunden?«

Sie wartete die Antwort nicht ab, sondern stand auf und folgte dem Oberkommissar in sein Büro, wo er sich vor den Computer setzte, mit der Maus eine Webseite aufrief und ihr den Bildschirm zudrehte.

»Das hab ich gefunden.«

»Aha«, sagte Charlotte, die mit dem Film zunächst nichts anfangen konnte. Natürlich, es war Pornografie – kein Softporno, es ging ziemlich deutlich zur Sache. Aber die Protagonisten – ein Mann in Jogginganzug und Skimütze, der eine nackte Frau, deren Augen verbunden waren, auf einer Art Gynäkologenstuhl penetrierte. Die beiden waren immerhin erwachsen und schienen sich recht gut zu amüsieren.

»Was genau willst du mir damit sagen?«, spöttelte sie und bemerkte, wie Bremer, dem fast die Zunge aus dem Hals hing, rot anlief. Er blickte sie vorwurfsvoll an.

»Das ist ein Werbefilm für ein Porno-Videoportal, und wer, glaubst du, hat ihn gedreht?«

»Kolbe?«

»Das ist zumindest ziemlich sicher. Es gibt nämlich auf demselben Portal noch einen Fotoshop.« Bremer klickte auf der Maus herum. »Es sind erotische Fotos von Frauen, teilweise echt gelungen, aber harmlos. Und die Frauen posieren, wie's aussieht, freiwillig. Schau dir das an.«

Er wies mit triumphierendem Lächeln auf den Bildschirm.

»Sieh mal an«, meinte Charlotte, »wen haben wir denn da.«

Bremer legte den Kopf schief. »Da staunt man doch, sieht gar nicht mal schlecht aus. Wer hätte das gedacht.«

Ja, das fand auch Charlotte und betrachtete ein Foto von Franziska Gerber, auf dem sie sich in einem Hauch von Negligé auf einem Schaffell räkelte.

»Bisschen konservativ, oder?«, fragte Bremer.

»Ah ja?« Charlotte schmunzelte. »Was meinst du genau?«

»Na ... das Fell und so ...«, stotterte Bremer.

»Was nimmt man denn sonst so?«

»Weiß ich doch nicht, ich meinte nur ... Fell ist doch langweilig.«

Charlotte musste ihm recht geben. Das Foto wirkte wie eine Kopie aus den ... ja ... wann waren solche Fotos eigentlich populär gewesen? In den Neunzehnhundertdreißigern? Oder eher Fünfzigern?

Unwichtig, es machte nur deutlich, dass Franziska Gerber zwar gern als Femme fatale gegolten hätte, aber zumindest in erotischer Hinsicht nicht besonders mutig gewesen war. Auch das Foto von Lea Bobart gehörte zum Sortiment. Ob die Frauen wohl wussten, dass mit ihren Fotos Geld gemacht wurde? Ob sie vielleicht sogar mitverdienten?

Bremer griff wieder zur Maus und rief einen Film auf.

»Und das hier finde ich ganz besonders interessant. Ich hab auf demselben Portal noch einen anderen Film gefunden, der ganz ähnlich ist wie der andere. Maskierter Mann kopuliert mit Frau, allerdings in anderer Stellung, und die Frau ist gefesselt. Aber guck dir doch bitte mal die Frau genauer an.«

Charlotte beugte sich vor und betrachtete die Frau, die reglos dalag und alles mit sich geschehen ließ.

»Es könnte Elena Martínez ... Dings sein, oder?«

»Ich bin fast sicher, dass es Elena ist!«, rief Bremer.

Charlotte stellte fest, dass, wenn man genau hinsah, sich bei diesem Akt nur einer amüsierte, nämlich der Mann. Die Frau schien sediert, willenlos.

»Hast du noch mehr gefunden?«

»Noch nicht, aber das werde ich!«

»Gut, gib das weiter an die Technik, sie sollen prüfen, ob man Rückschlüsse auf die Örtlichkeit ziehen kann und vielleicht auf die Identität des Mannes.«

Charlotte starrte auf den Bildschirm. »Könnte das Kolbe sein?«, überlegte sie.

»Aber der war doch schwul, denke ich.«

»Und er war verheiratet. Ich glaube, der hat sich an beiden Ufern wohlgefühlt. Wenn er's ist, dann muss er einen Komplizen gehabt haben. Aber wen?«

»Jemanden aus der Agentur«, folgerte Bremer. »Und dieser Komplize hat ihn womöglich um die Ecke gebracht. Vielleicht gab es Streit.«

»Möglich. Was, glaubst du, verdient man mit solchen Filmen?«

»Eine Menge, hier kannst du sogar ein monatliches Abo bestellen und regelmäßig die neuesten Filme streamen, sonst zahlst du halt für jeden einzeln. Denk doch bloß mal an diese Softporno-Bücher von dieser Engländerin. Für mich ist das Telefonsex, nur billiger. Die Frau hat bestimmt Unsummen verdient und verdient immer noch.«

Das stimmte, dachte Charlotte und fragte sich gleichzeitig, wieso Bremer sich plötzlich mit Buchbestsellern auskannte. »Aber das ist ja nicht illegal, es sei denn ...«

»Genau, es sei denn, die Frauen sind unfreiwillige Darstellerinnen. Und die Webseite ist gut versteckt, finden nur Insider.«

Charlotte klopfte Bremer auf die Schulter. »Prima, ich wusste, du bist genau der Richtige für die Spurensuche im Internet.« Sie drückte ihm einen Kuss auf die hohe Stirn, sodass er zusammenzuckte.

»Wie meinst du das denn jetzt?«, fragte er empört. »Ich bin kein Typ, der sich Pornofilme anguckt, ich bin verheiratet, und ...«

»Als ob das ein Grund wäre, sich keine Pornos anzugucken«, unterbrach ihn Charlotte. »Aber beruhige dich, ich glaube dir.« Bevor Bremer sich weiter echauffieren konnte, klopfte es, und Maren trat ein. »Gerade kam ein Anruf von der Schutzpolizei. Es gab eine Schlägerei, und ratet mal, wo.«

»In der Marktkirche«, sagte Charlotte genervt.

Maren schüttelte den Kopf. »Quatsch, nein, in der Agentur Salzmann & Sporck, was sagt ihr jetzt?«

Eine knappe halbe Stunde später gingen Charlotte und Maren die Treppe zur Agentur hinauf. Als sie den Eingangsbereich betraten, standen noch zwei Uniformierte an der Rezeption herum. Ein Mann, der gelangweilt am Tresen lehnte, und eine Frau, die versuchte, eine aufgebrachte, schluchzende Pia Kowalsky zu beruhigen.

Charlotte begrüßte die beiden und wandte sich an den Polizisten.

»Was ist denn hier passiert?«

Der junge Mann nahm seinen Arm vom Tresen und räusperte sich.

»Tja, also, wir fuhren gerade die Podbi entlang, Richtung Innenstadt, da kam die Meldung, dass hier jemand bedroht wurde. Daraufhin sind wir gleich hergekommen und haben die beiden

Chefs, Herrn Salzmann und Herrn Sporck, vorgefunden. Die beiden hatten eine Rangelei ...«

»Aber Herr Salzmann hat den Frank doch gewürgt!«, unterbrach Pia Kowalsky schluchzend den Bericht des Polizisten. Der verdrehte die Augen.

»Na ja, er ist ihm wohl an die Gurgel gegangen, aber das war im Affekt. Und Herr Sporck hat die beiden dann wohl getrennt, woraufhin Salzmann auch Sporck angegriffen hat. Allerdings ziemlich erfolglos«, der Polizist beugte sich vor und fuhr flüsternd fort, »der Sporck könnte den Salzmann ja unterm Arm verhungern lassen.«

»Aha.« Charlotte blickte von einem zum anderen. »Und wo sind die Herren jetzt?«

»Sitzen alle in ihren Büros und schmollen.« Der Polizist grinste und wies mit dem Kopf in Richtung der etwas belämmert wirkenden Pia Kowalsky. »Anscheinend will keiner Anzeige erstatten, also alles halb so wild.«

Charlotte schloss daraus, dass es Kowalsky gewesen war, die die Polizei alarmiert hatte.

»Okay.« Sie nickte den beiden Polizisten zu. »Danke, wir übernehmen jetzt.« Die beiden verabschiedeten sich, und Charlotte wandte sich an die Sekretärin. »Nun erzählen Sie mal in Ruhe. Was ist genau passiert?«

Pia Kowalsky wedelte mit ihrem Papiertaschentuch herum. »Die tun ja gerade so, als wäre das nichts gewesen, dabei haben die sich dermaßen gestritten.«

»Wer genau?« Charlotte fand die Rhetorik der Frau verbesserungsbedürftig.

»Na, Herr Salzmann und Frank Richter! Ich war gerade in der Küche, da kam Frank aus dem Büro vom Chef und Salzmann hinter ihm her, und geschrien haben die ...!«

»Was genau?«

»Hach, das weiß ich gar nicht mehr so genau.« Pia Kowalsky putzte sich geräuschvoll die Nase. »Ich glaube, Frank hat was gesagt von wegen ›Es reicht jetzt!‹. Und Herr Salzmann schrie was von ›schäbigem Vertrauensbruch‹. Und dann schrie Frank wieder, dass das ›seine Sache‹ wäre, und der Chef hat dann geantwortet, dass ihn das ja wohl ›eine Menge‹ anginge.« Charlotte stellte fest, dass entgegen ihrer Versicherung die Kowalsky noch sehr genau wusste, was die beiden Kontrahenten sich an den Kopf geworfen hatten, leider wusste sie aber immer noch nicht, worum es bei dem Streit ging.

»Das weiß ich doch nicht!«, rief Pia Kowalsky auf Charlottes diesbezügliche Frage und warf ihr Taschentuch in den Papierkorb. »Fragen Sie die beiden doch selbst.«

»Das werden wir«, erwiderte Charlotte und ging zunächst zu Sporck ins Büro. Maren blieb an der Rezeption stehen, damit niemand die Agentur verließ.

Sporck saß hinter seinem Schreibtisch und arbeitete am Computer. Als Charlotte eintrat, musterte er sie abwartend.

»Keine langen Vorreden bitte«, sagte Charlotte. »Was ist hier los?«

»Nichts, was Sie etwas anginge«, sagte Sporck.

»Sie meinen, die Todesfälle in Ihrer Agentur gehen die Polizei nichts an?«

»Diese Auseinandersetzung hat nichts mit den Todesfällen zu tun.«

»Überzeugen Sie mich, und Sie sind mich los.«

Sporck seufzte. »Lassen Sie's einfach gut sein. Die Todesfälle haben uns schon genug negative Publicity eingebracht, es reicht jetzt! Ich habe nur einen Streit geschlichtet. Was wollen Sie mir vorwerfen?«

Charlotte biss die Zähne zusammen. Wie sollte sie diesen Kerl knacken?

»Sie kommen bitte morgen um neun Uhr zur Befragung in die Polizeidirektion. Sie können das als offizielle Vorladung betrachten.«

»Und wenn ich nicht komme?«

Charlotte, die schon an der Tür war, drehte sich noch mal um.

»Dann holen wir Sie!«, sagte sie, knallte die Tür hinter sich zu und marschierte zu Salzmanns Büro, das sie ebenfalls, ohne anzuklopfen, betrat. Salzmann drehte ihr den Rücken zu und schaute aus dem Fenster. Sie stellte sich vor den Schreibtisch.

»Ich höre«, sagte sie und wartete schweigend.

Als Salzmann sich umdrehte, erschrak Charlotte. Er schien um Jahre gealtert. Er wandte ihr wieder den Rücken zu.

»Lassen Sie mich einfach in Ruhe«, sagte er so leise, dass Charlotte ihn kaum verstand. »Ich habe Ihnen nichts zu sagen.«

Charlotte, die einsah, dass sie hier und heute nichts mehr erreichen würde, bestellte auch Salzmann in die Direktion, ebenso wie Frank Richter, der in der Küche von den anderen Agenturmitgliedern bedauert wurde. Er verweigerte unter dem Vorwand, er stehe unter Schock, jede Aussage.

Auch die weitere Befragung des Teams brachte keine Aufklärung. Anscheinend wusste wirklich niemand, warum sich die beiden gestritten hatten, außer den Herren selbst natürlich. Aber vielleicht würden sie ja in der Inspektion gesprächiger werden. Wenn nicht, traten sie weiterhin auf der Stelle. Allerdings war Charlotte mehr als gespannt, was die Herren zu Kolbes Nebenverdienst zu sagen haben würden. Und wie viel sie davon gewusst hatten. Und wer am Ende mit ihm unter einer Decke gesteckt hatte.

Sie gingen zu »Bosselmann« an der Lister Meile, bestellten sich Kaffee und aßen Schokoladen-Croissants. Danach fuhren sie zurück zur Direktion, wo sie von Bremer, der gerade in sein Butterbrot gebissen hatte, empfangen wurden.

»Wir haben Ergebnisse aus dem Labor«, mümmelte er, während er Charlotte in ihr Büro folgte. »Und du wirst es nicht glauben, sie haben Spuren von Nasrin und Elena im Wagen gefunden, und von Jan. Sie haben noch weitere Spuren gesichert, konnten aber noch nicht alle auswerten.«

Charlotte, die sich gerade vor ihrem Schreibtisch niedergelassen hatte, sprang wieder auf.

»Na endlich«, rief sie. »Weiß Rüdiger Bescheid?«

Bremer hatte die unselige Angewohnheit, immer kurz bevor er etwas sagen wollte, von seinem Butterbrot abzubeißen.

»Ja, klar, aber ...«, Bremer schluckte heftig, »aber das ist noch nicht alles ...«

Charlotte setzte sich, an Bremers Umständlichkeit würde sie sich nie gewöhnen. »Ich höre.«

»Die Spurensicherung hat jetzt die Fundsachen aus Kolbes Wohnung oder zumindest das, was davon übrig ist, ausgewertet ...« Bremer stopfte sich den Rest seines Brotes in den Mund.

»Schmeckt's?«

»Äh, ja, klar, das ist Schnuckenleberwurst, die schickt mir meine Tante immer aus Undeloh ...«

»Fundsachen. Kolbes Wohnung«, unterbrach ihn Charlotte unwirsch und brachte Bremer wieder zum Thema zurück.

»Du hast mich gefragt«, erwiderte Bremer beleidigt. »Aber zur Sache, sie haben einen Schlüssel gefunden, der wahrscheinlich zu einem Gepäckschließfach gehört, möglicherweise in der Ernst-August-Galerie. Sie untersuchen das gerade und melden sich heute noch.«

»Ein Gepäckschließfach«, überlegte Charlotte. »Das könnte der Durchbruch sein.«

»Das glaub ich auch«, strahlte Bremer.

Trotz aller Zuversicht beschlich Charlotte ein ungutes Gefühl. Sie musste unbedingt vor Rüdiger erfahren, wer hinter Jans Entführung steckte.

»Wie war übrigens die Pressekonferenz?«

Bremer wischte sich die Hände an seiner Jeans ab. »Das Übliche, frag Rüdiger, die Chefin hat ihn fast allein reden lassen.«

Damit war Charlottes Frage bereits beantwortet. Die Kriminalrätin hatte Vertrauen in ihre Leute demonstriert, das war entscheidend.

***

Er hatte sie trinken lassen. Danach. Hatte ihr ein Glas Wasser in die bebenden Hände gedrückt. Die Hälfte hatte sie verschüttet. Sollte sie etwa dankbar dafür sein?

Jetzt lag sie wieder im Bett und war unfähig, sich zu rühren. Er hatte sie nicht mal gefesselt, das war nicht nötig. Ihr Körper schmerzte zu sehr, als dass sie den Wunsch gehabt hätte, sich zu bewegen. Von Flucht ganz zu schweigen.

Was geschah nur mit ihr? Sie hatte sich so stark gefühlt, so unbesiegbar ... und jetzt war alles weg. Würde er sie leben lassen? Sie hier gefangen halten? Oder sie irgendwann doch freilassen? Wann?

Und wie sollte sie danach weitermachen? Die anderen Frauen waren alle nach einer Nacht wieder aufgetaucht, aber sie war doch schon länger hier als eine Nacht. Warum hielt er sie so lange fest? Was war bei ihr anders?

Vielleicht war ihr Entführer ein anderer als der, den sie suchten. Sie wusste noch genau, dass sie sich im »Acanto« eine Cola bestellt hatte. Sie hatte das Glas halb geleert, es dann auf die Theke gestellt und gewartet. Es war ihr nichts aufgefallen. Wenn tatsächlich jemand etwas hineingemischt hatte, musste er sehr umsichtig vorgegangen sein, denn sie hatte gut aufgepasst.

Trotzdem hatte sie nichts mehr getrunken und war gegangen. Hatte noch mal ihr Handy benutzt, und plötzlich war da dieser Schmerz gewesen. Zuerst im Rücken. Sie wäre hingefallen, aber jemand hatte sie aufgefangen. Sie konnte sich an einen bestimmten Geruch erinnern und an blonde Haare. Dann wieder der Schmerz, dieses Mal am Hals, und danach ... nichts. Bis sie aufgewacht war, frierend, wehrlos und nackt.

Sie krümmte sich zusammen, schluchzte, dachte an ihren früheren Freund Fredo, an seine dunklen, vorwurfsvollen Augen. Sie war zu leichtfertig gewesen. Hatte ihn verlassen, weil ihr der Beruf wichtiger war, weil sie das Verlangen hatte, diese Welt ein kleines bisschen besser zu machen.

Fredo. Was er wohl gerade tat? Ob er sie noch liebte? Wie spät war es überhaupt? Wie lange war sie schon hier? Aber war das nicht gleichgültig? Viel wichtiger war, was aus ihr werden würde. Wie lange sie das hier durchhalten würde. Nicht lange ...

Fredo. Sie würde ihn anrufen. Wenn sie das hier lebend überstehen sollte, würde sie ihn anrufen.

Ob sie nach ihr suchten? Natürlich suchten sie nach ihr. Rüdiger würde keine Ruhe geben. Ihm vertraute sie rückhaltlos. Er hatte gezögert, als sie sich als Lockvogel angeboten hatte, hatte sie noch zu jung, zu unerfahren gefunden, aber sie hatte es besser gewusst. Besser! Hatte sich in die erste Reihe geschoben, und dann hatte Rüdiger eingewilligt.

Warum hatte sie das bloß getan? Tränen liefen über ihre Wangen, ihr fehlte die Energie, sie wegzuwischen. Vielleicht sollte sie versuchen zu schlafen, Kräfte sammeln, es half nichts, sich aufzugeben. Aber allein der Gedanke, dass er wiederkommen würde, schwächte sie, ließ sie zittern. Fredo. Sie schluchzte, weinte so lange, bis sie vor Erschöpfung einschlief.

***

Rüdiger, der Jan in der MHH besucht hatte, betrat Charlottes Büro.

»Jan will nach Hause«, sagte er ohne Gruß, »unbedingt. Er sagt, er hat die Schnauze voll von Hagebuttentee und Kartoffelbrei.«

»Ach«, erwiderte Charlotte, »wie soll denn das gehen? Meinst du, er ist schon so weit?«

»Die Ärzte sagen Nein.«

»Na also.«

»Ich denke, der Hauptgrund ist, dass Nasrin entlassen wurde. Vielleicht könnte Andrea sich um ihn kümmern?«

Andrea. Charlotte lächelte. Oja, ihre Schwester würde sich mit Feuereifer auf diese Aufgabe stürzen, aber ob Jan das besser gefallen würde als Krankenhaus? Wie auch immer, schaden würde es nicht, und zu Hause würde Jan sich bestimmt besser erholen.

»Warum nicht«, antwortete sie lächelnd. »Frag sie.«

»Okay.«

Rüdiger leitete Jans Umsiedlung in die Wege. Andrea hatte sich sofort bereit erklärt, sich um ihren Stiefneffen zu kümmern und alles für ihn vorzubereiten. Sie war geradezu euphorisch geworden bei der Aussicht, einen Patienten einige Zeit ganz für sich allein zu haben und ihn nach Herzenslust therapieren zu können.

Rüdiger hatte Andreas Angebot erleichtert angenommen. Er selbst hatte im Moment zu viel um die Ohren und war froh, seinen Sohn gut versorgt zu wissen.

Dann ließ er sich von Charlotte über den Stand der Dinge informieren. Als er die Filme sah, wurde er weiß vor Zorn.

»Verdammtes Schwein, wenn ich dich erwische«, presste er wütend hervor.

Sie gingen ins Büro von Gesine Meyer-Bast, wo sie von Julius begrüßt wurden. Das Tier hatte sich anscheinend akklimatisiert. Jedenfalls war aus dem einst bibbernden Bündel ein vorwitziges, freundliches Fellknäuel geworden. Meyer-Bast telefonierte umgehend mit dem Landeskriminalamt. Zwei Experten würden die Filme auf der Webseite auswerten.

Einige Beamte waren immer noch dabei, die letzten Stunden des Herrn Kolbe zu rekonstruieren, was sich als sehr schwierig erwies. Der Mann hatte nicht viele Kontakte gehabt. Die wenigen Kollegen – zu denen auch die der Agentur gehörten – hatten keine nützlichen Informationen beisteuern können, und Freunde schien er, außer Zimbart, keine gehabt zu haben. Oder die Freunde wollten anonym bleiben. Die Person Jens Kolbe war ein Rätsel.

Das Team traf sich um fünf Uhr am Nachmittag zur Besprechung. Es gab immer noch keine Hinweise auf Julika. Sie mussten auf die Auswertung der Filme warten oder auf den entscheidenden Hinweis aus der Bevölkerung. Charlotte hätte sich am liebsten jeden einzelnen der noch verbliebenen sieben Verdächtigen der Agentur vorgenommen und sie einen nach dem anderen – wie man das im Mittelalter nannte – einer hochnotpeinlichen Befragung unterzogen. Dann hätten sie schon geredet!

Leider war sie kein Inquisitor, sondern eine Ermittlerin im einundzwanzigsten Jahrhundert. Das bot eine Menge Möglichkeiten, aber eben auch Barrieren. Dazu gehörte, dass man leider keine Daumenschrauben mehr ansetzen konnte, so nützlich das in diesem Fall auch sein mochte. Wie auch immer, morgen würde sie Gelegenheit haben, den drei Streithähnen aus der Agentur auf den Zahn zu fühlen.

»Wir können jetzt mit Sicherheit davon ausgehen, dass Kolbe mit den Entführungen und Vergewaltigungen zu tun hat«, eröffnete Charlotte die Besprechung. »In seinem Auto sind Spuren von Elena, Jan und Nasrin gefunden worden. Es wurden auch noch andere Spuren gefunden, aber deren Auswertung steht noch aus.«

Dann berichtete sie von der Handgreiflichkeit zwischen Hans-Peter Sporck, Frieder Salzmann und Frank Richter.

»Leider mauern die drei, was den Grund der Streitigkeit angeht, aber ich habe sie alle für morgen früh in die Direktion bestellt. Und wir werden sie getrennt befragen. Auf jeden Fall spielt sich irgendwas zwischen diesem Richter und Hans-Peter Sporck ab. Das hab ich aus ihrem Benehmen geschlossen.«

»Könntest du mal konkreter werden?«

Das war Schliemann. Charlotte hatte den Verdacht, dass er sie aufs Glatteis führen wollte, aber den Gefallen würde sie ihm nicht tun. Sie sah ihn streng an.

»Nenn es Intuition, wenn du willst, aber sie haben sich damals angesehen, als wollten sie sich gegenseitig einer Sache vergewissern. So hat es auf mich gewirkt. Das muss nichts bedeuten, kann aber. Können wir uns darauf einigen?«

»Okay, okay«, raunte Schliemann und kniff sich mit Daumen und Zeigefinger sanft in die Nasenspitze.

Dann ließ sie Bremer von seiner Entdeckung im Internet berichten. Die Filme, ebenso wie einige der Fotos, riefen peinliches Schweigen, die Bilder von Lea Bobart anerkennendes Gemurmel hervor.

»Kolbe hat sowohl mit den Filmen als auch mit den Fotos im Internet einen schwungvollen Handel betrieben. Mittlerweile wissen wir auch, dass weder die Steuer noch die Frauen, die diese Fotos machen ließen, von dem Verkauf wussten. Zumindest hat Lea Bobart auf Marens diesbezügliche Frage ziemlich aufgebracht reagiert.«

Maren nickte vielsagend. »Die ist total ausgerastet, hat mit dem Fuß aufgestampft, wie ein Kind in der Trotzphase.«

»Was wir nicht wissen«, wandte Charlotte ein, »ist, ob er auch der Vergewaltiger in den Filmen ist. Wahrscheinlich ist es aber sein Komplize, denn nach Aussage von Lea Bobart war Kolbe schwul.«

»Es wäre doch möglich, dass Gerber dahintergekommen ist, dass Kolbe die Fotos vermarktet.« Rüdiger, der die ganze Zeit den Kopf in die Akten gesteckt hatte, mischte sich zum ersten Mal ein. »Vielleicht hat sie gedroht, ihn zu verklagen. Oder vielleicht wollte sie ihren Anteil einfordern, wenn sie so geldgierig war. Und vielleicht ist Kolbe ja dann auch Gerbers Mörder.«

»Das könnte doch sein«, stimmte Schliemann zu. »Vielleicht ging es ja bei dem Einbruch in Gerbers Wohnung um diese Fotos. Schließlich haben wir keine gefunden. Jedenfalls nicht solche, und dass es welche gab, wissen wir ja nun.«

»Solche Fotos sind ja nicht illegal«, sagte Charlotte. »Aber dass sie verschwunden sind, stützt die Einbruchstheorie und lässt vermuten, dass Kolbe dahintersteckte. Irgendetwas hat es damit auf sich.«

Charlotte schwieg einen Moment. Die Beamten wirkten erschöpft und angeschlagen. Dass sie noch immer keine Spur von Julika hatten, war nicht gerade ermutigend. Sie selbst fühlte sich ebenfalls müde und hatte das dringende Bedürfnis, sich mit einem guten Glas Wein vor den Fernseher zu setzen und irgendeine seichte Boulevardkomödie zu gucken. Alles wäre ihr recht, wenn sie bloß nicht über irgendeinem Problem brüten musste.

Rüdiger ergriff wieder das Wort. »Ich habe von allen sieben Angehörigen der Agentur Fotomontagen mit unserer Perücke machen lassen. Ich schlage vor, dass ihr beiden, Lothar und Maren, sie den vier Frauen vorlegt, vielleicht klingelt ja dann was. Ich werde Jan fragen. Ansonsten müssen wir auf die Auswertung der Spezialisten vom LKA warten und weiterhin hoffen, dass vielleicht doch noch ein entscheidender Hinweis eingeht, der uns hilft, Julika zu finden.«

Er stand auf. Die Besprechung war beendet. Unter leisem Gemurmel verließ das Team den Raum und begab sich an die Schreibtische oder in den Feierabend.

Rüdiger und Charlotte blieben zurück. »Ich werde jetzt Jan abholen, Andrea wollte alles vorbereiten«, sagte er. »Kommst du mit?«

»Natürlich«, antwortete Charlotte. Was sollte sie auch sonst tun?

Jan war noch ziemlich wacklig auf den Beinen. Nur gut, dass es einen Fahrstuhl gab, dachte Charlotte, als sie ihre beiden Männer betrachtete. Sie standen dicht gedrängt, und Rüdiger stützte Jan, der aussah, als wäre eine Kuhherde über ihn hinweggetrampelt. Sein Gesicht schillerte in allen Farben, und das eine Auge war immer noch geschwollen. Das andere aber glänzte, und der Mund schien zu lächeln. Was Liebe doch alles reparieren kann, dachte Charlotte, nachdem Jan den Besuch von Nasrin für den nächsten Tag angekündigt hatte.

Bevor Charlotte den Schlüssel ins Schlüsselloch stecken konnte, öffnete Andrea bereits die Tür und nahm sich auf der Stelle ihres Patienten an.

»Wie schön, dass du da bist«, sagte sie und führte ihn in Charlottes und Rüdigers Schlafzimmer. Die beiden würden sich mit der Bettcouch im Wohnzimmer begnügen müssen, aber das machte nichts. Sie schliefen überall wie die Murmeltiere, Hauptsache sie hatten ein warmes Plätzchen. So ähnlich drückte Andrea sich aus.

Charlotte und Rüdiger ließen sich auf den Polstermöbeln nieder und saßen eine Weile schweigend beieinander.

»Hast du Hunger?«, fragte Charlotte schwach.

»Eigentlich nicht.«

»Soll ich was kochen?«

Charlotte hatte zwar nicht die geringste Lust, sich jetzt an den Herd zu stellen, aber ihre beiden Männer brauchten dringend etwas Vernünftiges in den Magen. Vielleicht war es aber auch sie selbst, die etwas Vernünftiges in den Magen brauchte. Sie erhob sich schwerfällig und begab sich in die Küche, wo sie mit Freude feststellte, dass Andrea einen großen Topf Suppe gekocht hatte. Sie schnupperte und probierte. Hm ... Kürbissuppe mit Ingwer und Kokosmilch. Sie nahm sich vor, ihre Schwester zum Dank in ein vegetarisches Restaurant auszuführen, auch wenn sie selbst lieber Schnitzel mit Fritten aß.

Sie ging in ihr Schlafzimmer, wo Jan mittlerweile im Bett lag und Andrea ihn fürsorglich zudeckte. Charlotte fragte sich gerade, ob sie ihm wohl beim Ausziehen geholfen hatte und ob ihm das recht gewesen war. Wahrscheinlich nicht, aber Andrea konnte ziemlich bestimmend sein, wofür Charlotte ihr manchmal sogar dankbar war.

»Du hast gekocht. Klasse«, sagte sie. »Jan, es gibt Kürbissuppe, die kannst du aus der Tasse trinken, möchtest du?«

Jan nickte.

»Okay, ich bring dir was.«

Zwanzig Minuten später hatte Jan einen Becher Suppe intus. Es war ihm nicht gelungen, sich seiner Stieftante zu widersetzen. Die hatte darauf bestanden, neben ihm sitzen zu bleiben, bis er aufgegessen hatte. Jetzt wollte er noch mal zur Toilette. Den Gang zum Badezimmer immerhin gestand Andrea ihm allein zu. Obwohl sie eine Art Pipiflasche für ihn besorgt hatte, bei deren Anblick Jan nur mit den Augen gerollt hatte.

Danach war der Junge vor Erschöpfung eingeschlafen.

Mittlerweile saßen die drei übrigen Bewohner einträchtig am Küchentisch und löffelten ihre Suppe. Rüdiger schwieg, und die beiden Schwestern warfen sich vielsagende Blicke zu.

NEUN

Charlotte machte sich um kurz nach acht lustlos auf den Weg in die Direktion.

Sie hoffte, dass die Spezialisten vom LKA, die noch am gestrigen Abend ihre Arbeit aufgenommen hatten, schon zu ersten Ergebnissen gekommen waren. Aber sie wusste selbst, dass das unwahrscheinlich war. In einem solchen Fall wäre sie längst benachrichtigt worden.

Bergheim, der sich die Akte mitgenommen hatte, wollte noch bei Jan bleiben, bis Andrea ihre Einkäufe erledigt hatte. Im Moment saßen Vater und Sohn beisammen im Wohnzimmer. Jan wollte nicht länger im Bett liegen.

»Man könnte ja auf den Gedanken kommen, ich wär ein Invalide«, hatte er gesagt und war an den Küchentisch gehumpelt, wo Andrea ihm sein Frühstück hinstellte – sie hatte Porridge zubereitet – und sich dann auf den Weg machte, um einzukaufen.

Bergheim las die Akte zum x-ten Mal. Er war überzeugt davon, dass er irgendetwas Wichtiges übersah, und er machte sich Vorwürfe. Hätte er doch bloß auf sein Gefühl gehört! Das war es, was er an Charlotte so bewunderte. Sie verließ sich auf ihr Gefühl, und das trog sie selten. Ihm fehlte hier wohl einfach das Vertrauen. Er verbiss sich in die Fakten, aber es half nichts, er kam nicht weiter, ebenso wenig wie alle anderen.

Es war zum Verzweifeln, und eines war sicher: Wenn Julika nicht lebend wieder auftauchte, würde er den Dienst quittieren. Charlotte wusste es noch nicht, aber er war fest entschlossen.

Wenn er daran dachte, wie glücklich, ja, euphorisch Julika gewesen war, als er sie mit Matz zusammen auf die Jagd geschickt hatte. Und nun? Er warf die Akte weg und stand auf. Herr Gott, sie war so jung und so schön und so risikofreudig. Wahrscheinlich deshalb, weil ihr in ihrem Beruf die schlechten Erfahrungen fehlten. Und nun? Vielleicht war das hier die erste und letzte wirklich schlechte Erfahrung, die sie jemals würde machen können. Und er war schuld.

»Is was?«, fragte Jan besorgt.

Bergheim setzte sich wieder. Es hatte keinen Sinn, seinen Sohn zu belügen.

»Ach, es geht um eine Kollegin ... Sie ist verschwunden«, er sprach nicht weiter.

»Issas die Frau ausn Nachrichten?«, fragte Jan.

»Ja«, antwortete Bergheim.

Jan legte sein neues Smartphone zur Seite.

»Weissu was?«, sagte er dann. »Ich glaub, mir is was eingefallen ...«

★★★

Als Charlotte die Direktion betrat, gab es wie erwartet keine Neuigkeiten. Allerdings, das erfuhr sie von Maren, waren die drei Herren aus der Agentur pünktlich angetreten und warteten im Büro unter den Augen der Kollegen, bis man sich um sie kümmern würde.

Charlotte hatte zunächst Sporck in einen Befragungsraum führen lassen. Ihn würde sie sich vornehmen, solange sie noch frisch und unverbraucht war. Sie wusste noch nicht, dass ihr weder ihre Frische noch ihre Unverbrauchtheit in diesem Fall etwas nutzen würden.

Sporck, der wie nicht anders zu erwarten seinen Anwalt im Gepäck hatte, machte von vornherein deutlich, dass er absolut nichts zu sagen hatte. Charlotte war sich im Klaren darüber, dass dieser Mann es ernst meinte. Er würde keine Silbe von sich geben, aber sie stellte der Form halber einige Fragen, auf die Sporck mit einem Lächeln antwortete oder nichtssagende Floskeln von sich gab.

Auf die Frage, ob er von den Pornofilmen wusste, die sein Mitarbeiter Kolbe im Internet verkauft hatte, reagierte er mit Erstaunen und einem, wie Charlotte fand, unangemessenen Heiterkeitsausbruch.

Nein, davon habe er nichts gewusst. Wie denn Pornofilme für Schwule aussähen, wollte er wissen. Nach einer halben Stunde schickte Charlotte Sporck nach Hause.

Bei Richter verhielt es sich genauso. Charlotte hatte den Verdacht, dass die beiden sich abgesprochen hatten. Richter schwieg mit stoischer Miene, fast so, als gälte es, den Krieg für eine gute Sache zu gewinnen. Von den Filmen wollte er ebenso wenig wie Sporck gewusst haben.

Dann war Salzmann an der Reihe. Natürlich war auch er mit seinem Anwalt zur Stelle, aber er war wider Erwarten durchaus mitteilungsbedürftig.

Nachdem Charlotte mit Bremer im Befragungsraum Platz genommen hatte und die für das Protokoll notwendigen Daten angegeben hatte, sagte Salzmann zum Erstaunen der beiden Ermittler, er wolle eine Aussage machen.

»Bitte«, sagte Charlotte, »erzählen Sie.«

Salzmann wirkte mitgenommen, aber irgendwie geläutert. Er trug einen dunkelblauen, eleganten Anzug. Ganz im Gegensatz zu seinem Kompagnon Sporck, der in ein sportliches Sakko gewandet war, und Richter, der Jeans, Hemd und Anzugjacke trug, ganz wie es sich für einen Kreativen gehörte.

»Ich möchte fürs Protokoll festhalten«, begann Salzmann mit einem Räuspern, »dass ich mir rechtliche Schritte gegen die Behandlung durch die Ermittlungsbehörden vorbehalte. Dennoch mache ich folgende Aussage ...«

Charlotte schürzte die Lippen. Natürlich, die bösen Ermittlungsbehörden.

»Mein ... bisheriger Kompagnon Hans-Peter Sporck und mein bisheriger Mitarbeiter Frank Richter haben ein Komplott gegen mich geschmiedet. Sie haben zusammen eine neue Firma gegründet und haben meinen größten Kunden – die Garanta-Versicherung – abgeworben. Damit fügen sie meiner Firma erheblichen Schaden zu, und es wird wahrscheinlich zu einigen Entlassungen kommen. Wer sonst noch an diesem Komplott beteiligt ist, weiß ich nicht. Das war der Grund für die Auseinandersetzung zwischen mir, meinem Ex-Kompagnon Hans-Peter Sporck und meinem Ex-Mitarbeiter Frank Richter am gestrigen Montag, die einen Polizeieinsatz zur Folge hatte.«

Salzmann lehnte sich zurück, sah zuerst seinen Anwalt und dann Charlotte und Bremer an. »Kann ich jetzt gehen?«, fragte er dann ruhig.

Charlotte war so verblüfft, dass sie ein paar Sekunden brauchte, um sich zu fangen. »Äh, Sie haben ja einen netten Mitarbeiterstab«, sagte sie dann. »Wussten Sie, dass Jens Kolbe Pornofilme im Internet verkauft hat?«

Salzmann schnappte nach Luft. »Kolbe? Sie meinen Filme für Schwule?«

»Sie wussten also nichts davon?«

»Natürlich nicht, ich gucke keine Pornos, und schon gar keine für Schwule!« Salzmann stand auf, ebenso wie sein Anwalt. »War das dann alles?«

»Ja, Sie müssen nur noch das Protokoll unterzeichnen.«

»Wir warten draußen.« Zum ersten Mal meldete sich der Anwalt zu Wort.

Charlotte nickte und sah schweigend zu, wie die beiden Männer den Raum verließen.

»Was war das denn jetzt?«, fragte Charlotte, als sich die Tür hinter ihnen geschlossen hatte.

»Das war mal ein Statement«, sagte Bremer, nachdem er das Aufnahmegerät ausgeschaltet hatte. »Kein Wunder, dass der ausgerastet ist.«

»Allerdings«, erwiderte Charlotte. »Was meinst du, ob Franziska Gerber davon gewusst hat und …?«

»Wäre eine Möglichkeit«, sagte Bremer, »aber selbst wenn, das ist nicht illegal. Solche Sachen kommen doch öfter vor.«

»Schon, aber …« Charlotte erinnerte sich an den Tag, als Sporck mit diesem Dr. Wer-auch-immer von der Garanta-Versicherung in seinem Büro verschwunden war. Schon damals hatte sie das Gefühl gehabt, dass an der Situation etwas nicht stimmte. Sie hatte recht behalten. Und dieses Komplott war dann wohl auch der Grund für die geheimnisvollen Blicke, die ihr zwischen Sporck und Richter aufgefallen waren. Na, was das anbelangte, waren sie ja nun schlauer, aber brachte sie das in ihrem Fall weiter?

»Was jetzt?« Bremer stellte sich anscheinend dieselbe Frage.

Charlotte schlug mit beiden Händen auf den Tisch. »Verdammt! Was ist bloß mit diesen Typen los?« Mit ›diesen Typen‹ meinte sie die Angestellten der Agentur. »Alles nur korrupte, erpresserische, eitle Heuchler!« Sie stand auf und verließ den Raum.

Bremer schaute ihr verdattert hinterher und stand dann auch auf.

Charlotte stapfte in ihr Büro. Sie empfand diesen Morgen als ihre persönliche Niederlage. Sie war keinen Schritt weitergekommen. Und, was noch schlimmer war, sie hatte keine Ahnung, wie sie weitermachen sollte. Bisher gab es nur einen ungelösten Mordfall in ihrer Laufbahn. Der Restaurantbesitzer, der seine Frau umgebracht hatte und dem sie diesen Mord nicht hatte nachweisen können. Bisher. Die Akten waren zwar geschlossen, aber Charlotte würde niemals lockerlassen und einen ungelösten Mord akzeptieren. Und sie hatte schon gar nicht die Absicht, diese Zahl um dreihundert Prozent zu erhöhen. Sie würde diesen Saustall ausmisten! Koste es, was es wolle!

***

Bergheim hatte Jans Mitteilung schweigend zur Kenntnis genommen. Dann war er zum Telefon gegangen und hatte sich mit der Zentrale der Leibniz-Universität verbinden lassen, von wo aus er zur Wirtschaftswissenschaftlichen Fakultät weiterverbunden wurde.

Wenige Minuten später legte er den Hörer weg. Er persönlich hielt einen Zufall in dieser Sache für ausgeschlossen. Nun endlich wusste er, wer in dem Wagen gesessen hatte, der Jan transportiert hatte, und wer für all die Ängste und Schmerzen verantwortlich war, die sein Sohn und auch er selbst und Charlotte hatten aushalten müssen. Aber bewies das auch, dass der Kerl Julika entführt hatte?

Für Bergheim stand das außer Zweifel. Das war der Mann, den sie suchten. Allerdings reichte die Beweislage nicht aus, um das SEK zu mobilisieren und sein Haus zu stürmen. Also musste er die Sache selbst in die Hand nehmen. Er würde sich dieses Schwein schnappen.

***

Charlotte saß in ihrem Büro und haderte mit sich. Das Telefon klingelte.

»Ja?«, blaffte sie. »Habt ihr endlich Neuigkeiten?«

»Äh, weiß ich nicht so genau«, war die Antwort von einer ihr unbekannten Stimme. »Auf jeden Fall warten hier unten zwei Frauen ... oder Damen auf Sie. Die wollen unbedingt mit Hauptkommissarin Charlotte Wiegand sprechen.« Die Stimme klang amüsiert, was Charlotte auf die Palme brachte. »Was wollen die? Haben Sie mal nachgefragt?«

»Nein, aber sie meinten, es ginge um die vermisste Frau.«

Charlotte fragte nicht weiter, knallte den Hörer auf die Gabel und stürmte nach unten zur Anmeldung, wo zu ihrer größten Überraschung Leonie Latussek und Verena Maikart auf sie warteten. Sie schienen ziemlich aufgeregt.

Charlotte lotste die beiden in einen der Befragungsräume und bat sie, Platz zu nehmen. Latussek wirkte angespannt, Verena Maikart, die zu Charlottes Erstaunen doch nicht stumm war, ungeduldig.

»Erzählen Sie bitte«, sagte Charlotte. »Was wissen Sie über die vermisste Frau?« Sie blickte gespannt von einer zur anderen.

Leonie Latussek saß zusammengekrümmt da und hatte die Hände in ihren Schoß gelegt. Verena Maikart zog die Schultern hoch, wusste wohl nicht so recht, wie sie anfangen sollte. Charlotte wartete, obwohl es ihr schwerfiel, ruhig zu bleiben. Julikas Leben konnte von jeder Sekunde abhängen.

***

Bergheim lief in der Wohnung herum wie ein gejagtes Tier. Wo blieb Andrea? Wieso brauchte sie so lange? Er hatte keine Zeit!

»Ich muss gehen«, sagte er zu Jan. »Kommst du zurecht?«

»Klar«, sagte der und versuchte zu zwinkern, was etwas verunglückte. »Bin froh über jede freie Minute.«

Vater und Sohn lächelten sich an, und Bergheim verließ die Wohnung. Sein Wagen stand vor dem Haus im Halteverbot. Glücklicherweise hatte er, aus Rücksicht auf Jan, den Wagen vor der Haustür geparkt. Er hatte natürlich ein Knöllchen, aber das war im Moment gleichgültig. Ihm waren alle Strafmandate der Welt gleichgültig, wenn er nur Julika lebend wiederfand.

Er setzte sich hinter das Steuer seines uralten Citroën und fuhr los.

***

»Also.« Verena Maikart sprach mit nordeuropäischem Akzent. Sie kam aus Norwegen, aber ihr Vater war Deutscher gewesen, hatte sie zu Charlottes Missfallen umständlich erklärt. »Ich ...« Sie warf Leonie Latussek einen Blick zu. »Ich möchte nicht, dass Leonie durch diese Aussage Nachteile hat, können Sie das garantieren?«

Was hatte das denn jetzt zu bedeuten? So etwas konnte Charlotte nicht garantieren, auch wenn sie noch so gern wollte. Laut sagte sie: »Äh, ich kann es versuchen.«

Das schien Verena Maikart nicht wirklich zu befriedigen, denn sie verzog den Mund, als hätte sie Schmerzen.

»Hören Sie«, Charlotte legte ihre Hand auf Maikarts Arm, »sagen Sie um Gottes willen, was Sie zu sagen haben. Es geht um das Leben einer jungen Frau. Fehlende Aufenthaltsgenehmigungen interessieren mich wirklich nicht die Bohne.«

»Okay.« Verena Maikart schien sich ein Herz zu fassen. »Leonie hat eine DVD gefunden, sie ... sucht gern mal in den Sachen ihrer Arbeitgeber herum ...«

»Aha«, antwortete Charlotte, die natürlich genau wusste, was Verena Maikart mit dieser freundlichen Umschreibung wirklich sagen wollte, nämlich dass Leonie Latussek ihren kargen Lebensunterhalt hin und wieder durch einen kleinen Diebstahl aufbesserte. Aber egal, was ging das Charlotte an.

»Weiter«, sagte sie und wischte den letzten Satz von Verena Maikart beiseite wie eine lästige Fliege. Maikart schien sich zu entspannen. Sie nickte Leonie Latussek zu und begann zu erzählen.

★★★

Bergheim fuhr wie ein Berserker. Das war sonst nicht seine Art, aber er hatte das Gefühl, dass die Chance, Julika lebendig zu finden, umso größer war, je schneller er vorwärtskam. Kurz bevor er sein Ziel erreichte, drosselte er die Geschwindigkeit. Er hielt am Straßenrand und wartete. Was tat er hier eigentlich, fragte er sich. Wieso rief er nicht seine Kollegen an oder versuchte zumindest, den Amtsweg einzuhalten? Fehlender Beweis hin oder her. Wenigstens Charlotte müsste er doch benachrichtigen.

Es war nicht richtig, was er tat. Er wusste, dass es nicht richtig war. Aber er wusste auch, dass er nicht anders konnte. Oder nicht anders wollte. Er hatte keine Zeit. Und am Ende würde der Kerl womöglich alle Beweise vernichten, während er selbst den Amtsweg einhielt.

Oder irgendein gewiefter, karrieregeiler, skrupelloser Anwalt würde daherkommen und dieses Schwein raushauen. Es wäre nicht das erste Mal. Er hatte es erlebt, und es würde nicht noch mal passieren, dass so einer ohne Strafe davonkam. Er, Bergheim, war hier, und er würde das verhindern. Er würde etwas tun. Jetzt, und er würde weder Charlotte noch einen anderen Kollegen da mit hineinziehen.

Er wollte gerade die Tür öffnen, als direkt hinter ihm ein Auto anhielt. Ein Mann stieg aus, ging über die Straße und betrat das Haus. Bergheim öffnete die Wagentür und stieg aus.

★★★

Charlotte hörte zu, was die beiden Frauen zu sagen hatten. Das Summen ihres Smartphones ignorierte sie. Am Ende fügten sich die vielen Puzzleteile in dieser Geschichte zu einem Bild zusammen. Eine Frage hatte sie allerdings noch.

»Sagen Sie, Frau Maikart, ist Ihnen denn vorher gar nichts aufgefallen?«

Verena Maikart betrachtete ihre gefalteten Hände. »Doch, aber ich hab's nicht glauben wollen. Und als Leonie dann zu mir kam und mir erzählte, was sie gesehen hatte, da konnte ich es nicht mehr verdrängen und hab sie überredet, herzukommen.«

Charlotte bedankte sich. »Das war eine kluge Entscheidung.«

Sie schnappte sich Kommissar Velber und ließ ihn die Aussage der beiden Frauen aufnehmen. Dann griff sie zum Handy und machte sich im Laufschritt auf den Weg zum Büro der Chefin. Ein Anruf war ihr entgangen. Andrea. Was war los? War etwas mit Jan? Sie rief zunächst ihre Schwester an. Die druckste ein bisschen herum.

»Äh ... ich weiß ja nicht, ob das jetzt wichtig ist, aber ... ich denke, du solltest wissen, dass Jan Rüdiger einen Tipp gegeben hat und dass der jetzt unterwegs ist. Wohin, hat er Jan nicht gesagt. Es geht wohl um diese verschwundene Frau.«

Charlottes Herz schlug schneller.

»Danke, Andrea, gut, dass du mich angerufen hast.«

Sie drückte das Gespräch weg und überlegte fieberhaft. Wenn Rüdiger wusste, was sie wusste, dann hatte sie keine Zeit zu verlieren. Was konnte sie tun? Sie beschloss, den Besuch bei der Kriminalrätin zu verschieben, nahm ihr Handy und wählte.

»Stefan«, sagte sie, »ich brauch dich, wir treffen uns am Ausgang. Beeil dich!«

Sie hätte viel lieber Bremer an ihrer Seite gehabt, aber Bremer war ein Schreibtischhengst. Schliemann war der Einzige im Team, der Rüdiger gewachsen war. Zumindest körperlich. Und das war alles, was sie aufzubieten hatte. Was immer geschehen würde, sie konnte nur hoffen, dass Schliemann die Klappe hielt.

★★★

Bergheim ging langsam auf das Haus zu. Es sah so ordentlich aus, so friedlich, so harmlos. Aber war nicht gerade das die beste Tarnung? Er fühlte seine Waffe, die unter der linken Achsel auf ihren Einsatz wartete. Auf jeden Fall musste er Julika finden, bevor er sie benutzte. Das stand außer Frage. Er ging auf die Haustür zu. Sollte er klingeln? Besser nicht. Der Kerl hatte keinen Grund, ihn reinzulassen, und er, Bergheim, hatte kein Recht, bei ihm einzudringen. Aber er würde diesen Ort auf keinen Fall ohne ein Ergebnis verlassen – welches auch immer.

Alles war still. Bergheim ging um das Haus herum, spähte in ein Fenster, das aber nichts preisgab. Er traf auf eine Holztür, die Eindringlingen den Zutritt zum Garten verwehrte. Er hangelte sich über die angrenzende Mauer und landete in einer Art Unterstellplatz für Pflanzenkübel. Von hier aus führte ein gepflasterter, schmaler Weg in einen großzügigen Garten mit Staudengewächsen und einem Springbrunnen.

Meine Güte, dachte Bergheim, was kommt noch? Er nahm seine Waffe und tastete sich langsam an der Hauswand entlang. Der Pfad schlug einen Bogen um die Hausecke, wo er wahrscheinlich zur Terrasse führte. Bergheim blieb in Deckung. Er hörte Stimmen. Männliche Stimmen. Sie stritten.

★★★

»Kannst du mir mal sagen, was du vorhast?« Schliemann, der sich hinter das Steuer seines Audis hatte sinken lassen, machte keinen Hehl aus seinem Missfallen. Wieso rief die Teamleitung ihn an und beorderte ihn zum Chauffieren? Es gab Wichtigeres zu tun, wenn er auch nicht genau wusste, was, aber ... es gab Wichtigeres zu tun.

Charlotte, die neben Schliemann saß und fieberhaft überlegte, wie diese Angelegenheit am besten zu regeln war, biss sich auf die Lippen.

»Hör zu«, sagte sie und gab ihm die Zieladresse ihres Ausflugs an. »Es könnte sein, dass wir Julika finden, aber ... es ... es ist nicht ganz legal, und es könnte gefährlich werden. Es gibt keinen Beweis.«

Das war eine glatte Lüge, denn sie hatte die Aussagen von Leonie Latussek und Verena Maikart, aber das Problem war, dass Rüdiger mit Sicherheit ebenfalls dorthin unterwegs war. Womöglich bereits dort war. Und Charlotte hatte keine Ahnung, was er vorhatte. Was er womöglich schon getan hatte. Er hätte sie anrufen sollen, hatte er aber nicht. Das hieß, dass er entweder nicht sicher war oder dass er einfach nur stockwütend war. Letzteres war schlimmer. Sie hatte versucht, ihn auf dem Handy zu erreichen – ohne Erfolg. Er hatte es ausgestellt.

Schlechtes Zeichen, dachte Charlotte, wo er doch jede Minute mit Informationen über Julika rechnen musste. Er musste Wichtigeres zu tun haben.

Schliemann grinste. Illegal und gefährlich, das gefiel ihm.

***

»Wir müssen sie wegschaffen«, sagte eine der Stimmen aufgeregt. »Sie hat mich gesehen.«

»Und wie stellst du dir das vor?«, sagte die andere, kalt, besonnen.

»Weiß ich doch nicht. Das ist dein Problem. Du hast doch Übung darin, Leute zu beseitigen.«

»Pass auf, was du sagst.«

»Pah, willst du mir drohen? Mich wirst du nicht so leicht los! Wäre alles nicht so schlimm, wenn du nicht vom Schema abgewichen wärst. Eine Nacht! Darauf hatten wir uns geeinigt. Immer nur eine Nacht! Du hättest es wenigstens sagen können, dann wäre ich nicht da reingeplatzt. Und jetzt hat sie mich gesehen! Wieso kannst du deinen verdammten Schwanz nicht unter Kontrolle halten?«

»Mein Schwanz geht dich einen Scheißdreck an«, sagte die unaufgeregte, dunkle Stimme. »Hau ab und geh an die Arbeit. Es wird auffallen, wenn du nicht da bist.«

»Ach«, erwiderte die aufgeregte Stimme, »und wenn *du* nicht da bist, das fällt nicht auf, was?«

»Das geht dich gar nichts an!«

Für einen Moment herrschte Stille. Dann meldete sich die aufgeregte Stimme wieder.

»Wir sollten nicht streiten. Aber wir müssen uns was einfallen lassen. Was soll mit ihr passieren? Freilassen können wir sie nicht, dazu weiß sie zu viel.«

Beide Stimmen verstummten für einen Moment.

»Ich regle das«, sagte die dunkle Stimme. »Geh du zur Arbeit. Je weniger du weißt, desto besser.«

»Okay.« Wieder die aufgeregte Stimme. »Ich geh jetzt, aber sorg dafür, dass sie verschwindet!«

Eine Tür schlug zu, und für einen Moment kehrte Stille ein. Okay, dachte Bergheim, mehr Beweise brauchte es nicht. Er schlich zurück zu dem Unterstand, bis er außer Hörweite war, und zückte sein Handy, um das SEK zu mobilisieren.

Danach entsicherte er seine Waffe, ging den Pfad zurück und lugte vorsichtig um die Hausecke. Auf der Terrasse war niemand zu sehen. Er schlich zur Terrasse und spähte durch die Terrassentür ins Innere. Nichts rührte sich.

Leise ging er durch die geöffnete Tür ins Wohnzimmer. Alles still. Dann hörte er eine Tür zuklappen. Mit der Waffe im Anschlag schlich er in Richtung Treppe. Von dort war das Geräusch gekommen.

★★★

Charlotte und Schliemann fuhren schweigend Richtung Zooviertel. Charlotte schwieg, weil sie zu nervös war, um zu sprechen.

Schliemann, weil er sich nicht traute, seine Teamleitung anzusprechen. Sie schien nicht geneigt, freundlich auf Fragen zu reagieren.

»Geht's nicht schneller?«, fragte Charlotte ungeduldig und erntete einen verständnislosen Blick von Schliemann.

»Erlaube mal, hier ist Ortsverkehr, und ich fahre siebzig.«

»Sag bloß«, murmelte Charlotte, die sich nicht wohl in ihrer Rolle fühlte. »Wusste gar nicht, dass du auf Geschwindigkeitsbegrenzungen achtest.«

»Tz«, machte Schliemann. »Was glaubst du denn, wie teuer das ist? Aber du fährst wahrscheinlich keine längeren Strecken. Nur beruflich, was?«

Charlotte antwortete nicht mehr. Sie hatte andere Sorgen.

Schliemann warf ihr einen Seitenblick zu. »Kannst du mir vielleicht mal sagen, was du eigentlich vorhast?«

»Hör zu«, sagte Charlotte gequält. »Egal, was passiert, tu einfach, was ich sage, klar?«

Schliemann guckte wenig begeistert. Als ob er eine Wahl hätte, schien seine Miene zu sagen.

★★★

Vor dem Treppenaufgang befand sich eine Garderobe. An einem der Kleiderhaken baumelte sachte ein zusammengeschnürter Taschenschirm. Bergheim stutzte einen Moment, schob dann einen Mantel beiseite und stand vor einer gut getarnten Tür. Er warf den Mantel zu Boden und drückte die Klinke hinunter. Die Tür war unverschlossen, aber unerwartet massiv und von innen gepolstert. Bergheim hatte Mühe, sie zu öffnen und hindurchzuschlüpfen.

Hinter der Tür befand sich eine Steintreppe, die in Dunkelheit führte. Bergheim stieg langsam die Stufen hinab, die Waffe im Anschlag. Am Fuß der Treppe wartete ein kleiner Flur mit drei Türen. So viel konnte Bergheim in dem diffusen Licht erkennen. Eine davon war nur angelehnt. Leises Wimmern war zu hören, dann Stöhnen, so als versuchte jemand zu schreien. Bergheim schlich auf die Tür zu und trat dagegen. Die Tür flog auf.

★★★

»Wir gehen hin und klingeln«, sagte Charlotte, die Bergheims Wagen bereits gesichtet hatte.

»Von mir aus«, sagte Schliemann und folgte Charlotte zur Haustür.

Sie klingelte mehrmals, aber niemand öffnete.

»Keiner da«, sagte Schliemann.

»Natürlich ist jemand da«, zischte Charlotte. »Nimm deine Waffe, wir gehen hintenrum.«

Beide gingen denselben Weg, den vorher auch Bergheim genommen hatte, trafen auf die verschlossene Tür, hangelten sich mühsam über die Mauer und betraten über die Terrasse das Haus.

Niemand war zu sehen.

★★★

Der Raum war nur schwach beleuchtet, und Bergheim brauchte ein paar Sekunden, um sich zu orientieren. Langsam schälte sich die Szenerie aus dem Dämmerlicht. Salzmann stand hinter einem Bett und hielt Julika wie einen Schutzschild vor seine Brust. Er fixierte Bergheim mit kaltem Lächeln. Seine linke Hand hatte sich in Julikas Haaren festgekrallt und bog ihren Kopf zurück. Die andere hielt ein Messer mit langer, schmaler Schneide an ihre Kehle. Julika wimmerte leise.

»Kripo Hannover«, sagte Bergheim kalt und richtete die Waffe auf Salzmann. »Sie sind vorläufig festgenommen. Legen Sie das Messer weg und nehmen Sie die Hände hinter den Kopf!«

»Sie sollten sich genau überlegen, was Sie tun«, sagte Salzmann. »So eine Kehle ist schnell durchtrennt und unersetzbar obendrein. Aber das muss ich Ihnen ja wohl nicht sagen, oder? Wenn Sie sich ruhig zurückziehen, geschieht niemandem etwas. Geben Sie mir die Waffe.«

Schieß!, war Bergheims erster Impuls, aber er zögerte. Die Wahrscheinlichkeit, Julika zu treffen, war zu groß. Aber wenn er dem Kerl die Waffe gab, würde sich weder seine noch Julikas Situation verbessern, andererseits ... Salzmann hatte im Moment alle Trümpfe in der Hand.

Bergheim machte eine beschwichtigende Handbewegung und

legte langsam die Waffe auf den Boden. Julika rührte sich noch immer nicht.

»Und jetzt gehen Sie zurück«, sagte Salzmann.

Bergheim gehorchte zögernd. Am liebsten würde er einen Angriff wagen, den Typen überwältigen und ihm anschließend den Hals umdrehen, aber Salzmann schien entschlossen, seine Drohung wahrzumachen, sodass Deeskalation die geeignetere Maßnahme war.

»Wo soll denn das hinführen?«, fragte Bergheim und versuchte, den Zorn in seiner Stimme zu unterdrücken. »Lassen Sie die Frau frei, ich bleibe hier. Wir finden bestimmt eine Lösung.«

Salzmann kicherte. Im selben Moment regte sich etwas hinter Bergheim, er drehte sich um und konnte gerade noch dem Hammer ausweichen, der seinen Schädel gespalten hätte, wenn er sein Ziel erreicht hätte. Ohne nachzudenken, stürzte sich Bergheim auf den Angreifer.

Und als hätte Julika nur auf einen Moment gewartet, der Salzmann ablenkte, mobilisierte sie plötzlich alle verbliebenen Kräfte, ergriff die Hand, die das Messer hielt, riss ihren Kopf zur Seite und biss mit aller Kraft zu. Salzmann schrie auf. Wie eine Furie rang Julika mit ihrem Peiniger. Aber sie war zu geschwächt.

Bergheim hatte zunächst mit dem anderen Typen zu kämpfen, der ihn die ganze Zeit beobachtet haben musste. Der Mann war schmächtig, aber schnell, und er schlug hart zu. Bergheim rief sich in Erinnerung, mit wem er es zu tun hatte, und schleuderte den Mann erbarmungslos mit dem Kopf gegen den Bettpfosten. Der Angreifer sank in sich zusammen.

Währenddessen hatte sich Salzmann die Waffe gegriffen. Julika versuchte, sie ihm zu entwinden, aber er schlug ihr hart ins Gesicht und richtete die Waffe auf sie. Jetzt war Bergheim zur Stelle.

Er warf sich gegen Salzmanns Arm, ein Schuss löste sich, zischte haarscharf am Kopf der jungen Frau vorbei und blieb in der Lärmdämmung der Kellerwand stecken. Bergheim schlug Salzmann die Waffe aus der Hand, legte die Hände um dessen Hals und drückte zu.

★★★

Schliemann und Charlotte hatten mittlerweile das Wohnzimmer betreten. Kein Mensch zu sehen. Was war los? Wo war Rüdiger?

Sie durchsuchten das Erdgeschoss, bis Charlotte, durch den Mantel, der am Boden lag, aufmerksam geworden, die Tür entdeckte. Sie benötigte Schliemanns Hilfe, um die schwere Tür, die an der Rückseite mit einer Art Dämmpolster versehen war, zu öffnen. Lärmschutz, fuhr es Charlotte durch den Kopf, als sie sich mit Schliemann in dem schwach beleuchteten Treppenhaus umsah.

Von unten drang schwaches Rumoren zu ihnen herauf. Es war nicht zu erkennen, ob am Fuß der Treppe Gefahr lauerte. Wenn dort unten jemand stand und eine Waffe auf sie gerichtet hatte, dann konnten sie ihn nicht sehen. Charlotte fand keinen Lichtschalter und ging voraus.

»Bist du bescheuert«, zischte Schliemann. »Warte!«

Aber Charlotte wollte nicht warten, konnte nicht warten. Wer weiß, was dort unten gerade geschah. Dann fiel ein Schuss. Es hörte sich an, als würde ein Schalldämpfer benutzt. Die beiden rannten mit gezückter Waffe die Treppe hinunter in den Keller. Drei Türen, hinter einer war schwach der Schrei einer Frau zu hören. Charlotte gab Schliemann ein Zeichen, und sie stürmten den Raum.

»Polizei! Keine Bewegung!«, schrie Schliemann.

Niemand reagierte. Vier Personen waren im Raum. Ein Mann lag am Boden und blutete aus einer Kopfwunde. Eine nackte Frau lag vor einem Bett und versuchte aufzustehen, und auf dem Bett würgte ein Mann einen anderen.

Charlotte schnappte nach Luft, steckte ihre Waffe weg und versuchte, Rüdiger von Salzmanns Gurgel wegzuziehen. Erfolglos. Salzmann röchelte.

»Lass los!«, schrie sie Rüdiger an. Aber der schien sie nicht zu hören. »Schlag ihn k.o«, keuchte sie.

»Wie bitte?«, sagte Schliemann, dessen Waffe auf die beiden Männer gerichtet war.

Salzmann verdrehte die Augen.

»Nun mach schon!«, kreischte Charlotte.

Schliemann ließ die Waffe sinken, zögerte kurz und versetzte Rüdiger dann einen kräftigen Kinnhaken. Charlotte hatte die

Augen geschlossen und zuckte bei dem Geräusch zusammen. Der Schlag hatte Erfolg. Rüdiger ließ von Salzmann ab, wandte sich Schliemann zu und verpasste ihm einen rechten Haken. Salzmann lag am Boden und rang keuchend nach Luft. Charlotte redete beruhigend auf Julika ein.

Wenig später hörten sie endlich Sirenengeheul. Julika lag schluchzend in Charlottes Armen, und beinahe hätte sie auch geheult. Innerhalb weniger Minuten hatte das SEK die Lage unter Kontrolle. Nachdem man die beiden rangelnden Kripobeamten getrennt hatte, wurde der immer noch keuchende Salzmann festgenommen, ebenso sein Praktikant Tom Lugau, der immer noch bewusstlos am Boden lag. Julika wurde ins Krankenhaus gebracht, wo ihre Eltern sie bereits erwarteten.

Auf der Straße hatten sich mittlerweile Zuschauer eingefunden und reckten neugierig die Hälse. Zwei Streifenwagen-Besatzungen sicherten den Einsatzort und hielten die Leute auf Abstand. Salzmann und sein Praktikant wurden abtransportiert. Schliemann hatte Nasenbluten. Charlotte hatte ihm die Wange getätschelt und ihm eine Packung Papiertaschentücher in die Hand gedrückt. Jetzt stand er, den Kopf in den Nacken gelegt, auf der Terrasse und hielt sich ein Taschentuch unter die Nase.

Rüdiger sah mit seinem lädierten Gesicht beinahe aus wie Jan zuvor. Er stand neben Schliemann und klopfte ihm auf die Schulter. Kramer und seine Mannschaft waren ebenfalls eingetroffen und machten sich daran, die Spuren zu sichern. Nachdem Schliemanns Nase aufgehört hatte zu bluten, fuhr er allein zurück zur Direktion. Charlotte und Rüdiger, der – in doppelter Hinsicht – mit einem blauen Auge davongekommen war, nahmen Rüdigers Wagen.

Charlotte lenkte den alten Citroën behutsam zur Waterloostraße, während Rüdiger auf dem Beifahrersitz versuchte, seine Kopfschmerzen zu ignorieren. Niemand sprach. Beide waren noch zu aufgewühlt, um die vergangenen anderthalb Stunden zu verarbeiten. Charlotte war hin- und hergerissen zwischen Erleichterung und Sorge. Erleichterung darüber, dass sie Rüdiger hatten daran hindern können, Salzmann zu erwürgen, und Sorge darüber, welche Konsequenzen ihrer beider Vorgehen haben würde. Sie und

Rüdiger hatten Alleingänge riskiert, die bei ihren Vorgesetzten auf wenig Zustimmung stoßen würden. Immerhin, Rüdiger hatte das SEK angefordert, und das hatte die Situation entschärft.

Nach der Unterredung mit Leonie Latussek und Verena Maikart hätte das auch Charlotte tun müssen. Auch wenn die beiden nur von einer verschlossenen Tür in Salzmanns Haus und einer DVD berichtet hatten. Aber sie hatte sich nur auf Schliemann und sich selbst verlassen und dabei eine mögliche Gefährdung der Beteiligten in Kauf genommen.

Salzmann hatte mit Klage gedroht, nachdem er wieder krächzen konnte, worauf Charlotte am liebsten Rüdigers Werk an ihm vollendet hätte. Sie lenkte den Wagen durch den Verkehr am Schiffgraben und warf Rüdiger vorsichtig einen Blick zu. Er saß da, mit geschlossenen Augen, und hielt sich den Kopf. Seine linke Gesichtshälfte war rot geschwollen.

In der KFI wurden sie als Julikas Retter mit Applaus empfangen. Alle waren sichtbar erleichtert und froh, dass sie die Kollegin lebend gefunden hatten. Charlotte fühlte sich unwohl. Zwar war alles gut gegangen, aber das änderte nichts an der Tatsache, dass sie Vorschriften umgangen hatte, um Rüdiger zu schützen. Das war menschlich und nachvollziehbar, aber unprofessionell. Und wenn dieser Mistkerl von Salzmann seine Drohung tatsächlich wahrmachen würde – und Charlotte hegte an dessen Absicht keinerlei Zweifel –, dann konnte es bitter ausgehen.

Wenigstens hatte sie die Zahl der Zeugen klein halten können. Schliemann blähte sich zwar gern auf, aber mit ihm würde sie zur Not fertig. Vorerst ging es einfach darum, die Klappe zu halten. Charlotte und Rüdiger hatten sich in Charlottes Büro zurückgezogen. Rüdiger sprach als Erster.

»Da hab ich ja wohl Schwein gehabt, was?« Er sah Charlotte an. »Gut, dass du da warst.«

»Erklär mit jetzt bitte, wie du auf Salzmann gekommen bist.«

Rüdiger setzte sich auf den Tisch. »Jan hatte sich plötzlich an etwas erinnert. An ein Gespräch zwischen zwei Männern, und eine der beiden Stimmen war ihm bekannt vorgekommen. Es hatte eine Weile gedauert, bis er sie einordnen konnte: die Stimme von Salzmann.«

»Jan kennt Salzmann?«, fragte Charlotte erstaunt.

»Seine Stimme, zumindest glaubte er das. Und zwar von einem Gastvortrag, den Salzmann in der letzten Woche an der Uni gehalten hat. Es ging um PR und Corporate Identity ... solche Sachen, Werbung eben. Jan konnte sich zwar nicht an den Namen erinnern, aber ich hab an der Uni im Fachbereich angerufen und bingo, ich hatte den Namen Salzmann.«

»Du hättest mich anrufen müssen«, sagte Charlotte vorwurfsvoll.

»Ja, das hätte ich, aber leider wollte Jan sich nicht hundertprozentig festlegen, und ob Salzmann etwas mit Julikas Entführung zu tun hatte, war damit auch nicht bewiesen. Ich hätte nie einen Durchsuchungsbeschluss bekommen. Also hab ich gedacht, ich schau mich mal inoffiziell bei ihm um, und bin zum Zooviertel gefahren. Ich wusste ja, dass du Salzmann in die Inspektion bestellt hattest. Leider kam er zu früh wieder nach Hause. Ich hab mich zur Hintertür geschlichen, wollte ihn einfach beobachten und hab gehofft, er würde mich zu Julika führen. Na, und dann hab ich das Gespräch zwischen den beiden gehört, in dem sie beschlossen, ›sie‹ wegzuschaffen. Mir war klar, dass sie von Julika sprachen. Ich ... hatte schon Angst, dass ... Na ja, ist ja noch mal gut gegangen. Daraufhin hab ich das SEK angefordert und bin hinter ihm her in den Keller. Den Rest kennst du.«

»Ja.« Charlotte umrundete den Tisch, nahm sein Gesicht in beide Hände und küsste ihn. Behutsam strich sie über sein Veilchen und kicherte. »Meine Güte, wieso müssen meine Männer sich bloß immer prügeln?«

Er küsste in ihre hohle Hand. »Vererbung«, sagte er und lachte.

Es klopfte, und gleich darauf trat Bremer ein. »Hallo, ihr Turteltäubchen, ich will ja nicht stören, aber Leo hat was Schönes gefunden. Wollt ihr wissen, was?«

»Natürlich nicht, wie kommst du darauf?« Charlotte sah Bremer mit gespieltem Entsetzen an.

»Wie jetzt ...«

»Meine Güte, nun sag schon«, unterbrach ihn Charlotte. »Ironie ist nicht dein Ding, was?«

Bremer guckte zunächst vorwurfsvoll, platzte aber dann doch mit der Neuigkeit heraus.

»Die Spusi hat den Inhalt des Schließfaches ausgewertet. Die

Galerie hatte ihn bereits ans Fundbüro weitergeleitet. Unter anderem waren mehrere DVDs drin und eine Speicherkarte von einem Fotoapparat. Vielleicht wollt ihr mal gucken?«

Rüdiger und Charlotte folgten Bremer in das große Büro, wo Petersen und Maren angewidert auf einen Computerbildschirm starrten.

»Das müsst ihr euch anschauen.« Petersen drehte den beiden den Bildschirm zu. »Den Ton hab ich ausgeschaltet. Das Gestöhne von dem Typen ist schwer zu ertragen.«

Was dort über den Bildschirm flackerte, konnte einem schon die gute Stimmung vermiesen. Salzmann verging sich an einer jungen Frau.

»Das ist Juliane Wächter«, sagte Rüdiger. »Ich hätte ihn umbringen sollen«, fügte er leise hinzu.

Charlotte stieß ihm den Ellbogen in die Seite. Wächter war nackt auf dem Bett festgeschnallt, trug eine Augenbinde und ließ das Gerammel apathisch über sich ergehen.

Maren wandte sich ab.

»Sie steht offensichtlich unter Drogen«, sagte Petersen.

»Wieso ist er hier nicht maskiert?«

»Das hat er wahrscheinlich für den Hausgebrauch gefilmt. Manche Typen wollen sich halt gern beobachten, wenn sie's treiben.« Petersen klickte den Film weg.

»Unvorstellbar«, sagte Charlotte.

»Es gibt noch mehr, und das wird dich freuen. Die Speicherkarte ist eine wahre Fundgrube.« Petersen klickte in rasender Geschwindigkeit mit der Maus herum, sodass Charlotte befürchtete, der Computer würde den Dienst quittieren. »Und dieses Foto hier hat uns am meisten interessiert.«

Charlotte und Rüdiger beugten sich vor, betrachteten das Foto auf dem Bildschirm und lächelten dann beide.

»Heute ist ein guter Tag, keine Frage«, sagte Charlotte.

Bevor sich das Team sammelte, musste Charlotte noch mit Schliemann reden. Sie schnappte ihn sich, als er gerade über seine Heldentaten berichten wollte.

»Komm bitte mal mit, Stefan, ich hab da ein Problem mit meinem Bericht.«

Das war nicht mal gelogen. Allerdings hatte sie noch gar nicht mit dem Bericht angefangen, und sie hatte auch in absehbarer Zeit nicht die Absicht, das zu tun.

Schliemann lümmelte sich auf ihren Schreibtisch und zwinkerte ihr zu. »Na, das war knapp, was? Gut, dass ich mitgekommen war.«

»Allerdings, das war knapp. Wieso hast du Rüdiger geschlagen?«

Schliemann schnappte nach Luft. »Erlaube mal, du hast …«

»Ich hab gesagt, schlag ihn k.o.«

»Ja, aber du meintest doch …«

Charlotte stand auf, sie musste ausführlicher werden. »Stefan«, sagte sie, »wir sind doch Kollegen. Ich würde dich nie bitten, einen von uns k.o. zu schlagen, wieso auch?«

Schliemann schien langsam zu kapieren. »Oh … äh, klar, das kostet dann aber einen. Schließlich hab ich ja auch was abgekriegt.«

Charlotte musste noch ausführlicher werden. Sie setzte sich wieder.

»Sag mal, erinnerst du dich noch an den Fall, als Rüdiger dich aus dem Wagen einer Prostituierten gezogen hat, mit der du gerade zur Sache gehen wolltest?«

»Da stand ich unter Drogen.« Schliemann fuhr entsetzt hoch.

»Ja, und du warst im Dienst.«

»Das … das würdest du nicht machen.«

»Niemals.«

Schliemann schluckte. »Na gut, ich hab danebengehauen und Rüdiger aus Versehen eine verpasst. Okay?«

»Okay.«

Als sich das Team eine halbe Stunde später im Besprechungsraum versammelte, war der Tisch wieder mit Kaffee und Keksen gedeckt. Gesine Meyer-Bast und Julius kamen als Letzte. Die Kollegen hatten sich bereits mit Getränken versorgt. Es wurde gemurmelt und gelacht. Die Erleichterung in der Runde war mit Händen greifbar.

Die Kriminalrätin stellte sich an den Tisch und wartete, bis Ruhe einkehrte. Charlotte fühlte sich an ihre Lehrerin in der Grundschule erinnert. Sie legte ihre Hände um den warmen Kaffeebecher und trank einen Schluck. Schliemann und Rüdiger saßen, nur durch Maren getrennt, Charlotte gegenüber. Schliemann zwinkerte Maren zu und betastete seinen Unterkiefer. Rüdiger wirkte seltsam entrückt.

»Liebe Kolleginnen und Kollegen«, begann Meyer-Bast ihre Ansprache und wartete, bis das Gemurmel verebbte. »Ich kann wohl im Namen aller sagen, dass wir heilfroh sind, unsere Kollegin lebend wiedergefunden zu haben. Aus der MHH wurde mir mitgeteilt, dass es Frau Torin den Umständen entsprechend gut geht. Sie steht unter Schock, aber ihre Eltern kümmern sich um sie. Sie lässt Sie alle«, ihr Blick wanderte zu Rüdiger, »und speziell natürlich den Kollegen Bergheim herzlich grüßen.« Alle klopften auf den Tisch. »Ich habe für heute Nachmittag erneut eine Pressekonferenz einberufen, an der Frau Wiegand und Herr Bergheim teilnehmen werden. Aber vorher sollten wir die Kollegen alle auf den letzten Stand bringen. Natürlich stehen die Befragungen von Salzmann und Lugau noch aus. Bitte, Frau Wiegand, fangen Sie einfach mal an.«

Sie wies mit der Hand auf Charlotte und setzte sich.

Charlotte, die im Grunde wenig Lust zum Reden hatte, stellte ihren Kaffeebecher hin und meinte schmunzelnd: »Ich kann aber sitzen bleiben, oder?«

Alle kicherten, und Charlotte berichtete vom Besuch der beiden Damen.

»Leonie Latussek, die Putzfrau von Frieder Salzmann, und Verena Maikart, seine Geliebte, haben mich heute Morgen aufgesucht und von einer DVD berichtet, die Salzmanns Putzfrau zufällig in dessen Haus gefunden hat. Wobei ich nicht von zufällig reden würde, ich glaube eher, die Latussek hat gern DVDs geguckt, wenn der Chef nicht da war. Vielleicht hat sie auch systematisch nach Wertsachen gesucht, die sie verscherbeln kann. Dafür hab ich keinen Beweis, und es ist hier auch nicht wichtig. Wichtig ist, dass Franziska Gerber die Latussek dabei überrascht hat, wie sie in Salzmanns Haus vor dem Fernseher sitzt und die DVD anschaut. Dass es sich um pornografische Aufnahmen handelt, muss ich nicht extra erwähnen, aber das Besondere an dieser DVD ist, dass Salzmann der Akteur ist und er unmaskiert ist.«

»Aber was hatte denn die Gerber in Salzmanns Haus zu suchen?«, fragte Maren.

»Das wusste die Latussek auch nicht, sie hatte aber einen Schlüssel, den Salzmann ihr gegeben haben musste, und sie hatte einen Ordner vom Tisch in der Garderobe genommen. Wahrscheinlich brauchte Salzmann ihn im Büro, hatte ihn aber vergessen und die Gerber losgeschickt, um ihn zu holen.« Charlotte grinste. »Ich kann mir jedenfalls vorstellen, dass sie große Augen bekommen hat, als sie ihren Chef beim Bumsen auf dem Bildschirm gesehen hat. Da die Gerber nicht besonders viele Skrupel hatte, wenn es darum ging, sich Vorteile zu verschaffen, hat sie die DVD an sich genommen und gegen Salzmann als Druckmittel verwendet. Dabei hat sie wahrscheinlich gar nicht gewusst, wie brisant die DVD wirklich ist.«

»Aber ...«, wandte Bremer ein, »Bumsen ist doch nicht strafbar, und viel mehr ist auf der DVD ja nicht zu sehen. Wieso sollte sich Salzmann dadurch unter Druck setzen lassen?«

»Na ja«, mischte sich Petersen ein, »hättest du's gern, wenn so ein Video bei deinen Kollegen die Runde macht?«

Alle lachten, und Bremer wurde rot.

»Siehst du«, fuhr Petersen fort, »das ist doch Antwort genug.«

»Wie auch immer«, Charlotte fuhr mit erhobener Stimme fort, »ich nehme an, dass sie sich davon nur kleine Vergünstigungen versprochen hat. Aber Salzmann muss natürlich völlig außer Fassung geraten sein, als sie ihm die DVD unter die Nase hielt.«

»Genau«, sagte Schliemann. »Und jetzt kommt nämlich Kolbe ins Spiel.«

»Ja, wir nehmen an, dass Salzmann Kolbe auf die Gerber angesetzt hat. Das hat zumindest dieser Lugau gesagt. Der Typ hat bei der Festnahme geplaudert wie ein ganzes Kaffeekränzchen und Salzmann die Morde an Kolbe und Gerber untergeschoben. Er selbst ist natürlich unschuldig wie ein Neugeborenes.«

»Natürlich«, sagte Schliemann.

»In dem Schließfach in der Ernst-August-Galerie befand sich eine Kopie der DVD, was die Vermutung nahelegt, dass Kolbe sich absichern wollte. Salzmann hatte Gerbers Schlüssel besorgt, ihn Kolbe gegeben, und der ist am Tag vor ihrem Tod in ihre Wohnung eingedrungen, um die DVD wiederzubeschaffen, was ihm anscheinend gelungen ist. Mittlerweile war die Gerber auf die Vergewaltigungsserie, über die die Medien ja ausführlich berichtet hatten, aufmerksam geworden und hatte Lunte gerochen. Jedenfalls nehme ich an, dass das der Grund war, warum sie sich mit ihrer Freundin treffen wollte. Vielleicht war sie nicht sicher, was sie tun sollte. Seinen Chef zeigt man ja nicht einfach so an, da hat man schon was zu verlieren und muss sich seiner Sache ziemlich sicher sein.«

Charlotte machte eine Pause und trank den letzten Rest ihres Kaffees, der mittlerweile kalt geworden war. »Dummerweise ist Salzmann ihr zuvorgekommen. Er hat sich an dem besagten Freitagmorgen auf der Kuppel in einem günstigen Moment hinter sie gestellt und sie mit einem Elektroschockgerät außer Gefecht gesetzt. Sie ist dann über der Mauer zusammengesunken, und dann hat er sie einfach rübergeschoben. Dauert keine zwei Sekunden. Das Elektroschockgerät haben wir in seinem Keller sichergestellt. Damit hat er auch Julika in Schach gehalten.«

Nach diesem Satz brüteten alle eine Weile still vor sich hin.

Dann fuhr Charlotte fort. »Die beste Nachricht des Tages ist allerdings die, dass Kolbe den Beweis für den Mord an Gerber geliefert hat. Kolbe hatte in dem Schließfach auch einen Chip deponiert, mit Fotos, die er auf der Kuppel geschossen hatte. Er steht auf der zweiten Etage, und man sieht, wie Salzmann Gerber über die Brüstung schiebt. Er hat es ziemlich raffiniert gemacht. Wenn jemand ihn in Gerbers Nähe gesehen hätte, hätte er sich wahrscheinlich damit rausgeredet, sie sei gesprungen und er habe sie festhalten wollen. Aber da offensichtlich keiner was gesehen hat, hat er sich dumm gestellt. Dass Kolbe das Ganze fotografiert hat, hat er Salzmann erst später gesteckt. Man bekommt den Eindruck, als hätte Kolbe Salzmann misstraut und ihn im Auge behalten. Wahrscheinlich war er geschockt von dem Mord an Gerber und wollte sich mit den Beweismitteln einfach absichern. Auf jeden Fall hatte er Salzmann damit völlig in der Hand. Deswegen musste auch er sterben, und deswegen hat Salzmann Kolbes Wohnung in Brand gesteckt. Er wollte die Speicherkarte und natürlich etwaige Kopien der DVD vernichten.«

»Also, sehe ich das richtig, dass Kolbe die Filme aufgenommen hat und Lugau die Mädchen ... äh, beschafft hat? Wozu brauchten die denn Salzmann eigentlich? Nur zum Rammeln?« Charlotte staunte, Hohstedt hatte sich Gedanken gemacht.

»Ich gehe davon aus«, antwortete sie, »dass Salzmann der Initiator der ganzen Sache war. Er hatte ja auch die Räumlichkeiten.«

»Und da hat er ja offensichtlich ordentlich investiert«, sagte Schliemann. »Der Keller ist schalldicht, da hätte kein Mensch was gehört. Und dann diese Gerätschaften ...«

»Allerdings«, sagte Charlotte scharf, »ist es schon erstaunlich, was Männer sich in dieser Hinsicht so alles einfallen lassen.«

Maren nickte. »Das Problem ist ja auch, dass solche Filme in Massen gekauft werden. Manchmal, wenn ich durch die Straßen gehe und all die Kerle rumlaufen sehe, frage ich mich schon, wer von denen sich so was kauft.«

Bremer unterbrach die nachfolgende Stille, indem er alle noch mal mit Kaffee versorgte. Meyer-Bast saß entspannt und still am Tisch und ließ ihre Leute reden. Charlotte fand das sehr angenehm. Mulmig wurde ihr allerdings, wenn sie an die Unterredung dachte, die ihr noch mit der Chefin bevorstand. Die musste sie möglichst bald hinter sich bringen. Sie rechnete mit einer Rüge, und wie sie das mit Rüdiger deichseln sollte, das wusste sie auch noch nicht. Natürlich könnten sie einfach alle leugnen, dass er Salzmann gewürgt hatte. Als Zeugen gab es nur Schliemann, Julika und sie selbst. Er hatte keinen Zeugen, nur die Abdrücke auf seiner Kehle.

Aber Lügen war nicht die Art, auf die Charlotte Probleme löste. Nicht, weil sie Skrupel hatte, im Gegenteil. Wenn sie sich Jans zerschlagenes Gesicht in Erinnerung rief, würde sie dem Kerl am liebsten selbst die Luft abdrücken. Nein, ein schlechtes Gewissen hatte sie nicht, aber Lügen war kompliziert und mühselig. Man verhedderte sich schnell.

Sie wusste, wovon sie sprach. Sie hatte schon Lügengebäude zu hören bekommen, die hätten – materiell gesehen – dem »Burj Khalifa« in Dubai Konkurrenz gemacht. Und wenn so was dann in sich zusammenstürzte, gab es eine Menge Trümmer.

»Das ist ja alles schön und gut«, meldete sich Schliemann. »Den Beweis für den Mord an Gerber haben wir, aber was ist mit dem an Kolbe?«

»Da warten wir auf Ergebnisse aus dem Labor.« Bremer nahm Charlotte die Antwort ab. »Wir haben in Salzmanns Haus eine Kamera gefunden, die wahrscheinlich Kolbe gehört hat. Wir nehmen an, dass er sie an sich genommen hat, als er Kolbes Wohnung in Brand gesteckt hat. Wenn wir seine und Kolbes Fingerabdrücke darauf finden, haben wir zumindest ein Indiz.«

»Ich hoffe aber«, sagte Charlotte, »dass wir ein Geständnis bekommen. Die Beweislage gegen Salzmann ist erdrückend. Der hat so viel Dreck am Stecken, da kommt's auf einen Mord mehr oder weniger auch nicht mehr an.«

»Was ist mit Kolbes Wagen?«, fragte Hohstedt.

»Der wimmelt nur so von DNS. Wir haben auch nach Fingerabdrücken auf dem Lenkrad gesucht. Kolbes und Lugaus sind drauf. Salzmanns nicht. Er wird wohl Handschuhe getragen haben, der versteht sich darauf, Spuren zu vermeiden. Aber wenn er in dem Wagen gesessen hat, werden wir schon etwas finden, da bin ich zuversichtlich.« Charlotte blickte in die Runde. »Noch Fragen?«

Endlich schien Rüdiger aus seiner Entrücktheit wieder ins Hier und Jetzt zurückzukehren. Er verschaffte sich Aufmerksamkeit, indem er mit dem Kugelschreiber gegen seine Tasse klopfte.

»Ich wollte mich noch mal bei euch allen für euren Einsatz bei der Suche nach meinem Sohn bedanken. Es geht ihm besser, er ist mittlerweile wieder zu Hause. Zur Feier des Tages gebe ich heute Abend in der Bar im ›Courtyard‹ einen aus. Wer Lust hat, ist herzlich eingeladen.«

Die Einladung wurde mit Beifall quittiert.

Gesine Meyer-Bast stand auf. »Ich denke, das Wichtigste haben wir besprochen, den Rest werden wir in den anschließenden Befragungen hoffentlich klären können. Frau Wiegand und Herr Bergheim, Sie kommen dann bitte nachher zu mir ins Büro. Die Pressekonferenz ist um vier.«

Nachdem die Kriminalrätin gegangen war, blieb das Team noch ein paar Minuten plaudernd zusammen. Charlotte beobachtete mit Genugtuung, dass sich Maren und Björn Petersen angeregt unterhielten. Petersen wirkte gelöst und hatte unverkennbar ein Faible für seine junge Kollegin. Charlotte lächelte still. Das passt, dachte sie und freute sich, dass Schliemann dieses Mal den Kürzeren gezogen hatte. Die beiden trennten sich, und Maren kam auf Charlotte zu.

»Weißt du, was ich glaube?«, sagte sie, während sie sich ihre Fleecejacke überzog. »Ich glaube, dieser Typ hat seine kranke Frau mit Absicht im Pflegeheim untergebracht, damit er freie Bahn hatte.«

»Gut möglich«, sagte Charlotte.

»Ich finde, das macht die ganze Sache noch ein bisschen schlimmer, wenn das überhaupt geht.«

Das fand Charlotte auch.

Charlotte nahm die Befragung der beiden Festgenommenen im Beisein der Kriminalrätin vor. Zuerst war Tom Lugau an der Reihe. Die Spusi hatte in seiner Wohnung unter anderem zwei Fläschchen Gamma-Butyrolacton, der chemischen Vorstufe von Liquid Ecstasy, zwei Perücken und Schals, zwei Paar schwarze Damen-Stiefeletten Größe neununddreißig und eine große Umhängetasche mit einer weiteren Perücke, drei dunklen Brillen mit Fensterglas und einem Halstuch gefunden.

Lugau hatte sich, nachdem seine Kopfwunde verarztet worden war, in seiner Zelle auf dem Bett zusammengekauert, bevor er in den Befragungsraum geführt wurde. Noch bevor Charlotte mit ihrer Chefin am Tisch ihm gegenüber Platz genommen hatte, brach er in Tränen aus und redete wie ein Wasserfall.

Einen Anwalt wolle er nicht, er wolle alles sagen, weil er ja eigentlich gar nicht gewusst habe, was dieser Salzmann für ein skrupelloser Mensch sei. Der habe Jens Kolbe umgebracht, mit dem Lugau eng befreundet gewesen sei. Und die Gerber habe er auch umgebracht. Das habe ihm Kolbe erzählt. Er selbst habe ja eigentlich nur die Mädchen rangeschafft, meistens jedenfalls, dafür habe Salzmann ihn gut bezahlt. Sonst habe er die Frauen nicht angerührt. Ganz ehrlich!

Dabei guckte er wie ein Frettchen, und Charlotte war sicher, dass er sich ebenfalls mit den Frauen amüsiert hatte. Sie hatte Mühe, ihren Zorn zu beherrschen. Auf die Frage, was er denn mit Jan Bergheim gemacht habe, stockte er einen Moment.

»Das war das Gleiche«, sagte er dann und schniefte. »Ich hab ihn nur … in den Wagen geholt.«

»Allerdings!« Charlotte blitzte ihn an. »Und vorher haben Sie ihn niedergeschlagen!«

»Nur ein bisschen«, antwortete Lugau und duckte sich, als erwartete er, geprügelt zu werden. »Der Boss hat gesagt, wir müssen uns das Handy und den Computer von dem Typen beschaffen. Der würde sonst noch alles auffliegen lassen.«

Charlotte fragte sich, ob dieser Wicht wirklich glaubte, dass ihn das entlaste.

»Und dann haben Sie heute Morgen in Salzmanns Keller meinen Kollegen angegriffen, Sie Unschuldslamm!«

»Das ... war Notwehr, er hatte eine Waffe. Und dann hat er mich ja zusammengeschlagen!« Er wies auf seinen Kopfverband.

Das war derart unverschämt, dass Charlotte verblüfft schwieg. Aus den Augenwinkeln bemerkte sie, wie Gesine Meyer-Bast die Lippen zusammenpresste.

»Aber er hatte sich doch als Polizist zu erkennen gegeben«, mischte sie sich ein.

»Das weiß ich doch nicht, ich kam rein und sah, wie er meinen Chef bedrohte.«

»Und da hat sich Ihre soziale Ader gerührt, und Sie sind Ihrem Chef zu Hilfe geeilt?«

»Genau.«

Gesine Meyer-Bast zog die Brauen hoch. »Wie haben Sie das denn gemacht, mit den Frauen, erzählen Sie mal.«

Wenn man der Kriminalrätin so zuhörte, dachte Charlotte, konnte man glatt auf den Gedanken kommen, sie bewundere Lugau.

Und der schien das genauso zu sehen. Er machte eine wegwerfende Handbewegung. Charlotte bemerkte den Silberring, von dem Jan gesprochen hatte, an seinem kleinen Finger. Billiger Modeschmuck. Den Nagellack hatte er wohl entfernt.

»Also das war ganz einfach. Ich hab mich als Frau verkleidet, mich in ihrer Nähe aufgehalten und ihnen dann in einem günstigen Moment K.-o.-Tropfen ins Getränk gemischt. Dann brauchte ich nur zu warten, bis ihnen schlecht wurde und sie zur Toilette gegangen sind. Dahin bin ich ihnen gefolgt und hab mich um sie gekümmert.«

Lugau lächelte verträumt. »Sie hätten mich niemals wiedererkannt«, sagte er voller Bewunderung für seine Tarnung. Dann wurde er ernst. »Und dann musste dieser Typ mich fotografieren! Wieso hat der mich fotografiert? Ich hab einen von den Typen, mit denen er zusammen war, gefragt, wer das ist, und der hat mir gesagt, er ist der Sohn von dem Bullen, der diese Missbrauchsfälle bearbeitet. Das hat den Chef beunruhigt.« Er sah die beiden Frauen an wie ein leidender Hund. »Da mussten wir irgendwie handeln.«

»Ja, ist klar«, bemerkte Charlotte ärgerlich. »Dieser Typ, wie Sie ihn nennen, ist selbst schuld, dass Sie ihn entführt und halb totgeschlagen haben!« Sie pochte mit ihren Knöcheln auf den Tisch. »Weiter im Text. Sie haben sich als Frau verkleidet. Was dann?«

»Na, im Frauenklo hab ich sie einen Moment beobachtet. Meistens hängen sie überm Waschbecken, oder sie sind total euphorisch. Dann ist es leicht, und sie kommen sofort mit. Manchmal sitzen sie aber auch auf der Kloschüssel und rühren sich nicht. Dann hab ich Pech gehabt oder sie Glück. Kommt drauf an, wie man's sieht. Ist aber noch nicht oft vorgekommen.«

Die beiden Kriminalbeamtinnen schweigen angewidert von Lugaus Selbstverliebtheit.

»Und weiter!«, drängte Charlotte dann.

»Na, dann hab ich sie zu Salzmann gebracht ... Und den Rest hat er dann erledigt.«

»Den Rest hat er dann erledigt«, seufzte Charlotte. »Sie wollen uns ernsthaft erzählen, dass Sie sich nicht an seinen ... sagen wir mal, ›Spielchen‹ beteiligt haben?«

»Aber nein. Ich steh überhaupt nicht auf Frauen. Wirklich.« Charlotte glaubte ihm kein Wort.

»Wie viele Frauen haben Sie Salzmann auf diese Weise zugeführt?«, wollte Meyer-Bast wissen.

Lugau war sofort auf der Hut und warf der Kriminalrätin einen lauernden Blick zu.

»Äh ... zwei?«

Charlotte schlug mit der Hand auf den Tisch, sodass Lugau und auch ihre Chefin zusammenzuckten.

»Hören Sie auf zu lügen!«, schrie sie ihn an, wohl wissend, dass sie ihm keine einzige Lüge nachweisen konnten, wenn er nicht gestand oder Salzmann redete. Dass die Frauen sich erinnern würden und ihn wiedererkannten, war mehr als unwahrscheinlich.

»Das Labor wird Ihre grandiose Verkleidung genauestens untersuchen. Wir werden DNS finden, so viel ist sicher. Und für jedes Opfer, das Sie hier unterschlagen, wird der Staatsanwalt ein paar Monate mehr fordern. Also sollten Sie besser die Wahrheit sagen!«

Charlotte hoffte mehr, als dass sie wusste, dass sie mit dieser Aussage recht behalten würde. Aber sie verfehlte ihre Wirkung nicht. Lugau zog verunsichert den Kopf zwischen die Schultern und starrte schweigend zu Boden.

»Lassen wir das vorerst«, sagte Meyer-Bast. »Wie ist denn Ihr Chef überhaupt darauf gekommen, Sie, sagen wir mal ... mit dieser Aufgabe zu betrauen?«

Lugau entspannte sich wieder. »Na, weil er selbst sich nicht so in der Szene bewegen kann. Er ist ja nicht mehr der Jüngste.« Lugau grinste, als wäre Jugend ein Verdienst und kein Geschenk. »Und Jens und ich sind ... waren schon längere Zeit befreundet. Locker befreundet, nicht, was Sie denken ... und Jens hatte schon ganz gut verdient mit den Fotos, und die Filme wären echt eine Goldgrube, hat er gesagt. War halt nur schwierig, die Frauen ranzuschaffen.«

Lugau rutschte mit seinem schmächtigen Hintern auf dem Stuhl herum, seine blonden Haare fielen ihm in die schmale Stirn. »Na ja, und vor einem halben Jahr hab ich als Praktikant in der Agentur angefangen, und nach ein paar Wochen waren wir mal zusammen was trinken. Ich und Jens und der Chef. Und der hat dann gefragt, ob ich mitmachen will. Meinte, wenn ich ihm die passenden Frauen bringe, dann könnten wir alle gut verdienen. Und schaden würd es ja eigentlich auch keinem, weil die Frauen kriegen ja nichts davon mit.«

Charlotte fragte sich, wie viele Frauen Salzmann in diesem Keller wohl schon missbraucht hatte und ob seine Frau davon wusste. Aber vielleicht hatte er auch erst damit angefangen, nachdem sie aus dem Haus war. Charlotte hoffte, dass sie von Salzmann mehr erfahren würden, und vielleicht meldeten sich ja noch weitere Opfer.

Sie stellten noch einige Fragen zur Entführung von Julika, aber Lugau bestritt vehement, an deren Entführung beteiligt gewesen zu sein. »Manchmal hat der Chef sie ja auch selbst ausgesucht.«

Kurze Zeit später unterbrachen sie die Befragung, um sich, gestützt durch Lugaus Geständnis, mit Salzmann zu unterhalten.

Bei ihm konnte allerdings von Geständigkeit keine Rede sein. Im Gegenteil, er beschimpfte in Gegenwart seines Anwalts die

Polizei und kündigte an, Klage gegen Rüdiger wegen versuchten Mordes einzureichen.

Die Kriminalrätin nahm diesen Erguss kommentarlos zur Kenntnis und setzte sich neben Charlotte.

»Herr Salzmann«, begann Charlotte ruhig, »warum haben Sie Franziska Gerber umgebracht?«

»Wer sagt, dass ich die umgebracht habe?«

»Sie leugnen es also?«

»Selbstverständlich.«

»Und was ist mit Jens Kolbe? Warum haben Sie den umgebracht?«

»Den hab ich genauso wenig umgebracht. Was fällt Ihnen ein?«

»Sie haben außerdem einen jungen Studenten entführt.« Charlotte fragte kühl und konzentriert. Sie staunte über sich selbst.

»Quatsch.«

»Er hat Ihre Stimme identifiziert.«

Salzmann warf seinem Anwalt, der sich in seiner Haut nicht besonders wohlzufühlen schien, einen Blick zu.

»Muss ich mir das eigentlich anhören? Wie soll er denn meine Stimme identifiziert haben?«

»Sie haben einen Vortrag an der Uni gehalten, den der junge Mann besucht hat. Und er sagt, es war Ihre Stimme, die er in dem Wagen gehört hat, mit dem er transportiert worden ist, nachdem er überwältigt worden war.«

»Glauben Sie doch, was Sie wollen.«

Charlotte fand, es war an der Zeit, der Selbstsicherheit dieses Mannes einen kleinen Dämpfer zu verpassen.

»Herr Salzmann, wir haben in Ihrem Haus eine Kamera gefunden, die dem ermordeten Jens Kolbe gehört hat ...«

»Die hat er mir geschenkt.«

»Natürlich.« Charlotte atmete tief ein. »Ich nehme nicht an, dass Herr Kolbe Ihnen auch den Speicherchip mit den Fotos gegeben hat, die er mit dieser Kamera geschossen hat.«

Salzmanns Augen flackerten.

»Was für Fotos?«

Charlotte klappte das Notebook auf, das vor ihr auf dem Tisch lag, und drehte Salzmann den Bildschirm zu. Der wurde blass, als er das belastende Foto sah.

»Pech, nicht wahr? Hat der ganze Aufwand nichts genutzt. Dabei hatten Sie doch alles bedacht, stimmt's? Und eigentlich ging es ja um etwas ganz anderes, nämlich um diese DVD.«

Salzmann saß da, als machte er sich bereit, die beiden Frauen anzuspringen. Charlotte rief ungerührt die DVD auf und drehte den beiden Männern wieder den Bildschirm zu. Der Anwalt, der bisher angenehm schweigsam gewesen war, drehte den Kopf weg, ohne seine Augen vom Bildschirm zu lassen. Salzmann betrachtete seine Fingernägel, während er seinem eigenen Grunzen zuhörte. Es war nicht zum Aushalten. Charlotte klickte den Film weg.

»Sie sehen, Leugnen ist zwecklos.« Sie wandte sich an den Anwalt, Dr. Böhm. »Vielleicht könnten Sie auf Ihren Mandanten einwirken, ein Geständnis abzulegen.«

Der Anwalt räusperte sich, schwieg aber immer noch. Offensichtlich hatte er Probleme mit seinem Mandanten, das kam nicht oft vor bei Anwälten, und es machte ihn sympathisch.

Charlotte fuhr fort. »Sie haben mindestens vier junge Frauen entführt und vergewaltigt, haben von den Vergewaltigungen Filme drehen lassen und diese im Internet verhökert. Wir haben die Internetseite gefunden, die Filme sprechen für sich und werden derzeit von den Experten des LKA untersucht. Wir werden beweisen, dass Sie in Ihrem Keller gedreht worden sind.«

Salzmann betrachtete immer noch seine Fingernägel.

Charlotte schaltete das Aufnahmegerät ab. »Ich denke, Sie brauchen eine Pause. Nutzen Sie sie.«

Diese Aufforderung war an Dr. Böhm gerichtet, der ein Gesicht zog, als hätte er in eine Zitrone gebissen.

Die beiden Frauen standen auf und verließen den Raum.

»Das ist ein ziemlich harter Brocken«, sagte Gesine Meyer-Bast, als sie die Tür des Befragungsraumes hinter sich geschlossen hatten. »Es wird nicht so einfach werden mit dem Geständnis.«

»Das glaube ich auch, aber ich hab das Gefühl, dass der Anwalt seinen Mandanten nicht leiden kann. Vergewaltiger sind nicht jedermanns Sache. Vielleicht rät er ihm, zu gestehen.«

»Möglich, warten wir's ab.« Die Kriminalrätin nahm Charlottes Arm. »Können wir uns kurz unterhalten?«

Jetzt wurde es also ernst.

»Okay«, sagte Charlotte und folgte der Chefin in ihr Büro.
Julius lag in einem kleinen Körbchen in der Ecke und lief sofort freudig auf sein Frauchen zu. Eigentlich ganz nett, dachte Charlotte, ein Wesen, das sich stets freute, einen zu sehen. Charlotte setzte sich in den dargebotenen Stuhl und versuchte, den Jasmingeruch zu ignorieren. Wo bekam man bloß solche Seife, die wochenlang duftete?

Die Kriminalrätin setzte sich ebenfalls und legte die Unterarme auf den Schreibtisch.

Goldene Haare, fuhr es Charlotte durch den Kopf. Sie hat goldene Haare, ob die Farbe echt ist?

»Frau Wiegand, wenn wir vor die Presse treten, sollten wir uns einig darüber sein, was sich in diesem Keller zugetragen hat.«

Charlotte forschte in den Augen ihrer Chefin und fand nur echte Besorgnis und Wohlwollen.

»Rüdiger hat Julika gerettet, das ist passiert. Offensichtlich hatte Salzmann sie mit dem Messer bedroht, und dann wurde Rüdiger von hinten von Lugau angegriffen, den er aber Gott sei Dank schnell überwältigen konnte. Zwischenzeitlich hatte sich Salzmann Rüdigers Waffe bemächtigt und einen Schuss abgefeuert, den Rüdiger gerade noch ablenken konnte. Die Kugel ging in die Wandpolsterung, wo sie stecken blieb. Dann haben Salzmann und Rüdiger gerangelt.«

»Gerangelt. Und warum hat Kollege Schliemann den Kollegen Bergheim geschlagen?«

»Hat er das? Schon möglich, dass er danebengehauen hat. Ich hatte ihn gebeten, Salzmann k.o. zu schlagen.«

Die Mundwinkel der Kriminalrätin zuckten. »Sie glauben also nicht, dass Herr Bergheim die Nerven verloren hat und – sagen wir mal – unverhältnismäßig reagiert hat?«

»Nein, natürlich nicht.«

Die Kriminalrätin nickte verhalten und fixierte einen Punkt hinter Charlottes Schulter.

»Und warum haben Sie das SEK nicht mobilisiert, nachdem Sie durch die beiden Frauen davon Kenntnis hatten, dass Salzmann möglicherweise die Kollegin Torin in seiner Gewalt hatte?«

»Sie sagen es, möglicherweise. Ich wusste zwar von der DVD und dieser ominösen Kellertür, aber ich wusste nicht, ob Julika tatsächlich dort war. Das wussten auch die beiden Frauen nicht. Und außerdem hatte Rüdiger das ja erledigt.«

Die Kriminalrätin sah Charlotte wohlwollend an. »Dann können wir ja der Klage dieser Kreatur gelassen entgegensehen.«

»Oja, das können wir.«

»Wunderbar, dann sehen wir uns nachher in der Pressekonferenz. Schicken Sie mir Herrn Bergheim vorbei.«

Charlotte stand auf. An der Tür drehte sie sich noch mal um und lächelte ihre Chefin an. Vielleicht war das ja der Beginn einer langen Freundschaft.

Marion Griffiths-Karger
TOD AM MASCHTEICH
Broschur, 224 Seiten
ISBN 978-3-89705-711-1

»*Marion Griffiths-Karger sind lebendige, kontrastreiche Milieustudien gelungen. Die Handlung ist nüchtern und präzise formuliert, die Dialoge sind lebensnah.*« Hannoversche Allgemeine

Marion Griffiths-Karger
DAS GRAB IN DER EILENRIEDE
Broschur, 256 Seiten
ISBN 978-3-89705-797-5

»*Spannender Krimi um einen packenden Fall, mit sehr menschlichen Ermittlern und mit Lokalkolorit.*« ekz

www.emons-verlag.de

Marion Griffiths-Karger
DER TEUFEL VON HERRENHAUSEN
Broschur, 256 Seiten
ISBN 978-3-89705-923-8

»*Teuflisch gut.*« Ciao! Magazin für individuelles Reisen

Marion Griffiths-Karger
DIE TOTE AM KRÖPCKE
Broschur, 240 Seiten
ISBN 978-3-95451-147-1

»*Im neuesten Roman der hannoverschen Schriftstellerin Marion Griffiths-Karger hat die Ermittlerin alle Hände voll zu tun. Geschickt baut die Autorin die Handlung auf und nimmt den Leser mit auf eine Reise zu Hannovers dunklen Seiten. Ein spannender Krimi, nicht nur für Hannoveraner.*« Norddeutsches Handwerk

www.emons-verlag.de

Marion Griffiths-Karger
WENN DER MÄHDRESCHER KOMMT
Klappenbroschur, 288 Seiten
ISBN 978-3-95451-074-0

»Köstliche Charaktere, sehr viel Lokalkolorit und viel zu lachen. Wer sagt denn, dass Krimis immer ernst sein müssen?« NDR 1 Niedersachsen

Marion Griffiths-Karger
EIN PFERD IM KORNFELD
Klappenbroschur, 256 Seiten
ISBN 978-3-95451-432-8

»In ›Ein Pferd im Kornfeld‹ gelingt es Autorin Marion-Griffiths-Karger, eine spannende Atmosphäre zum Mitfiebern zu schaffen.«
Freizeit Momente

www.emons-verlag.de

Marion Griffiths-Karger
**INSPECTOR BRADFORD
TRINKT FRIESENTEE**
Broschur, 304 Seiten
ISBN 978-3-95451-551-6

Was verbindet den Mord an einer reichen deutschen Witwe mit dem Tod eines charmanten englischen Tunichtguts? Auf den ersten Blick erst einmal nichts. Doch dann vereinen Inspector Bradford und Hauptkommissarin Fenja Ehlers englischen Spürsinn und deutsche Kombinationsgabe und enthüllen Stück für Stück ein dunkles Familiengeheimnis.

www.emons-verlag.de

Lesen Sie weiter:

Marion Griffiths-Karger
INSPECTOR BRADFORD TRINKT FRIESENTEE

Leseprobe

Prolog

Ihre Zähne schlugen aufeinander. Sie lag im dichten Gras und sah sich suchend um. Sie musste still sein, ganz still. Aber sie schlotterte so. Ob er das hören konnte? Es war dunkel, von irgendwoher leuchtete es schwach. Das Gras unter ihren Armen war kalt und nass. Ihre Beine fühlte sie nicht. Langsam rutschte sie von dem Gras weg.

Erst jetzt bemerkte sie, dass sie halb im Wasser lag. Reflexartig griff sie nach den Grashalmen, doch sie konnte nicht richtig zufassen, denn ihre Hände waren zusammengebunden. Sie rutschte immer tiefer, bis das Wasser über ihrem Kopf zusammenschlug. Von Panik ergriffen versuchte sie, wieder an die Oberfläche zu gelangen, schlug mit ihren zusammengebundenen Armen umher und strampelte mit den Beinen, bis sie wieder auftauchte und keuchend nach Luft rang. Sie erwischte etwas, das im Wasser trieb, und umklammerte es. Eine Planke.

Die Planke hielt sie notdürftig über Wasser. Eine Weile verharrte sie schwer atmend. Warum tat ihre Kehle so weh? Und was baumelte da an ihrem Hals? Von irgendwoher hörte sie eine Stimme. Jemand schimpfte leise. Sonst war nichts zu hören, nur das Plätschern des Wassers.

Sie wollte schreien, aber die Kraft hatte sie verlassen. Ein Röcheln quälte sich aus ihrer Kehle, dem ein leiser Schrei folgte, eher ein Seufzen. Von Ferne drang ein Laut zu ihr herüber. Was war das noch? Sie wusste es nicht. Oder nicht mehr? Aber irgendwie war es auch egal, sie war so müde, wollte schlafen.

Die Planke entglitt ihren Händen, und sie sank langsam hinab in die kühle Schwärze, die sie wie ein wohlwollender Freund umfing.

Ostfriesland – Wittmund

Hauptkommissarin Fenja Ehlers ging die Flure des Krankenhauses Wittmund entlang und hielt sich unauffällig die Nase zu, um möglichst wenig von dem unangenehmen Krankenhausgeruch wahrzunehmen. Es war früher Abend, das Geschirr vom Abendessen war bereits abgeräumt, und einige Patienten dämmerten wohl schon im Halbschlaf einer Nacht entgegen, die früh am nächsten Morgen enden würde. Ihre forschen Schritte hallten durch die Gänge. Vielleicht hätte sie ihre Sneakers anziehen sollen, dachte sie noch, bevor sie sachte an eine Tür klopfte und, ohne eine Antwort abzuwarten, eintrat.

Drinnen saß an einem Einzelbett eine Frau in den Vierzigern. Ihr stumpfes dunkelblondes Haar war zerzaust, und vorn auf ihrem weißen T-Shirt prangte ein blassrosa Fleck. Wohl ein Überbleibsel von Tomatensoße, das die Trägerin halbherzig versucht hatte herauszuwaschen. Dafür hatte Fenja Verständnis, ihre Kleidung wies ständig Rückstände von ausgewaschenen Flecken auf. Die Frau starrte Fenja aus großen, umschatteten Augen erwartungsvoll an.

»Gibt es Neuigkeiten?«, fragte sie heiser.

Fenja Ehlers schüttelte den Kopf. »Nein, leider nicht.«

Sie stellte sich an den Rand des Bettes und betrachtete das blasse, von einem Kranz dunkler Haare umgebene Gesicht des jungen Mädchens, das bewegungslos auf dem Kissen lag. Die Augen waren geschlossen, der Atem ging ruhig und gleichmäßig. Mit ihren kaum sechzehn Jahren machte Greta Werft den Eindruck eines friedlich schlafenden Kindes. Doch der Schein trog.

Die Mutter hielt die kleine Hand fest umklammert und drückte sie an ihre Wange. »Die Ärzte wissen nicht, ob sie die alte sein wird, wenn sie wieder aufwacht, aber sie hoffen es.«

»Sie wird schon wieder«, antwortete Fenja. »Ärzte halten sich in ihren Prognosen immer ein Hintertürchen offen, damit man sie nicht festnageln kann, falls es anders kommt als gedacht.«

Fenja war sich ihrer Sache keineswegs so sicher, wie es den Anschein hatte, aber sie hatte das Bedürfnis, der Mutter Mut zu machen. Und was sprach dagegen, sich an Strohhalme zu klammern, wenn man sonst nichts hatte zum Klammern? Außerdem wollte sie selbst daran glauben, dass alles gut werden würde. Und wenn sie etwas wollte …

»Ich werde auf jeden Fall hierbleiben und warten. Sie darf unter keinen Umständen allein sein, wenn sie aufwacht«, sagte die Frau leise.

»Ja, da haben Sie sicher recht.« Fenja streichelte sanft die Wange des Mädchens und gab der Mutter einen aufmunternden Klaps auf den Rücken. »Haben Sie jemanden, der Sie ablöst?«

»Ja, meine Schwester ist unterwegs, sie wohnt in Hannover. Wir werden uns abwechseln.«

»Das ist gut, ein vertrautes Gesicht ist wichtig. Wenn sie aufwacht, rufen Sie mich gleich an. Sie haben ja meine Nummer.«

Britta Werft nickte stumm, ohne den Blick vom Gesicht ihrer Tochter zu nehmen.

Fenja, die die Tür bereits geöffnet hatte, drehte sich noch mal um. »Und … keine Bange, wir kriegen den. Ich werde dafür sorgen, und wenn es das Letzte ist, was ich tue.«

Britta Werft sandte der Hauptkommissarin einen zweifelnden Blick nach.

Wenige Minuten später bestieg Fenja ihren alten VW Käfer und knatterte nach Carolinensiel, um sich nach diesem anstrengenden Tag von ihrer Tante Bendine verwöhnen zu lassen. Ein Krabbenbrötchen zu essen und mindestens einen Becher heißen, starken Tee zu trinken.

Der Himmel war wolkenverhangen, und der Wind blies kräftig, wie meistens hier in Ostfriesland. Sie hatte Mühe, ihren ehrwürdigen Oldtimer in der Spur zu halten, und drosselte die Geschwindigkeit etwas. Schnell war das Gefährt ohnehin nicht, auch wenn Fenja des Öfteren die Gäule durchgingen und sie den Gang so heftig einwarf, dass der Wagen kreischend protestierte. Aber ihr grüner Freund mit dem schwarzen Stoffverdeck war nicht nachtragend und tuckerte geduldig weiter die B 461 entlang, bis nach Carolinensiel zur kleinen Pension ihrer Tante.

Sie lenkte den Wagen um das Haus herum zur Garage, die sie bei ihrer Ankunft vor zwei Jahren erst vom Gerümpel jahrzehntelanger Zweckentfremdung hatte befreien müssen, bevor sie

sie ihrem grünen Kumpel als Heimstatt hatte zumuten können. Und der Käfer schien zufrieden zu sein mit seiner Unterkunft, denn er schnurrte, seit Fenja hier wohnte, störungsfrei die Straßen Ostfrieslands entlang. Eine längere Reise, wie die vor vier Jahren nach Italien, hatte sie ihm seitdem nicht wieder zumuten wollen. Er hatte danach ein bisschen gehustet, hatte ihr wohl die Fahrt über den Gotthard übel genommen.

Fenja schloss sorgfältig die Garagentür ab. Carolinensiel war zwar nicht gerade eine Hochburg für Autodiebe, aber man konnte nie wissen. Sie ging noch eine Minute in Bendines Garten. Dank der vergangenen warmen Frühlingstage fingen die Rosen bereits jetzt, Ende Mai, an zu blühen und überwucherten den Gartenzaun. Wenn sie in wenigen Wochen alle in voller Blüte standen, würden die Touristen wieder stehen bleiben, um den Garten zu fotografieren und diese Farbenpracht mit nach Hause in ihre Stadtwohnung zu nehmen.

Was Fenja besonders mochte an diesem Garten, war, dass Bendine die Natur wachsen ließ, bevor sie sich mit lenkender Hand ein wenig in ihr Treiben einmischte. Jede Staude hatte ihr Plätzchen an der Sonne, und Bendine sorgte mit fröhlicher Gelassenheit dafür, dass das so blieb. Stutzte Kirschlorbeer und Buchsbaum, wenn sie sich vordrängelten, und ließ sie ansonsten wachsen, wie es ihnen gefiel. In Bendines Garten konnte man auf Entdeckungsreise gehen.

Fenja fragte sich oft, welche Rückschlüsse der Zustand eines Gartens auf das Wesen des Gärtners zuließ und ob es im Leben mancher Menschen genauso geordnet zuging, wie es die sauberen Beete und kunstvoll modellierten Buchsbaumhecken vor ihren Häusern glauben machen wollten. Wo blieb die Neugier auf das, was sich da ohne menschliches Zutun aussäte und heranwuchs? War auch der Alltag leichter zu ertragen, wenn man ihn kontrollierte wie die Pflanzen im Garten? Ihn ordnete, plante und glatt bügelte, bevor sich Vielfalt oder gar Unordnung entwickeln konnten?

Fenja ging in die Küche, wo ihre Tante damit beschäftigt war, Kluntjes in kleine Kristallschälchen zu füllen und diese anschließend auf den Frühstückstischen zu verteilen. Die großen Touristenmassen ließen zwar noch auf sich warten, es war ja erst Ende Mai, aber einige ihrer Stammgäste aus Hannover und Bremen hatten das warme Wetter der letzten zwei Wochen schon zum Wandern und Radfahren genutzt.

»Dinnie!«, rief Fenja, als sie die Küche betrat, die Schlüssel in den alten Küchenschrank legte und ihre Jacke auf den nächstbesten Stuhl warf. »Gibt's Tee?«

Bendine Hinrichs betrat die Küche und kniff ihrer Nichte in die Wange. »Auf dem Flur ist eine Garderobe, hab ich dir doch schon hundert Mal gesagt.«

»Ja, ich weiß«, antwortete Fenja und ließ sich auf die Küchenbank fallen. »Das war ein Tag.«

Ihre Tante brachte die Jacke in den Flur und stellte Fenja einen Becher mit knisterndem Tee hin, den sie mit einem Kluntje und einem Löffel Sahne gefüttert hatte.

Fenja nahm mit geschlossenen Augen einen Schluck und ließ sich dann seufzend zurückfallen.

»Wo ist Nele?«

»Übernachtet heute bei Elsie.«

Nele war gerade sechs Jahre alt geworden und der ganze Sonnenschein ihrer Großmutter, die sie aufzog. Neles Mutter, Fenjas Cousine Stella – der Name war Fenjas Großmutter zeit ihres Lebens ein Dorn im Ohr gewesen –, war bei der Geburt des Kindes gestorben. Niemand hatte gewusst, dass Stella seit ihrer Geburt einen Herzfehler gehabt hatte, der sie dann mit nur achtundzwanzig Jahren das Leben kostete.

Bendine wollte anfangs nichts von dem Kind wissen, immerhin hatte es ihr die einzige Tochter genommen, und Stella hatte den Namen des Vaters nie preisgegeben. »Lasst mich in Ruhe. Ich will das Kind für mich allein, der Vater würde es mir nur wegnehmen wollen.«

Also hatte Fenjas Mutter, die fast zehn Jahre älter war als ihre Schwester Bendine, die kleine Nele zunächst zu sich genommen. Damals lebte Fenjas Vater noch, aber als er keine vier Monate nach Neles Geburt einem Herzinfarkt erlag, fühlte sich ihre Mutter nicht mehr ihn der Lage, sich um ihre kleine Nichte zu kümmern. Fenja hatte das Kind genommen, war mit ihm zu Bendine gefahren und war ein paar Tage geblieben. Genauso lange hatte es gedauert, bis die Kleine Bendines Herz erobert hatte. Und so hatte sich alles gefügt. Nele blieb bei ihrer Großmutter und entwickelte sich prächtig.

»Wie geht's dem Mädchen?«, fragte Bendine und rückte ihre Brille gerade.

»Unverändert.«

»Meine Güte.« Bendine ließ sich ächzend auf einen Stuhl sinken und legte ihre Unterarme und ihren ausladenden Busen auf den Tisch. »So was hat's hier an der Küste noch nie gegeben, jedenfalls nicht dass ich wüsste.«

Fenja konnte da nicht mitreden, denn sie lebte erst seit zwei Jahren hier. Dabei war das kleine Apartment bei Tante Bendine ursprünglich nur als Übergangslösung gedacht gewesen, Fenja hatte vorgehabt, sich eine Wohnung in Wittmund zu suchen. Aber sie musste sich eingestehen, dass es äußerst praktisch war, in einer Pension zu wohnen, wo eine liebende Tante dafür sorgte, dass der Kühlschrank gefüllt war, man immer saubere Bettwäsche zur Verfügung hatte und der Wohnort zu einem der schönsten im ganzen Land zählte. Jedenfalls sah Fenja das so. Und die Touristen, die im Sommer Carolinensiel heimsuchten und das Fischerdorf damit zu einem blühenden Ferienort machten, wohl auch.

Und nun hatte sie in einem dieser scheußlichen Fälle zu ermitteln, die sie in ihren Träumen heimsuchten. Obwohl Fenja einiges gewohnt war, denn sie war mehrere Jahre Oberkommissarin in Hamburg gewesen, und dort durfte man nicht gerade zimperlich sein. Aber sie hatte sich mit ihrem Chef angelegt, nachdem sie mit ihm ins Bett gestiegen war.

Ein blöder Fehler, aber sie war selbst schuld. Dummheit wurde immer bestraft. Das hatte sie bereits während ihrer kurzen, aber stürmischen Ehe mit ihrem Sternekoch erfahren müssen, für den Polygamie wohl so etwas wie ein soziales Hilfsprogramm für alleinstehende Frauen bedeutete. Blöderweise hatte sie nichts daraus gelernt und später den Beteuerungen ihres verheirateten Chefs geglaubt, seine Ehe bestünde nur noch auf dem Papier.

Kaum zu glauben, wie naiv sie gewesen war. Seitdem kochte ihr Liebesleben auf Sparflamme. Bis auf einen Urlaubsflirt, den sie sich im letzten Jahr in Südfrankreich geleistet hatte, war sie vorsichtig geworden, was Männer anbelangte. Immerhin, man hatte sie befördert und aufs Land geschickt, wo sie die Leitung eines Ermittlerteams übernehmen sollte. Anfangs hatte sie gehadert und wollte möglichst schnell wieder weg. Nach Hannover vielleicht oder Frankfurt. Auf jeden Fall in eine Großstadt, wo auch mal was passierte. Hier war die Polizei ja fast überflüssig, wenn man mal von gelegentlichen Diebstählen absah und den Schlägereien zwischen Betrunkenen, die sich vor allem im Winter ereigneten, wenn die Einheimischen wieder unter sich waren. Aber wie auch immer, sie war hier und würde das Beste daraus machen.

Es klopfte, und Heini Sammers, Bendines Verehrer, betrat die Küche.

»Moin«, grüßte er mit einem scheelen Blick auf Fenja, die Heini nicht mochte.

Sie hatte nicht wirklich einen Grund dafür, außer, dass ihr sein Blick nicht gefiel. Sie fand, er guckte immer so devot. Zu devot, und das war verdächtig, zumal sie das Gefühl hatte, dass er diesen Blick ganz nach Belieben aufsetzen konnte und das längst nicht bei jedem tat. Fenja argwöhnte, dass er es auf Bendines Pension abgesehen hatte. Er schien sich nämlich hier außerordentlich wohlzufühlen, wenn man von der Häufigkeit seiner Besuche ausging und der Art, wie er sich in der Küche breitmachte, wenn er sich unbeobachtet fühlte.

»Moin«, murmelte Fenja und nahm einen tiefen Schluck aus ihrem Teebecher.

»Kommst du?«, fragte Heini, und Fenja sah erst jetzt, dass der Besucher sich fein gemacht hatte. Heute trug er statt seiner schwarzen Jeans und dem Fischerhemd, das immer über seinem ausladenden Bauch spannte, eine abenteuerliche Kreation aus grüner Hose und fliederfarbenem Jackett. Fenja kniff die Augen zusammen.

»So was sollte verboten werden, davon kriegt man ja Augenkrebs«, murmelte sie halblaut und fing sich einen strengen Blick von ihrer Tante ein.

»Geh schon mal vor, Hein«, sagte Bendine sicherheitshalber, »ich komm gleich nach.«

Dann wandte sie sich an ihre Nichte. »Wieso bist du immer so zickig zu ihm? Der hat's auch nicht leicht. Steht den ganzen Tag in seinem Kiosk und muss seiner Frau das ganze Geld abdrücken.«

»Nicht seiner Frau, seinen Kindern. Wenn man fünf davon in die Welt setzt, muss man damit rechnen, dass das teuer wird.«

»Trotzdem, er ist fleißig und freundlich, was hast du bloß gegen ihn?«

»Ich weiß auch nicht«, sagte Fenja und gähnte. »Berufskrankheit, er guckt mir zu vorsichtig. Gibt's was zu essen?«

Ihre Tante stand auf. »Ja, im Kühlschrank sind Krabben, kannst dir ja Rührei dazu machen. Ich muss jetzt los, Lore hat Geburtstag und macht ein gemeinsames Abendbrot mit ihrem schnöseligen Sohn und seiner Familie. Wir sollen kommen und ihr helfen.«

»Bei der Vorbereitung?«

»Nein, bei dem Streit, den sie mit Sicherheit wieder mit dieser Trine von Schwiegertochter vom Zaun brechen wird.«

»Na, dann viel Spaß.«

Fenja trank ihren Tee aus und erhob sich, um den Kühlschrank zu plündern. Eigentlich hatte sie in ihrem Apartment eine komplett eingerichtete Küche, aber sie kochte lieber in Bendines. Sie mochte den wuchtigen Küchenschrank aus Kiefernholz und die alte viereckige Spüle vor dem Fenster, das zum Garten ging. Auch die regelmäßigen Treffen mit Fenjas Kochgruppe fanden immer in Bendines Küche statt. Bisher waren sie nur zu viert.

Frieder, der einzige Mann in der Truppe, war damit ziemlich glücklich, aber seine Schwester Lotte und Marlene, Fenjas Freundin aus dem Fitnessclub, wurden nicht müde, sich um männlichen Zuwachs zu bemühen. Bisher allerdings ohne Erfolg.